新时代新理念职业教育教材·铁道运输类
铁道交通运营管理、高速铁路客运服务专业教材
“课程思政”建设探索教材
校企“双元”合作开发教材

铁路运输法律法规

袁绍东　李　斌　主编

北京交通大学出版社
·北京·

内 容 简 介

本书在阐述法律基础知识，法律、法规、规章关系的基础上，对涉及铁路运输的法律法规进行了系统的介绍，并通过对相关案例进行分析，使读者加深对相关法律法规的理解。本书主要内容包括法律基础知识与铁路运输法律法规概述、法律关系与铁路运输法律关系、铁路运输经营法律法规、铁路运输安全法律法规、铁路运输法律法规案例、铁路运输纠纷与铁路运输法院认知。

本书适合作为应用型本科院校、高职高专院校、中等职业学校铁道运输类专业的教材，也可作为铁路企业职工培训教材，同时可供对铁路运输法律法规感兴趣的社会读者参考。

版权所有，侵权必究。

图书在版编目（CIP）数据

铁路运输法律法规 / 袁绍东，李斌主编. —北京：北京交通大学出版社，2022.5
ISBN 978-7-5121-4723-2

Ⅰ. ①铁… Ⅱ. ①袁… ②李… Ⅲ. ①交通运输管理-法规-中国 Ⅳ. ①D922.14

中国版本图书馆 CIP 数据核字（2022）第 080132 号

铁路运输法律法规
TIELU YUNSHU FALÜ FAGUI

策划编辑：刘　辉　　责任编辑：刘　辉
出版发行：北京交通大学出版社　　电话：010-51686414　　http://www.bjtup.com.cn
地　　址：北京市海淀区高梁桥斜街 44 号　　邮编：100044
印 刷 者：北京时代华都印刷有限公司
经　　销：全国新华书店
开　　本：185 mm×260 mm　　印张：12.75　　字数：315 千字
版　　次：2022 年 5 月第 1 版　　2022 年 5 月第 1 次印刷
印　　数：1～3000 册　　定价：46.80 元

本书如有质量问题，请向北京交通大学出版社质监组反映。对您的意见和批评，我们表示欢迎和感谢。
投诉电话：010-51686043，51686008；传真：010-62225406；E-mail：press@bjtu.edu.cn。

前　言

铁路是一个复杂的系统，其运行、维护需要在法律法规的框架下实施。学习、了解、运用涉及铁路运输的法律法规是摆在铁道运输类专业学生和铁路在职人员面前的重要现实问题，为此我们编写了本书。

本书在阐述法律基础知识，法律、法规、规章关系的基础上，对涉及铁路运输的法律法规进行了系统的介绍，并通过对相关案例进行分析，使读者加深对相关法律法规的理解。本书全面地介绍了涉及铁路运输的法律法规，主要分为6章：法律基础知识与铁路运输法律法规概述、法律关系与铁路运输法律关系、铁路运输经营法律法规、铁路运输安全法律法规、铁路运输法律法规案例、铁路运输纠纷与铁路运输法院认知。

本书适合作为应用型本科院校、高职高专院校、中等职业学校铁道运输类专业的教材，也可作为铁路企业职工培训教材，同时可供对铁路运输法律法规感兴趣的社会读者参考。

本书由袁绍东、李斌主编，张颖参编，具体编写分工如下：第1章、第2章、第6章由张颖编写，第3章由李斌编写，第4章、第5章由袁绍东编写。

由于编者水平有限，本书不足之处在所难免，恳请广大读者批评、指正。反馈本书意见、建议，以及索取相关教学资源，可与出版社编辑刘辉联系（cbslh@jg.bjtu.edu.cn；QQ：39116920）。

编者

2022.5

目　录

1 法律基础知识与铁路运输法律法规概述

1.1 法律基础知识

1.1.1 法律的基本认知

1. 法律的概念

法律是由国家制定和认可的，调整人与人之间行为的规范，其明确行为人之间的权利和义务，是由国家强制力保证实施的规范总和。从广义上讲，法律泛指一切规范性文件。法律、法规和规章都属于广义上的法律范畴。

2. 法律的特征

法律有以下 4 个方面的特征：

（1）法律是调整人的行为的规范；

（2）法律是由国家(即相应的国家机关)制定或认可的；

（3）法律规定人们的权利和义务；

（4）法律由国家强制力保证实施。

3. 法律、法规、规章的关系

虽然法律、法规和规章都属于广义上的法律范畴，但是法律≠法规≠规章，它们之间在制定机关和法律效力上存在明显的差别。

1）法律

从狭义上讲，法律仅指立法机关制定的法律文件。在我国，立法机关是全国人民代表大会及全国人民代表大会常务委员会。法律一般都会用“法”字来命名，例如《中华人民共和国刑法》《中华人民共和国铁路法》《中华人民共和国安全生产法》《中华人民共和国食品安全法》《中华人民共和国劳动合同法》等。

2）法规

法规包括两种：行政法规和地方性法规。

（1）行政法规。

行政法规由国务院制定颁布。行政法规往往会用“条例”“规则”“办法”“细则”等来命名，例如《铁路安全管理条例》《铁路交通事故应急救援和调查处理条例》《中华人民共和国税收征收管理法实施细则》《中华人民共和国计量法实施细则》《中华人民共和国外商投资法实施条例》《中华人民共和国专利法实施细则》等。

（2）地方性法规。

地方性法规是有立法权的地方国家机关依法制定与发布的规范性文件，也就是由省、自治区、直辖市和设区的市人民代表大会及其常务委员会所制定。地方性法规在本行政区域内有效。地方性法规往往也会用“条例”“办法”等来命名，例如《广东省铁路安全管理条例》《中国（北京）自由贸易试验区条例》《上海市食品安全条例》《广州市城市轨道交通管理条例》《深圳市养犬管理条例》等。

3）规章

规章包括两种：国务院部门规章和地方政府规章。

（1）国务院部门规章。

国务院部门规章由国务院的组成部门和直属机构在它们的职权范围内制定。国务院部门规章通常也会用“办法”“决定”等来命名，例如《铁路旅客运输安全检查管理办法》《铁路旅客运输规程》《铁路交通事故调查处理规则》《铁路交通事故应急救援规则》等。

（2）地方政府规章。

地方政府规章由省、自治区、直辖市人民政府及较大的市(如省会)的人民政府在职权范围内制定。地方政府规章一般用“办法”“规定”来命名，不能用“条例”，例如《云南省高速铁路安全管理规定》《福建省高速铁路安全管理规定》《江西省高速铁路安全管理规定》《贵州省高速铁路安全管理规定》《四川省高速铁路安全管理规定》《上海市单用途预付消费卡管理规定》《北京市政府信息公开规定》等。

1.1.2 法律的基本常识

1. 规范性文件之间的效力等级

（1）宪法＞法律＞行政法规＞地方性法规、规章。

（2）国务院部门规章和地方性法规，二者效力无高下之分。

（3）地方性法规＞本级和下级地方政府规章。

（4）省、自治区、直辖市的人民政府制定的规章和本行政区域内的较大的市的地方性法规，二者效力无高下之分。

2. 犯罪的基本认知

1）犯罪的概念

一切危害国家主权、领土完整和安全，分裂国家、颠覆人民民主专政的政权和推翻社会主义制度，破坏社会秩序和经济秩序，侵犯国有财产或者劳动群众集体所有的财产，侵犯公民私人所有的财产，侵犯公民的人身权利、民主权利和其他权利，以及其他危害社会的行为，依照法律应当受刑罚处罚的，都是犯罪，但是情节显著轻微，危害不大的，不认为是犯罪。

2）犯罪的特征

（1）犯罪是危害社会的行为，即其具有相当严重的社会危害性；

（2）犯罪是触犯刑法的行为，即其具有刑事违法性；

（3）犯罪是应受刑罚处罚的行为，即其具有应受刑罚处罚的惩罚性。

3）构成犯罪的条件

（1）犯罪客体，是指我国刑法所保护的而为犯罪行为所侵犯的社会主义社会关系。例如，盗窃罪是对国家、集体、公民个人财产权利的侵犯，盗窃铁路设施设备，情节严重的，就构成了盗窃罪。

（2）犯罪的客观要件，是指犯罪活动的客观外在表现，其中包含危害行为、危害结果、危害行为与危害结果的因果关系，以及犯罪的时间、地点、方法。

（3）犯罪的主体，是指具有刑事责任能力，实施犯罪行为的自然人或单位。《中华人民共和国刑法》规定：

第十七条 【刑事责任年龄】已满十六周岁的人犯罪，应当负刑事责任。

已满十四周岁不满十六周岁的人，犯故意杀人、故意伤害致人重伤或者死亡、强奸、抢劫、贩卖毒品、放火、爆炸、投放危险物质罪的，应当负刑事责任。

已满十二周岁不满十四周岁的人，犯故意杀人、故意伤害罪，致人死亡或者以特别残忍手段致人重伤造成严重残疾，情节恶劣，经最高人民检察院核准追诉的，应当负刑事责任。

【未成年人从宽】对依照前三款规定追究刑事责任的不满十八周岁的人，应当从轻或者减轻处罚。

因不满十六周岁不予刑事处罚的，责令其父母或者其他监护人加以管教；在必要的时候，依法进行专门矫治教育。

第十七条之一 【老年犯从宽】已满七十五周岁的人故意犯罪的，可以从轻或者减轻处罚；过失犯罪的，应当从轻或者减轻处罚。

第十八条 【原发性精神病人】精神病人在不能辨认或者不能控制自己行为的时候造成危害结果，经法定程序鉴定确认的，不负刑事责任，但是应当责令他的家属或者监护人严加看管和医疗；在必要的时候，由政府强制医疗。

间歇性的精神病人在精神正常的时候犯罪，应当负刑事责任。

尚未完全丧失辨认或者控制自己行为能力的精神病人犯罪的，应当负刑事责任，但是可以从轻或者减轻处罚。

【自陷醉酒】醉酒的人犯罪，应当负刑事责任。

第十九条 【又聋又哑的人或盲人犯罪的刑事责任】又聋又哑的人或者盲人犯罪，可以从轻、减轻或者免除处罚。

第二十条 【正当防卫】为了使国家、公共利益、本人或者他人的人身、财产和其他权利免受正在进行的不法侵害，而采取的制止不法侵害的行为，对不法侵害人造成损害的，属于正当防卫，不负刑事责任。

【防卫过当】正当防卫明显超过必要限度造成重大损害的，应当负刑事责任，但是应当减轻或者免除处罚。

【特殊防卫】对正在进行行凶、杀人、抢劫、强奸、绑架以及其他严重危及人身安全的暴力犯罪，采取防卫行为，造成不法侵害人伤亡的，不属于防卫过当，不负刑事责任。

第二十一条 【紧急避险】为了使国家、公共利益、本人或者他人的人身、财产和其他权利免受正在发生的危险，不得已采取的紧急避险行为，造成损害的，不负刑事责任。

【避险过当】紧急避险超过必要限度造成不应有的损害的，应当负刑事责任，但是应当减轻或者免除处罚。

第一款中关于避免本人危险的规定，不适用于职务上、业务上负有特定责任的人。

（4）犯罪的主观要件，是指行为人对自己所实施的危害行为及其危害结果所持的心理态度。

4）危害行为的作为和不作为

（1）作为是指以积极的活动实施刑法所禁止的危害社会的行为，是人的积极行为；例如故意在铁路线路上放置异物，抢夺公共交通工具驾驶设施，故意携带危险品乘坐交通工具，这些行为涉嫌触犯危害公共安全罪。

（2）不作为是指应当实施并且能够实施某种行为而不实施的消极行为。这种形式的犯罪必须以行为人负有某种特定义务为前提，例如行为人将年老多病、生活不能自理的父母抛弃于荒郊野外以此来逃避自己应尽的赡养老人的义务。《中华人民共和国刑法》第一百三十二条【铁路运营安全事故罪】规定：铁路职工违反规章制度，致使发生铁路运营安全事故，造成严重后果的，处三年以下有期徒刑或者拘役；造成特别严重后果的，处三年以上七年以下有期徒刑。

3. 违反治安管理的行为

1）违反治安管理的行为的界定

违反治安管理的行为是指扰乱社会秩序，妨害公共安全，侵犯公民人身权利，侵犯公私财物，尚不够刑事处罚，依法应当给予治安管理处罚的行为。

违反治安管理的行为必须具有以下特征：

（1）必须具有社会危害性；

（2）此行为必须是违反治安管理法律法规的行为；

（3）此行为必须是尚不够刑事处罚的行为，即具有不够刑罚处罚性。

2）治安管理处罚

（1）治安管理处罚的普通程序包括：受理、立案、传唤、讯问、取证、审核、告知、听证、裁决等。

（2）治安管理处罚的种类有 4 种：警告、罚款、行政拘留、吊销公安机关发放的许可证。

（3）违反治安管理有下列情形之一的，减轻处罚或者不予处罚：情节特别轻微的；主动消除或者减轻违法后果，并取得被侵害人谅解的；出于他人胁迫或者诱骗的；主动投案，向公安机关如实陈述自己的违法行为的；有立功表现的。

（4）违反治安管理有下列情形之一的，从重处罚：有较严重后果的；教唆、胁迫、诱骗他人违反治安管理的；对报案人、控告人、举报人、证人打击报复的；6 个月内曾受过治安管理处罚的。

（5）已满 14 周岁不满 18 周岁的人违反治安管理的，从轻或者减轻处罚；不满 14 周岁的人违反治安管理的，不予处罚，但是应当责令其监护人严加管教。

（6）精神病人在不能辨认或者不能控制自己行为的时候违反治安管理的，不予处罚，但是应当责令其监护人严加看管和治疗。间歇性的精神病人在精神正常的时候违反治安管理的，应当给予处罚。

盲人或者又聋又哑的人违反治安管理的，可以从轻、减轻或者不予处罚。

醉酒的人违反治安管理的，应当给予处罚。

3）常见的违反治安管理的行为和处罚

（1）扰乱公共秩序的行为和处罚。

有下列行为之一的，处警告或者 200 元以下罚款；情节较重的，处 5 日以上 10 日以下拘留，可以并处 500 元以下罚款：

①扰乱机关、团体、企业、事业单位秩序，致使工作、生产、营业、医疗、教学、科研不能正常进行，尚未造成严重损失的；

②扰乱车站、港口、码头、机场、商场、公园、展览馆或者其他公共场所秩序的；

③扰乱公共汽车、电车、火车、船舶、航空器或者其他公共交通工具上的秩序的；

④非法拦截或者强登、扒乘机动车、船舶、航空器及其他交通工具，影响交通工具正常行驶的；

⑤破坏依法进行的选举秩序的。聚众实施前款行为的，对首要分子处 10 日以上 15 日以下拘留，可以并处 1000 元以下罚款。

有下列行为之一的，处5日以上10日以下拘留，可以并处500元以下罚款；情节较轻的，处5日以下拘留或者500元以下罚款：

①散布谣言，谎报险情、疫情、警情或者以其他方法故意扰乱公共秩序的；

②投放虚假的爆炸性、毒害性、放射性、腐蚀性物质或者传染病病原体等危险物质扰乱公共秩序的；

③扬言实施放火、爆炸、投放危险物质扰乱公共秩序的。

（2）妨害公共安全的行为和处罚。

违反国家规定，制造、买卖、储存、运输、邮寄、携带、使用、提供、处置爆炸性、毒害性、放射性、腐蚀性物质或者传染病病原体等危险物质的，处10日以上15日以下拘留；情节较轻的，处5日以上10日以下拘留。

爆炸性、毒害性、放射性、腐蚀性物质或者传染病病原体等危险物质被盗、被抢或者丢失，未按规定报告的，处5日以下拘留；故意隐瞒不报的，处5日以上10日以下拘留。

非法携带枪支、弹药或者弩、匕首等国家规定的管制器具的，处5日以下拘留，可以并处500元以下罚款；情节较轻的，处警告或者200元以下罚款。

非法携带枪支、弹药或者弩、匕首等国家规定的管制器具进入公共场所或者公共交通工具的，处5日以上10日以下拘留，可以并处500元以下罚款。

有下列行为之一的，处5日以上10日以下拘留，可以并处500元以下罚款；情节较轻的，处5日以下拘留或者500元以下罚款：

①盗窃、损毁或者擅自移动铁路设施、设备、机车车辆配件或者安全标志的；

②在铁路线路上放置障碍物，或者故意向列车投掷物品的；

③在铁路线路、桥梁、涵洞处挖掘坑穴、采石取沙的；

④在铁路线路上私设道口或者平交过道的。

擅自进入铁路防护网或者火车来临时在铁路线路上行走坐卧、抢越铁路，影响行车安全的，处警告或者200元以下罚款。

（3）妨害社会管理的行为和处罚。

伪造、变造、倒卖车票、船票、航空客票、文艺演出票、体育比赛入场券或者其他有价票证、凭证的，处10日以上15日以下拘留，可以并处1000元以下罚款；情节较轻的，处5日以上10日以下拘留，可以并处500元以下罚款。

1.1.3 铁路法律法规体系

涉及铁路的法律法规数量较多，根据这些法律法规的地位、作用，可分为以下几个层次。

1. 宪法

宪法是国家根本大法，是治国安邦的总章程，是保持国家统一、民族团结、经济发展、社会进步和长治久安的法律基础，是中国共产党执政兴国、团结带领全国各族人民建设中国特色社会主义的法律保证。

宪法是其他法律的立法基础，其他法律是宪法的具体化；任何法律不得同宪法相抵触，否则无效。

中华人民共和国公民在法律面前一律平等。任何公民享有宪法和法律规定的权利，同时必须履行宪法和法律规定的义务。

2. 涉及铁路的法律

涉及铁路的法律数量非常之多，以下列举主要的几部。

（1）由全国人民代表大会常务委员会通过的《中华人民共和国铁路法》。

（2）由全国人民代表大会常务委员会通过的《中华人民共和国安全生产法》。

（3）由全国人民代表大会通过的《中华人民共和国刑法》。

（4）由全国人民代表大会常务委员会通过的《中华人民共和国治安管理处罚法》。

3. 涉及铁路的法规

涉及铁路的法规数量非常之多，以下列举主要的几部。

（1）由国务院颁布的《铁路安全管理条例》。

（2）由国务院颁布的《铁路交通事故应急救援和调查处理条例》。

（3）由广东省人民代表大会常务委员会通过的《广东省铁路安全管理条例》。

4. 涉及铁路的规章

涉及铁路的规章数量非常之多，以下列举主要的几部。

（1）由原铁道部发布的《铁路旅客运输规程》。

（2）由原铁道部发布的《铁路旅客运输办理细则》。

（3）由原铁道部发布的《铁路交通事故调查处理规则》。

（4）由原铁道部发布的《铁路交通事故应急救援规则》。

（5）由交通运输部发布的《铁路旅客运输安全检查管理办法》。

（6）由交通运输部发布的《铁路旅客车票实名制管理办法》。

（7）由交通运输部发布的《铁路运输企业准入许可办法》。

（8）由交通运输部发布的《违反〈铁路安全管理条例〉行政处罚实施办法》。

1.2 铁路运输法律法规概述

1.2.1 铁路运输基本认知

1. 铁路运输的概念

铁路运输是使用机车牵引车辆组成列车（或自身有动力装置的车辆）循轨行驶的人、物位移方式。

传统的铁路运输是通过车轮在钢轨上行进，即钢轨作为光滑且坚硬的承托让车轮以小的摩擦力滚动，目前磁浮等非接触方式也包括在铁路运输的范畴内，广义上的铁路运输甚至还包括缆车、索道等非钢轮行进的方式，可见，随着技术的发展，铁路运输的外延在逐步扩大。

2. 我国铁路运输的特点与现状

1）我国铁路运输的特点

（1）运量大。

运量大主要体现为单列客运列车能运送几百到上千名旅客，单列货物列车能运送几千吨货物，如果是重载货物列车则可以运送上万 t 货物（目前我国的“大秦”铁路已经开行 3 万 t 重载货物列车）。

（2）速度快。

我国普速铁路旅客列车的速度达到了 100 km/h，城际、客运专线、高速铁路旅客列车的速度则可达 200～350 km/h；铁路货物列车的速度也普遍在 80 km/h 以上。

（3）运输成本低。

铁路运输成本只是公路运输成本的十几分之一到几分之一，是航空运输成本的几十分之一。

（4）安全、准时、可靠。

铁路的运行基本上不受气候条件的影响，可以一年四季不分昼夜地进行运用。可靠的安全行车设施和保证安全的规章制度，使铁路运输具有安全、准时、可靠的特点。

（5）承担公共服务职能。

铁路作为大众化交通工具，是联系民生最紧密、服务群众最直接的行业之一。铁路在保障公民基本出行权、扶贫攻坚中具有无法替代的作用。

2）我国铁路运输的现状

截止到 2021 年底，全国铁路营业里程达 15 万 km，其中高速铁路营业里程达 4 万 km，高速铁路营业里程约占世界高速铁路营业里程的 70%。全国铁路路网密度 156.7 km/万 km^2；复线率 59.5%；电化率 73.3%。西部地区铁路营业里程 6.1 万 km。国家铁路营业里程 13.1

万 km，复线率 61.9%；电化率 75.4%。全国铁路机车拥有量为 2.17 万台。其中，内燃机车 0.78 万台，占 35.9%；电力机车 1.39 万台，占 64.1%。全国铁路客车拥有量为 7.8 万辆。其中，动车组 3 153 标准组、33 221 辆。全国铁路货车拥有量为 96.6 万辆。

铁路运输在我国经济社会发展过程中占有举足轻重的地位，在依法治国的大背景下，制定、修改、完善铁路运输法律法规，实施、遵守、学习铁路运输法律法规显得尤为重要。

1.2.2 铁路运输法律法规体系

建设、经营、安全是铁路运输系统的三大要素，其中建设是前置环节，没有铁路基础设施建设，日后的运输营业与运输安全也就无从谈起。本书从在既有铁路线路上开展铁路运输业务的铁路运输企业的视角出发，重点介绍铁路运输经营与铁路运输安全方面的法律法规。对于铁路建设方面的法律法规，感兴趣的读者可以参考其他资料。

1. 铁路运输经营法律法规

1）铁路运输经营法律

与铁路运输经营相关的法律主要包括《中华人民共和国民法典》(合同编)、《中华人民共和国铁路法》、《中华人民共和国公司法》等。

2）铁路运输经营法规

与铁路运输经营相关的法规主要包括《铁路旅客运输损害赔偿办法》《铁路货物运输合同实施细则》等。

3）铁路运输经营规章

与铁路运输经营相关的规章主要包括《铁路旅客运输规程》《铁路旅客运输办理细则》等。

2. 铁路运输安全法律法规

1）铁路运输安全法律

与铁路运输安全相关的法律主要包括《中华人民共和国刑法》《中华人民共和国安全生产法》《中华人民共和国铁路法》《中华人民共和国治安管理处罚法》《中华人民共和国反恐怖主义法》等。

2）铁路运输安全法规

与铁路运输安全相关的法规主要包括《铁路安全管理条例》《铁路交通事故应急救援和调查处理条例》等。

3）铁路运输安全规章

与铁路运输安全相关的规章主要包括《铁路旅客运输安全检查管理办法》《铁路旅客车票实名制管理办法》《铁路交通事故调查处理规则》《铁路交通事故应急救援规则》等。

思政课堂

依 法 治 国

法律是治国之重器，法治是国家治理体系和治理能力的重要依托。我国社会主义法治凝聚着我们党治国理政的理论成果和实践经验，是制度之治最基本、最稳定、最可靠的保障。依法治国是党领导人民治理国家的基本方略，法治是治国理政的基本方式。

2020 年 11 月 16 日至 17 日，党的历史上首次召开的中央全面依法治国工作会议，将习近平法治思想明确为全面依法治国的指导思想。

习近平法治思想是习近平新时代中国特色社会主义思想的重要组成部分，是新时代全面依法治国的根本遵循和行动指南。我们一定要增强“四个意识”、坚定“四个自信”、做到“两个维护”，不断提高政治判断力、政治领悟力、政治执行力，坚持不懈地用习近平新时代中国特色社会主义思想武装头脑、指导实践、推动工作。

（1）要坚持党的领导。坚持党对全面依法治国的集中统一领导，把党的领导贯彻到全面依法治国全过程、各方面，筑牢社会主义法治建设之魂。

（2）要强化理论学习。深入学习贯彻习近平新时代中国特色社会主义思想特别是习近平法治思想，准确把握核心要义、精神实质，努力做到融会贯通、知行合一。

（3）要把握正确方向。保持战略定力，增强道路自信，坚定不移地走中国特色社会主义法治道路。

（4）要完善法治体系。加快建设扎根中国文化、立足中国国情、解决中国问题的中国特色社会主义法治体系，决不照搬别国模式和做法。

大道之行，天下为公；良法善治，民之所向。沿着社会主义法治道路建设法治中国，我们一定能在时代大潮中，阔步迈向法治强国，谱写建设社会主义法治国家的壮丽新篇，绘就民族复兴的宏伟蓝图。

2

法律关系与铁路运输法律关系

2.1 法律关系

2.1.1 法律关系的概念与构成要素

1. 法律关系的概念

法律关系是法律在调整人们行为的过程中形成的特殊的权利和义务关系，或者说，法律关系是指被法律规范所调整的权利与义务关系。法律关系是以法律为前提而产生的社会关系，没有法律的规定，就不可能形成相应的法律关系。法律关系是以国家强制力作为保障的社会关系，当法律关系受到破坏时，国家会动用强制力进行矫正或恢复。

2. 法律关系的构成要素

法律关系的构成要素：法律关系主体；法律关系内容；法律关系客体。

1）法律关系主体

（1）含义。

法律关系主体是法律关系的参加者，是指参加法律关系，依法享有权利和承担义务的当事人，即在法律关系中，一定权利的享有者和一定义务的承担者。在每一具体的法律关系中，主体的多少各不相同，但大体上，都分属于相对应的双方：一方是权利的享有者，即权利人；另一方是义务的承担者，即义务人。

（2）种类。

在我国，根据各种法律的规定，法律关系主体主要包括以下几类。

①公民（自然人）。这里的公民既指中国公民，也指居住在中国境内或在境内活动的外国公民和无国籍人。

②机构和组织（法人）。其主要包括三类：一是各种国家机关（立法机关、行政机关和司法机关等）；二是各种企事业组织和在中国境内设立的中外合资经营企业、中外合作经营企业和外资企业；三是各政党和社会团体。这些机构和组织主体，在法学上可以笼统地作为“法人”。其中既包括公法人（参与宪法关系、行政法律关系、刑事法律关系的各机关、

组织），也包括私法人（参与民事或商事法律关系的机关、组织）。我国的国家机关和组织，可以是公法人、也可以是私法人，依其所参与的法律关系的性质而定。

③国家。在特殊情况下，国家可以作为一个整体成为法律关系主体。例如，国家作为主权者是国际公法关系的主体，可以成为外贸关系中的债权人或债务人。在国内法上，国家作为法律关系主体的地位比较特殊，既不同于一般公民，也不同于法人。国家可以直接以自己的名义参与国内的法律关系（如发行国债），但在大多数情况下则由国家机关或授权的组织作为代表参加法律关系。

④外国人和外国社会组织。外国人、无国籍人和外国社会组织，以我国有关法律及我国与有关国家签署的条约为依据，也可以成为我国某些法律关系的主体。

（3）能力。

公民和法人要成为法律关系主体，享有权利和承担义务，就必须具有权利能力和行为能力，即具有法律关系主体构成的资格。

①权利能力。权利能力又称权义能力（权利义务能力），是指能够参与一定的法律关系，依法享有一定权利和承担一定义务的法律资格。它是法律关系主体实际取得权利、承担义务的前提条件。

公民的权利能力可以从不同角度进行分类。首先，根据享有权利能力的主体范围不同，可以分为一般权利能力和特殊权利能力。前者又称基本权利能力，是一国所有公民均具有的权利能力，它是任何人取得公民法律资格的基本条件，不能被任意剥夺或者解除。后者是公民在特定条件下具有的法律资格。这种资格并不是每个公民都可以享有的，而只授予某些特定的法律主体。如国家机关及其工作人员行使职权的资格，就是特殊的权利能力。其次，按照法律部门的不同，可以分为民事权利能力、政治权利能力、行政权利能力、劳动权利能力、诉讼权利能力等。这其中既有一般权利能力（如民事权利能力），也有特殊权利能力（政治权利能力、劳动权利能力）。

法人的权利能力没有上述的类别区分，所以其与公民的权利能力不同。一般而言，法人的权利能力自法人成立时产生，至法人解体时消失。其范围是由法人成立的宗旨和业务范围决定的。

②行为能力。行为能力是指法律关系主体能够通过自己的行为实际取得权利和履行义务的能力。

公民的行为能力是公民的意识能力在法律上的反映。确定公民有无行为能力，其标准有两个：一是能否认识自己行为的性质、意义和后果；二是能否控制自己的行为并对自己的行为负责。因此，公民是否达到一定年龄、神智是否正常，就成为公民享有行为能力的标志。例如，婴幼儿、精神病患者，因为他们不能预见自己行为的后果，所以在法律上不能赋予其行为能力。在这里，公民的行为能力不同于其权利能力。具有行为能力必须首先具有权利能力，但具有权利能力，并不必然具有行为能力。这表明，在每个公民的法律关系主体资格构成中，这两种能力可能是统一的，也可能是分离的。

公民的行为能力也可以进行不同的分类。其中较为重要的一种分类，是根据内容的不同将其分为权利行为能力、义务行为能力和责任行为能力。权利行为能力是指通过自己的行为实际行使权利的能力。义务行为能力是指能够实际履行法定义务的能力。责任行为能力（简称责任能力）是指行为人对自己的违法行为后果承担法律责任的能力。它是行为能力的一种特殊形式。

公民的行为能力是由法律予以规定的。世界各国的法律，一般都把本国公民划分为完全行为能力人、限制行为能力人和无行为能力人。

（1）完全行为能力人。完全行为能力人指达到一定法定年龄、智力健全、能够对自己的行为负完全责任的自然人（公民）。例如，《中华人民共和国民法典》规定，18 周岁以上的公民是成年人，具有完全的民事行为能力，可以独立进行民事活动，是完全民事行为能力人。16 周岁以上不满 18 周岁的公民，以自己的劳动收入为主要生活来源的，也被视为完全民事行为能力人。

（2）限制行为能力人。限制行为能力人指行为能力受到一定限制，只具有部分行为能力的公民。例如，《中华人民共和国民法典》规定，8 周岁以上的未成年人，不能完全辨认自己行为的精神病人，是限制行为能力人。

（3）无行为能力人。无行为能力人指完全不能以自己的行为行使权利、履行义务的公民。《中华人民共和国民法典》规定，不满 8 周岁的未成年人，完全的精神病人是无行为能力人。

法人组织也具有行为能力，但这种行为能力与公民的行为能力不同，表现为：第一，公民的行为能力有完全与不完全之分，而法人的行为能力总是有限的，由其成立宗旨和业务范围决定。第二，公民的行为能力和权利能力并不是同时存在的。也就是说，公民具有权利能力却不一定同时具有行为能力，公民丧失行为能力也并不意味着丧失权利能力。与此不同，法人的行为能力和权利能力却是同时产生和同时消失的。法人一经依法成立，就同时具有权利能力和行为能力，法人一经依法撤销，其权利能力和行为能力也就同时消失。

2）法律关系内容

法律关系内容，是指具有法律上权利义务关系形式的社会关系。其具有三层含义。

（1）法律上的权利和义务。这是法律关系的法律内容，这一内容揭示法律关系的法律特征。

（2）事实上的社会关系。这是法律关系的社会内容，这一内容揭示法律关系的社会特征。

（3）享受权利和履行义务的事实行为。这是法律关系的物质内容，它体现了法律关系的法律内容和社会内容的联系。通常所说的法律关系内容，是指法律关系的法律内容，即法律上的权利和义务。

权利和义务是一对表征关系和状态的范畴，是法学范畴体系中的最基本的范畴。从本质上看，权利是指法律保护的某种利益；从行为方式的角度看，它表现为可以怎样行为。

义务指人们必须履行的某种责任，它表现为必须怎样行为和不得怎样行为两种方式。在法律调整状态下，权利是受法律保障的利益，其行为方式表现为意志和行为的自由。义务则是对法律所要求的意志和行为的限制，以及利益的付出。权利和义务是法律调整的特有机制，是法律行为区别于道德行为最明显的标志，也是法律和法律关系内容的核心。

权利与义务作为法律关系的重要因素，它体现了人们在社会生活中的地位及其相互关系，反映着法律调整的文明程度，从宏观方面讲，可以把权利与义务的关系概括为：历史进程中曾有的离合关系，逻辑结构上的对立统一关系，总体数量上的等值关系，功能上的互补关系，运行中的制约关系，价值意义上的主次关系。

3）法律关系客体

（1）含义。

笼统地讲，法律关系客体是指法律关系主体之间的权利和义务所指向的对象。它是构成法律关系的要素之一。

法律关系客体是一定利益的法律形式。任何外在的客体，一旦它承载某种利益价值，就可能成为法律关系客体。法律关系建立的目的，总是为了保护某种利益、获取某种利益，或分配、转移某种利益。所以，实质上，客体所承载的利益本身才是法律权利和法律义务联系的中介。这些利益，从表现形态上可以分为物质利益和精神利益、有形利益和无形利益、直接利益和间接利益（潜在利益）；从享有主体的角度，可分为国家利益、社会利益和个人利益，等等。

（2）种类。

法律关系客体是一个历史的概念，随着社会历史的不断发展，其范围、形式、类型也在不断变化。总体来看，由于权利和义务类型的不断丰富，法律关系客体的范围和种类有不断扩大和增多的趋势。归纳起来，法律关系客体有以下几类。

①物。法律意义上的物是指法律关系主体支配的、在生产上和生活上所需要的客观实体。它可以是天然物，也可以是生产物；可以是活动物，也可以是不活动物。作为法律关系客体的物与物理意义上的物既有联系，又有不同，它不仅具有物理属性，而且应具有法律属性。物理意义上的物要成为法律关系客体，须具备以下条件。第一，应得到法律之认可。第二，应为人类所认识和控制。不可认识和控制之物（如地球以外的天体）不能成为法律关系客体。第三，能够给人们带来某种物质利益，具有经济价值。第四，须具有独立性。不可分离之物（如道路上的沥青、桥梁之构造物、房屋之门窗）一般不能脱离主物，故不能单独作为法律关系的客体存在。至于哪些物可以作为法律关系的客体，应由法律予以具体规定。在我国，大部分天然物和生产物可以成为法律关系的客体，但以下几种物不得进入国内商品流通领域，成为私人法律关系的客体：

- 人类公共之物或国家专有之物，如海洋、山川、水流、空气；
- 文物；
- 军事设施、武器（枪支、弹药等）；
- 危害人类之物（如毒品、假药、淫秽书籍等）。

②人身。人身是由各个生理器官组成的生理整体（有机体）。它是人的物质形态，也是人的精神利益的体现。在现代社会，随着现代科技和医学的发展，使得输血、植皮、器官移植、精子提取等现象大量出现；同时也产生了此类交易活动及其契约，带来了一系列法律问题。这样，人身不仅是人作为法律关系主体的承载者，而且在一定范围内成为法律关系的客体。须注意的是：第一，活人的（整个）身体，不得视为法律上之“物”，不能作为物权、债权和继承权的客体，禁止任何人（包括本人）将整个身体作为“物”参与有偿的经济法律活动，不得转让或买卖。贩卖或拐卖人口，买卖婚姻，是法律禁止的违法犯罪行为，应受法律的制裁。第二，权利人对自己的人身不得进行违法或有伤风化的处理，不得滥用人身，或自践人身和人格。例如，卖淫、自杀、自残行为属于违法行为或至少是法律所不提倡的行为。第三，对人身行使权利时必须依法进行，不得超出法律授权的界限，严禁对他人人身非法强行行使权利。例如，有监护权的父母不得虐待未成年子女的人身。

人身（体）部分（如血液、器官、皮肤等）的法律性质，是一个较复杂的问题。它属于人身，还是属于法律上的“物”，不能一概而论。应从三个方面分析：当人身之部分尚未脱离人的整体时，即属人身本身；当人身之部分自然从身体中分离，已成为与身体相脱离的外界之物时，亦可以视为法律上之“物”；当该部分已植入他人身体时，即为他人人身之组成部分。

③精神产品。也称精神财富与非物质财富。精神产品是人通过某种物体（如书本、纸张、胶片、磁盘、光盘、硬盘等）或大脑记载下来并加以流传的思维成果。精神产品不同于有体物，其价值和利益在于物中所承载的信息、知识、技术、标识（符号）和其他精神文化。同时它又不同于人的主观精神活动本身，是精神活动的物化、固定化。精神产品属于非物质财富。西方学者称之为“无体（形）物”。我国法学界常称之为“智力成果”或“无体财产”。

④行为。这种客体一般情况下发生于债。例如合同的标的就是行为，当事人之间签订合同之后，要相互履行约定的义务，而此种履行义务的行为其实就是合同的标的。行为与行为结果是不同的，例如，承揽合同（做一套衣服），承揽行为的结果是一套衣服，但是合同的标的是承揽行为，也就是完成这套衣服的行为，而行为结果只能称之为标的物。

在研究法律关系客体问题时，还必须看到，实际的法律关系多种多样，多种多样的法律关系就有多种多样的客体，即使在同一法律关系中也有可能存在两个或两个以上的客体。例如买卖法律关系的客体不仅包括“货物”，而且也包括“货款”。在分析多向（复合）法律关系客体时，我们应当把这一法律关系分解成若干个单向法律关系，然后再逐一寻找它们的客体。多向（复合）法律关系之内的诸单向关系有主次之分，因此其客体也有主次之分。其中，主要客体决定着次要客体，次要客体补充说明主要客体。它们在多向（复合）法律关系中都是不可缺少的构成要素。

2.1.2 经济法律关系

经济法律关系是指经济法主体在国家干预和协调经济运行过程中根据经济法律规范规定所形成的权利和义务关系。

经济法律关系具有三个基本构成要素，即主体、客体和内容。

（1）经济法律关系主体。经济法律关系主体亦称经济法主体，是指参加经济法律关系，依法享有经济权利和承担经济义务的组织或个人。享有经济权利的当事人称为权利主体；承担经济义务的当事人则称为义务主体。经济法律关系主体包括国家机关、社会组织、经济组织的内部机构、自然人、农村承包经营户、个体工商户等。

（2）经济法律关系客体。经济法律关系客体是指经济法律关系主体享有权利和承担义务所共同指向的对象。客体是确立权利义务关系性质和具体内容的依据，也是确定权利行使与否、义务是否履行的客观标准。如果没有客体，权利义务就失去了依附的目标和载体。经济法律关系客体包括有形财物、经济行为、智力成果等。

（3）经济法律关系内容。经济法律关系内容是指经济法律关系主体依法享有的经济权利和承担的经济义务，其是经济法律关系的核心。经济法律关系主体的权利和义务依法律性质的不同而不同。这是由经济法律规范的不同规定和当事人参与经济法律关系的目的不同所决定的。

2.2 铁路运输法律关系

2.2.1 铁路运输法律关系的概念和特征

1. 概念

铁路运输法律关系是指在铁路运输管理及运营过程中发生的权利与义务关系。其具体是指国家机关、铁路运输企业、其他企事业单位和社会组织之间，以及铁路运输企业与公民之间，在铁路运输运营及管理过程中发生的各种社会关系。

2. 特征

（1）铁路运输法律关系主体有一方必然是铁路运输企业。

（2）铁路运输法律关系内容都与铁路运输业务有关。

（3）在铁路运输法律关系中，各方当事人的权利和义务既可分又统一。

（4）铁路运输法律关系客体是运输的行为，而非运输的对象。

2.2.2 铁路运输法律关系的构成要素与种类

1. 铁路运输法律关系的构成要素

铁路运输法律关系由主体、客体和内容三个要素构成。

1）铁路运输法律关系主体

铁路运输法律关系主体是指在铁路运输生产经营活动中，依法享有权利和承担义务的参加者或当事人。我国铁路运输法律关系主体主要包括：中国国家铁路集团有限公司（国铁集团）、各铁路局集团有限公司（铁路局）、企事业单位、其他经济组织、自然人，以及国家。

2）铁路运输法律关系客体

铁路运输法律关系客体指铁路运输法律关系主体享有权利和承担义务所指向的事物，铁路运输法律关系客体一般包括行为和物两种。

3）铁路运输法律关系内容

铁路运输法律关系内容指铁路运输法律关系主体享有的权利和承担的义务。

2. 铁路运输法律关系的种类

1）铁路运输经济法律关系

铁路运输经济法律关系指由铁路运输法律法规和其他法律法规所确认的铁路运输企业与公民个人、国家、其他企事业单位和社会组织之间因铁路运输生产经营活动而发生的具有权利、义务内容的社会关系。

2）铁路运输行政管理法律关系

铁路运输行政管理法律关系指由铁路运输法律法规及其他法律法规所确认的社会关系，它包括铁路运输企业与国家、政府部门，以及铁路运输企业内部组织、职工之间在铁路运输管理活动中发生的社会关系。

3）铁路运输劳动法律关系

铁路运输劳动法律关系指由铁路运输法律法规及有关劳动法律法规所确认和调整的铁路运输企业与其职工之间在铁路运营过程中产生的具有权利、义务内容的社会劳动关系。

4）铁路运输社会保障法律关系

铁路运输社会保障法律关系指由铁路运输法律法规和其他有关法律法规所确认和调整的国家、铁路运输企业与职工之间因社会保障而发生的具有权利、义务内容的社会关系。

5）铁路运输行政执法法律关系

铁路运输行政执法法律关系指由铁路运输法律法规和其他法律法规确认和调整的铁路运输企业与公民、法人、有关社会组织及国家之间在铁路运输行政执法过程中产生的具有权利、义务内容的社会关系。

6）铁路涉外运输法律关系

铁路涉外运输法律关系包括由于国际联运发生的涉外法律关系和由于外国投资者建设、经营铁路而发生的涉外法律关系。

3

铁路运输经营法律法规

3.1 铁路运输合同认知

3.1.1 铁路运输合同

铁路运输经营法律关系的确认形式主要表现为铁路运输合同。

1. 铁路运输合同的概念和分类

1）铁路运输合同的概念

铁路运输合同是《中华人民共和国铁路法》涉及的重要内容之一。《中华人民共和国铁路法》第十一条第一款规定："铁路运输合同是明确铁路运输企业与旅客、托运人之间权利义务关系的协议。"

2）铁路运输合同的分类

铁路运输合同根据运输对象的不同，可以分为铁路货物运输合同、铁路旅客运输合同、铁路行李运输合同和铁路包裹运输合同四种。

2. 铁路运输合同的特点和构成

1）铁路运输合同的特点

铁路运输合同除了具有一般合同所具有的共同点外，还具有其自身的特点，主要表现在：

（1）铁路运输合同计划性强。

（2）铁路运输合同是标准格式合同。

（3）铁路运输合同有法律上的强制性。

（4）铁路运输合同的主体具有特殊性。

（5）铁路运输合同通常是诺成合同。

诺成合同又称不要物合同，是实践合同的对称。诺成合同指仅以当事人意思表示一致为成立要件的合同。诺成合同自当事人双方意思表示一致时即可成立，不以一方交付标的物为合同的成立要件，当事人交付标的物属于履行合同，而与合同的成立无关。买卖合同是典型的诺成合同。实践合同，又称要物合同，是指除双方当事人意思表示一致外，尚须交付标的物或完成其他给付才能成立的合同。

2）铁路运输合同的构成

（1）铁路运输合同的主体。

铁路运输合同的主体是指以自己的名义参与铁路运输合同关系，并且享受权利、承担义务的人，包括自然人、法人和其他组织。铁路运输合同的主体包括承运人、旅客和托运人，收货人不是铁路运输合同的主体。

（2）铁路运输合同的客体。

铁路运输合同的客体是指铁路运输合同的主体享有权利和承担义务所指向的对象，即铁路运输的劳务行为。

（3）铁路运输合同的内容。

铁路运输合同的内容是当事人各方依据合同的约定享有的权利和承担的义务。

3.1.2 铁路旅客运输合同

1. 铁路旅客运输合同的概念和特征

1）铁路旅客运输合同的概念

铁路旅客运输合同是明确铁路运输企业与旅客之间权利义务关系的协议，是承运人与旅客签订的由承运人将旅客及其行李运输到目的地而由旅客支付票款的合同。

2）铁路旅客运输合同的特征

铁路旅客运输合同（简称客运合同）是一种较特殊的合同，它的运输标的是人而不是物，所以客运合同具有其特殊性。

（1）旅客既是合同一方当事人，又是运输对象。

（2）客运合同通常采用票证形式（纸质车票、电子客票、代用票等）。

（3）客运合同包括对旅客行李的运送。起运地承运人与旅客订立的客运合同，对所涉及的承运人都有连带关系，具有同等约束力。

2. 铁路旅客运输合同的基本凭证

客票为表示承运人有运送其持有人义务的书面凭证，是收到旅客承运费用的收据。客票并非客运合同的书面形式，但它是证明铁路旅客运输合同的唯一凭证，也是旅客乘运的唯一凭证。客票是旅客和承运人订立运输合同关系、支付票价和办理旅客意外伤害强制保险的基本依据。因此，无论采用哪一种运输方式，旅客均须凭有效客票才能乘运，除特别情形外，不能无票乘运。旅客无票乘运、超程乘运、越级乘运或者持失效客票乘运的，应当补交票款，承运人可以按照规定加收票款。旅客不交付票款的，承运人可以拒绝运输。

3. 铁路旅客运输合同主体资格的确认

旅客作为铁路旅客运输合同的主体，应是具有相应民事行为能力的自然人（含公民、外国人、无国籍的人）。当事人订立合同，应当具有相应的民事权利能力和民事行为能力。

1）成立

《中华人民共和国民法典》规定："客运合同自承运人向旅客出具客票时成立，但是当事人另有约定或者另有交易习惯的除外。"这就是说，有偿的旅客运输合同通常自承运人向旅客出具客票时成立。

旅客运输属于公共运输，承运人通过公布价目表向社会公众发出要约邀请。购票人支付票价的行为为要约，承运人发给客票的行为为承诺。因此，自购票人取得客票时起，双方意思表示一致，客运合同成立。旅客运输合同自旅客购得客票时成立只是通例，法律允许当事人另行约定。当出现旅客先乘坐后补票的常见情形时，旅客运输合同自旅客登上交通工具时成立，其后旅客补票的行为则是旅客向承运人履行支付票款的合同义务。因为此时双方的行为表明双方已就运输合同达成协议，只是双方的合同为非书面形式。

2）生效

客运合同是诺成合同，双方经过要约、承诺，形成意思表示一致，合同即告成立。但其成立时间和生效时间并不完全一致，主要涉及以下几种情况。

（1）旅客预订车票。此种情况下，客运合同成立时间早于生效时间。

（2）旅客上车后补票。此种情况下，客运合同生效时间早于成立时间。

（3）在旅客于承运人指定的购票地点先行购票的方式下，旅客向承运人提出到站路线要求，并支付相应的票款即构成要约，承运人给旅客合乎要求的客票即为承诺，客运合同在交付客票时成立，登车前检票时生效。

（4）电子客票。电子客票一经生成，合同即告成立。

4. 铁路旅客运输合同的履行

1）旅客的基本权利和义务

（1）旅客的基本权利。

①依据车票票面记载的内容乘车。

②依法携带规定的物品。

③其他权利。

（2）旅客的基本义务。

①支付运输费用，当场核对票、款，妥善保管车票，保持票面信息完整、可识别。

②遵守国家法令和铁路运输规章制度，听从铁路车站、列车工作人员的引导，按照车站的引导标志进、出站。

③爱护铁路设备、设施，对所造成的铁路或者其他旅客的损失予以赔偿，维护公共秩序和运输安全。

2）铁路承运人的基本权利和义务

（1）铁路承运人的基本权利。

①依照规定收取运输费用。

②其他权利。

要求旅客遵守国家法令和铁路规章制度，保证安全。

对损害他人利益和铁路设备、设施的行为有权制止，消除危险和要求赔偿。

（2）铁路承运人的基本义务。

①确保旅客运输安全正点。

②为旅客提供良好的旅行环境和服务设施，不断提高服务质量，文明礼貌地为旅客服务。承运人应使车内经常保持整齐清洁、设备良好、温度适宜、照明充足；通告站名，组织旅客安全乘降，及时妥善安排旅客座席、铺位；对老弱病残孕等重点旅客做到重点照顾；做好饮食供应等工作。

③对运送期间因承运人过错造成的旅客身体损害予以赔偿。

④对运送期间因承运人过错造成的旅客随身携带物品损失予以赔偿。

5. 铁路旅客运输合同的变更和解除

1）旅客自身原因导致的客运合同变更或解除

旅客运输合同成立后，在合同履行之前，旅客一方因自己的原因不能按照客票记载的时间乘坐的，可以在法定或约定的时间内变更或解除合同，即变更客票记载或办理退票手续。此种变更或解除被称为自愿变更或解除。旅客因自己的原因不能按照客票记载的时间乘坐的，应当在约定的时间内办理退票或者变更手续。逾期办理的，承运人可以不退票款，并不再承担运输义务。

2）承运人原因导致的客运合同变更或解除

承运人原因导致的客运合同变更或解除，称为非自愿的变更或解除，主要包括以下两种情况。

（1）承运人的迟延运输导致的客运合同变更或解除。承运人应当按照客票载明的时间和班次运输旅客。承运人迟延运输的，应当根据旅客的要求安排其改乘其他班次、变更运输路线以到达目的地或者退票。

（2）承运人擅自变更运输工具引起的合同变更。在客运合同订立后，承运人单方变更运输工具的，应视为一种违约行为。承运人擅自变更运输工具而降低服务标准的，旅客有权要求退票或者减收票款。承运人变更运输工具，提高服务标准的，无权向旅客加收票款。

6. 违反铁路旅客运输合同的责任

1）铁路承运人对旅客人身伤亡承担责任的赔偿限额

铁路承运人应当对运输过程中旅客的伤亡承担损害赔偿责任。《中华人民共和国民法典》第一千一百七十九条规定：“侵害他人造成人身损害的，应当赔偿医疗费、护理费、交通费、营养费、住院伙食补助费等为治疗和康复支出的合理费用，以及因误工减少的收入。造成残疾的，还应当赔偿辅助器具费和残疾赔偿金；造成死亡的，还应当赔偿丧葬费和死亡赔偿金。”

2）铁路承运人的免责事由

对于下列原因，铁路承运人不承担赔偿责任。

（1）旅客故意。

（2）旅客的重大过失。

（3）旅客自身原因。

（4）不可抗力。

3）铁路旅客运输合同责任赔偿的时效

当发生旅客伤害事故时，旅客可向事故发生站或处理站请求赔偿。承运人与旅客因合同纠纷产生索赔或互相间要求办理退补费用的有效期为 1 年，也就是说旅客或者其继承人向铁路运输企业要求赔偿的请求，应当自事故发生之日起 1 年内提出。有效期从下列日期起计算。

（1）当身体损害和随身携带品损失时，为发生事故的次日。

（2）当行李包裹全部损失时为运到期终了的次日，部分损失时为交付的次日。

（3）当给铁路造成损失时，为发生事故的次日。

（4）当多收或少收运输费用时，为核收该项费用的次日。

3.1.3 铁路货物运输合同

1. 铁路货物运输合同的概念和特征

1）铁路货物运输合同的概念

铁路货物运输合同指铁路承运人采用铁路运输的方式，按照托运人的要求，将托运人托运的货物从起运地点运输到约定地点，并交付给托运人指定的收货人，托运人支付运输费用的协议。铁路货物运输合同的基本凭证是铁路货物运单。

2）铁路货物运输合同的特征

铁路货物运输合同是明确铁路承运人与托运人之间权利义务关系的协议，是铁路运输合同的一种。除了具有铁路运输合同的一般特征外，其还具有以下重要的特征。

（1）铁路货物运输合同的主体具有特殊性。

（2）铁路货物运输合同以货物交付给收货人为履行完毕。

2. 铁路货物运输合同的订立

铁路货物运输合同的订立受《中华人民共和国民法典》中关于要约、承诺规则的约束，须经过托运人提出要约（提出运输合同书、计划表、服务订单和货物运单等），承运人承诺（签字盖章）后成立。

对于从事公共运输的承运人而言，不得拒绝托运人通常、合理的运输要求。例如，铁路运输企业作为我国的公共运输部门，负有强制缔约义务，如无正当理由，不得拒绝提供运输服务。

3. 铁路货物运输合同的履行

铁路货物运输合同的双方当事人应按照合同的约定或国务院铁路主管部门的规定，全面地、适当地履行各自的义务。

铁路货物运输合同的履行包括承运人、托运人和收货人对各自义务的履行。铁路货物运输合同主体包括承运人和托运人，收货人不是合同的主体，但是因为其与订立的合同息息相关，也会享有一定的经济权利，承担一定的经济义务，所以铁路货物运输合同内容涉及承运人的权利和义务、托运人的权利和义务，以及收货人的权利和义务。

1）承运人的权利和义务

（1）承运人的权利。

①收取相关费用的权利。根据法律的规定，承运人收取相关费用的权利包括有权按照法律规定向托运人或收货人收取运费和其他费用，托运人或收货人不按规定支付的，承运人有权拒绝承运；因托运人申报不实而少交的运费，承运人有权按规定加收运费和其他费用；有权向逾期领取货物的收货人收取保管费，等等。

②留置权。在铁路承运人全面、正确地履行了运输义务的情况下，托运人或收货人有按照规定支付相关费用的义务。

③变卖权。铁路承运人将货物运至目的站后，对于无人认领的货物，在满足一定的条

件下可以将货物变卖。

（2）承运人的义务。

①按时运送的义务。

②安全运送的义务。

③及时通知并交付的义务。

④不得拒绝当事人通常、合理的运输要求的义务。

⑤其他义务。

2）托运人的权利和义务

（1）托运人的权利。

①有权要求承运人按时、安全地运送其托运的货物。托运人订立货物运输合同的目的就是实现托运的货物能够按时、安全地到达目的站，所以托运人有权要求铁路承运人按照合同约定的期限或者国务院铁路主管部门规定的期限，将托运的货物完整、无损地运至目的站并交给收货人。

当承运人没有履行或没有全面履行合同时，托运人有权要求其支付违约金或赔偿损失。

②有权要求中止运输、返还货物、变更到达地或者将货物交给其他收货人。《中华人民共和国民法典》第八百二十九条规定："在承运人将货物交付收货人之前，托运人可以要求承运人中止运输、返还货物、变更到达地或者将货物交给其他收货人，但是应当赔偿承运人因此受到的损失。"托运人行使此项权利必须是在承运人将货物交付收货人之前，如果已经将货物交付，此权利不能行使。

③货物因不可抗力而灭失，托运人有要求返还运费的权利。

（2）托运人的义务。

①如实告知的义务。

②按时交付运输货物及必要文件的义务。

③按要求包装货物的义务。

④向承运人交付规定的货物运输费用的义务。

⑤将领取货物凭证及时交给收货人，并通知其到目的站领取货物的义务。

⑥其他义务。

3）收货人的权利和义务

（1）收货人的权利。收货人最主要的权利是提货权。在实际生活中，收货人与托运人往往不是同一人。收货人虽然不是铁路货物运输合同的订立者，但是与该合同息息相关，也享受某些权利。《中华人民共和国民法典》第八百三十条明确规定："货物运输到达后，承运人知道收货人的，应当及时通知收货人，收货人应当及时提货。"这是收货人行使提货权的法律依据，收货人在行使提货权时应当向承运人出示有效的提货凭证（提单）。

除提货权外，收货人还享有由提货权派生出来的其他权利，如查询、查验货物及损害赔偿请求权等。

（2）收货人的义务。

①支付运输费用及其他费用的义务。在一般情况下，运输费用由托运人支付。但是某些特殊情况，如临时发生抢险、救灾、防疫等情况，在发站支付确有困难，经发送铁路局

同意，可以后付或由收货人在到站支付。

②及时提取货物，并在规定的免费暂存期限内将货物搬出车站的义务。

③验货的义务。

④卸车及清扫的义务。

4. 铁路货物运输合同的变更和解除

铁路货物运输合同依法成立，即具有法律约束力，当事人必须全面履行合同规定的义务，任何一方不得擅自变更或解除合同。但是，在履行合同的过程中，当事人的实际情况或客观条件常会发生变化，影响原订合同的履行，需要对已订立的合同进行必要的修改、补充，甚至解除合同。因此，法律允许按照法定程序对原订合同进行变更或解除。

1）铁路货物运输合同变更和解除的条件

铁路货物运输合同的变更和解除应遵守《中华人民共和国民法典》《铁路货物运输合同实施细则》《铁路货物运输规程》的规定。铁路货物运输合同变更和解除的条件如下。

（1）当事人双方协商同意，但不能因此损害国家利益和社会公共利益。

（2）不可抗力致使合同的全部义务不能履行。

（3）另一方在合同约定的期限内没有履行合同。

2）铁路货物运输合同变更或解除的办理

（1）托运人或收货人由于特殊原因，对承运后的货物运输合同可按批向货物所在的中途站或到站提出变更到站、变更收货人。

（2）在承运后发送前，托运人可向发站提出取消托运，经承运人同意，货物运输合同即告解除。

（3）托运人或收货人在要求变更或解除运输合同时，应提出领货凭证和货物运输变更要求书；当提不出领货凭证时，应提出其他有效证明，并在货物运输变更要求书内注明。

（4）办理货物运输变更或取消托运，托运人或收货人应按规定支付费用。

5. 违反铁路货物运输合同的责任

1）承运人的违约责任

承运人的违约责任主要表现在以下几个方面。

（1）承运人未按货物运输合同约定的时间、数量和要求配车发运的，应当向托运人支付违约金。

（2）承运人对货物发生灭失、短少、变质、污染、损坏，承担赔偿损失的责任。从承运货物时起，至货物交付收货人或依照有关规定处理完毕时止，货物发生灭失、短少、变质、污染、损坏，按规定赔偿。

（3）承运人错运到站或误交付的，应当承担违约责任。

（4）逾期运到的违约责任。

（5）承运人故意造成托运人或收货人损失的，应承担民事责任和行政责任。

2）托运人和收货人的违约责任

（1）不按时交纳运输费用时应承担的责任。托运人或收货人迟交运输费用的，应向承运人支付规定的运杂费迟交金。

（2）由于过错导致承运人或第三人的财物损失的，应负赔偿责任。当托运人、收货人的责任或押运人的过错使铁路运输工具、设备或第三人的货物造成损失时，托运人或收货人应负赔偿责任。这里说的过错包括由托运人自装的货物，装载不合格；由于托运人包装不合格，污染第三人运输货物的；托运人对货物名称、货物重量申报不实；其他托运人、收货人的责任或押运人的过错。

（3）未在规定时间装卸货物时应承担的责任。根据《铁路货物运输规程》的规定，托运人或收货人逾期装卸货物的，应向承运人支付货物暂存费或延期费。

3）免责条件

在铁路货物运输合同履行过程中，并不是违约方在任何情况下均须对其违约行为负责，在符合法律规定的免责条件的情况下，合同当事人不承担违约责任。

《中华人民共和国民法典》第八百三十二条规定：“承运人对运输过程中货物的毁损、灭失承担赔偿责任。但是，承运人证明货物的毁损、灭失是因不可抗力、货物本身的自然性质或者合理损耗以及托运人、收货人的过错造成的，不承担赔偿责任。”

承运人可以免除赔偿责任的三种情况如下。

（1）不可抗力。《中华人民共和国民法典》第一百八十条规定，不可抗力是不能预见、不能避免且不能克服的客观情况。第五百九十条规定，当事人一方因不可抗力不能履行合同的，根据不可抗力的影响，部分或者全部免除责任，但是法律另有规定的除外。因不可抗力不能履行合同的，应当及时通知对方，以减轻可能给对方造成的损失，并应当在合理期限内提供证明。当事人迟延履行后发生不可抗力的，不免除其违约责任。

（2）货物本身的自然性质或者合理损耗。货物本身的自然性质，主要指货物的物理属性和化学属性，例如运输的货物是气体，而气体的自然属性就是易挥发。如果由于挥发造成损失，承运人就不承担损失。货物的合理损耗，主要是指一些货物在长时间的运输过程中，必然会有一部分损失，对于这一部分损失，承运人也不负赔偿责任。

（3）托运人、收货人的过错。托运人、收货人的过错主要指以下几种情况：

①由于托运人对货物采取的包装材料、方式等方面的缺陷，而承运人在验收货物时又无从发现。

②托运人自己装上运输工具的货物，因加固材料不符合规定的条件或违反装载规定，交付货物时，承运人又无法从外部发现。

③押运人应当采取而未采取保证货物安全的措施。

④收货人负责卸货造成的损失。

⑤托运人应当如实申报而没有如实申报，导致承运人没有采取相应的保护措施造成的损失，等等。

关于承运人的免责，还要注意以下两点。

①承运人未尽到应有的、足够的谨慎与勤勉，其对事故的发生及其后果也并非不能加以控制和克服，不符合不可抗力的“不能预见、不能避免、不能克服”的条件，不构成承运人免责的法定事由。

②承运人要免除赔偿责任，其应当负举证责任。如果承运人自己不能证明有不可抗力、货物本身的自然性质或者合理损耗，以及托运人、收货人有过错的情形存在，就要承担损害赔偿责任。

4）铁路货物运输的赔偿和退补运输费用时效的规定

铁路货物运输的赔偿和退补运输费用的时效在《铁路货物运输规程》里有明确规定，具体如下。

(1) 承运人同托运人或收货人相互间要求赔偿或退补费用的，有效期为180日，但要求承运人支付违约金的有效期为60日。

(2) 承运人对托运人或收货人提出的赔偿或退还运输费用要求，应自受理该项要求的次日起30日内（跨及两个铁路局以上的赔偿要求为60日）进行处理，答复要求人。要求人自收到答复的次日起60日内未提出异议，即为结案。

3.1.4 铁路行李、包裹运输合同基本知识

1. 铁路行李、包裹运输合同的概念

铁路行李运输合同是铁路运输企业与旅客之间明确行李运输权利义务关系的协议。行李运输合同的基本凭证是行李票。在铁路运输中，只有旅客才能办理行李的运输，旅客即行李的托运人和收货人。行李的托运人、收货人必须是已经和铁路运输企业签订了旅客运输合同的旅客。因此，铁路旅客运输合同是主合同，铁路行李运输合同是铁路旅客运输合同的从合同。以铁路旅客运输合同的成立为其订立的前提条件。

铁路包裹运输合同是明确铁路运输企业与包裹托运人、收货人之间权利义务关系的协议。

2. 铁路行李、包裹运输合同应当载明的内容

行李票、包裹票、快运单应当载明下列内容。

（1）发站和到站。

（2）旅客、托运人、收货人的姓名、地址、联系电话、邮政编码。

（3）行李和包裹的品名、包装、件数、重量。

（4）运费、快运包干费。

（5）声明价格。

（6）承运日期、运到期限、承运站站名戳、承运快运机构名戳及经办人员名章。

3. 承运人的权利和义务

（1）承运人的主要权利。

①按规定收取运输费用，要求托运的物品符合国家政策法令和铁路规章的规定。对托运的物品进行安全检查，对不符合运输条件的物品拒绝承运。

②因托运人、收货人的责任给他人或承运人造成损失时向责任人要求赔偿。

（2）承运人的主要义务。

①为托运人提供方便、快捷的运输条件，将行李、包裹安全、及时、准确地运送到目的地。

②行李、包裹从承运后至交付前，在发生灭失、损失、变质、污染时负赔偿责任。

4. 旅客、托运人、收货人的权利和义务

（1）旅客、托运人、收货人的主要权利。

①要求承运人将行李、包裹按期、完好地运至目的地。

②行李、包裹发生灭失、损坏、变质、污染时要求赔偿。

（2）旅客、托运人、收货人的主要义务。

①缴纳运输费用，完整、准确填写托运单，遵守国家有关法令及铁路规章制度，维护铁路运输安全。

②因自身过错给承运人或其他旅客、托运人、收货人造成损失时应负赔偿责任。

5. 铁路行李、包裹的托运规定

（1）行李的托运条件。旅客在乘车区间内凭有效客票每张可托运一次行李，残疾人车不限次数。即承运行李应要求旅客出具车票。市郊定期客票不能托运行李，铁路乘车证不能免费托运行李。

（2）托运时应提供运输证明的物品。托运时应提供运输证明的物品如下。

①金银珠宝、珍贵文物、货币、证券、枪支。

②警犬和国家法律保护的动物。

③省级以上政府宣传用非卖品。

④国家有关部门规定的免检物品。

⑤国家限制运输的物品。

⑥承运人认为应提供证明的其他物品。托运动、植物时应有动、植物检疫部门的检疫证明。托运放射性物品、油样箱时，应按照国务院铁路主管部门的规定提出剂量证明书、油样箱使用证。

（3）不能按包裹运输的物品。不能按包裹运输的物品如下。

①尸体、尸骨、骨灰、灵柩及易于污染、损坏车辆的物品。

②蛇、猛兽和每头超过 20 kg 的活动物（警犬和运输命令指定运输的动物除外）。

③国务院及国务院铁路主管部门颁发的有关危险品管理规定中规定的危险品、弹药及承运人不明性质的化工产品。

④国家禁止运输的物品和不适于装入行李车的物品。

3.2 铁路运输经营法律

3.2.1 中华人民共和国铁路法（与铁路运输经营相关部分）

1990 年 9 月 7 日第七届全国人民代表大会常务委员会第十五次会议通过。

根据 2009 年 8 月 27 日第十一届全国人民代表大会常务委员会第十次会议《关于修改部分法律的决定》第一次修正。

根据 2015 年 4 月 24 日第十二届全国人民代表大会常务委员会第十四次会议《关于修改〈中华人民共和国义务教育法〉等五部法律的决定》第二次修正。

以下介绍《中华人民共和国铁路法》中与铁路运输经营相关的内容。

第二章 铁路运输营业

第十条 铁路运输企业应当保证旅客和货物运输的安全，做到列车正点到达。

第十一条 铁路运输合同是明确铁路运输企业与旅客、托运人之间权利义务关系的协议。

旅客车票、行李票、包裹票和货物运单是合同或者合同的组成部分。

第十二条 铁路运输企业应当保证旅客按车票载明的日期、车次乘车，并到达目的站。因铁路运输企业的责任造成旅客不能按车票载明的日期、车次乘车的，铁路运输企业应当按照旅客的要求，退还全部票款或者安排改乘到达相同目的站的其他列车。

第十三条 铁路运输企业应当采取有效措施做到旅客运输服务工作，做到文明礼貌、热情周到，保持车站和车厢内的清洁卫生，提供饮用开水，做好列车上的饮食供应工作。

铁路运输企业应当采取措施，防止对铁路沿线环境的污染。

第十四条 旅客乘车应当持有效车票。对无票乘车或者持失效车票乘车的，应当补收票款，并按照规定加收票款；拒不交付的，铁路运输企业可以责令下车。

第十五条 国家铁路和地方铁路根据发展生产、搞活流通的原则，安排货物运输计划。

对抢险救灾物资和国家规定需要优先运输的其他物资，应予优先运输。

地方铁路运输的物资需要经由国家铁路运输的，其运输计划应当纳入国家铁路的运输计划。

第十六条 铁路运输企业应当按照全国约定的期限或者国务院铁路主管部门规定的期限，将货物、包裹、行李运到目的站；逾期运到的，铁路运输企业应当支付违约金。

铁路运输企业逾期三十日仍未将货物、包裹、行李交付收货人或者旅客的，托运人、收货人或者旅客有权按货物、包裹、行李灭失向铁路运输企业要求赔偿。

第十七条 铁路运输企业应当对承运的货物、包裹、行李自接受承运时起到交付时止发生的灭失、短少、变质、污染或者损坏，承担赔偿责任：

（一）托运人或者旅客根据自愿申请办理保价运输的，按照实际损失赔偿，但最高不超过保价额。

（二）未按保价运输承运的，按照实际损失赔偿，但最高不超过国务院铁路主管部门规定的赔偿限额；如果损失是由于铁路运输企业的故意或者重大过失造成的，不适用赔偿限额的规定，按照实际损失赔偿。

托运人或者旅客根据自愿可以向保险公司办理货物运输保险，保险公司按照保险合同的约定承担赔偿责任。

托运人或者旅客根据自愿，可以办理保价运输，也可以办理货物运输保险；还可以既不办理保价运输，也不办理货物运输保险。不得以任何方式强迫办理保价运输或者货物运输保险。

第十八条 由于下列原因造成的货物、包裹、行李损失的，铁路运输企业不承担赔偿责任：

（一）不可抗力。

（二）货物或者包裹、行李中的物品本身的自然属性，或者合理损耗。

（三）托运人、收货人或者旅客的过错。

第十九条 托运人应当如实填报托运单，铁路运输企业有权对填报的货物和包裹的品名、重量、数量进行检查。经检查，申报与实际不符的，检查费用由托运人承担；申报与实际相符的，检查费用由铁路运输企业承担，因检查对货物和包裹中的物品造成的损坏由铁路运输企业赔偿。

托运人因申报不实而少交的运费和其他费用应当补交，铁路运输企业按照国务院铁路主管部门的规定加收运费和其他费用。

第二十条 托运货物需要包装的，托运人应当按照国家包装标准或者行业包装标准包装；没有国家包装标准或者行业包装标准的，应当妥善包装，使货物在运输途中不因包装原因而受损坏。

铁路运输企业对承运的容易腐烂变质的货物和活动物，应当按照国务院铁路主管部门的规定和合同的约定，采取有效的保护措施。

第二十一条 货物、包裹、行李到站后，收货人或者旅客应当按照国务院铁路主管部门规定的期限及时领取，并支付托运人未付或者少付的运费和其他费用；逾期领取的，收货人或者旅客应当按照规定交付保管费。

第二十二条 自铁路运输企业发出领取货物通知之日起满三十日仍无人领取的货物，或者收货人书面通知铁路运输企业拒绝领取的货物，铁路运输企业应当通知托运人，托运人自接到通知之日起满三十日未作答复的，由铁路运输企业变卖；所得价款在扣除保管等费用后尚有余款的，应当退还托运人，无法退还、自变卖之日起一百八十日内托运人又未领回的，上缴国库。

自铁路运输企业发出领取通知之日起满九十日仍无人领取的包裹或者到站后满九十日仍无人领取的行李，铁路运输企业应当公告，公告满九十日仍无人领取的，可以变卖；所得价款在扣除保管等费用后尚有余款的，托运人、收货人或者旅客可以自变卖之日起一百八十日内领回，逾期不领回的，上缴国库。

对危险物品和规定限制运输的物品，应当移交公安机关或者有关部门处理，不得自行变卖。

对不宜长期保存的物品，可以按照国务院铁路主管部门的规定缩短处理期限。

第二十三条 因旅客、托运人或者收货人的责任给铁路运输企业造成财产损失的，由旅客、托运人或者收货人承担赔偿责任。

第二十四条 国家鼓励专用铁路兼办公共旅客、货物运输营业；提倡铁路专用线与有关单位按照协议共用。

专用铁路兼办公共旅客、货物运输营业的，应当报经省、自治区、直辖市人民政府批准。

专用铁路兼办公共旅客、货物运输营业的，适用本法关于铁路运输企业的规定。

第二十五条 铁路的旅客票价率和货物、行李的运价率实行政府指导价或者政府定价，竞争性领域实行市场调节价。政府指导价、政府定价的定价权限和具体适用范围以中央政府和地方政府的定价目录为依据。铁路旅客、货物运输杂费的收费项目和收费标准，以及铁路包裹运价率由铁路运输企业自主制定。

第二十六条 铁路的旅客票价，货物、包裹、行李的运价，旅客和货物运输杂费的收费项目和收费标准，必须公告；未公告的不得实施。

第二十七条 国家铁路、地方铁路和专用铁路印制使用的旅客、货物运输票证，禁止伪造和变造。

禁止倒卖旅客车票和其他铁路运输票证。

第二十八条 托运、承运货物、包裹、行李，必须遵守国家关于禁止或者限制运输物品的规定。

第二十九条 铁路运输企业与公路、航空或者水上运输企业相互间实行国内旅客、货物联运，依照国家有关规定办理；国家没有规定的，依照有关各方的协议办理。

第三十条 国家铁路、地方铁路参加国际联运，必须经国务院批准。

第三十一条 铁路军事运输依照国家有关规定办理。

第三十二条 发生铁路运输合同争议的，铁路运输企业和托运人、收货人或者旅客可以通过调解解决；不愿意调解解决或者调解不成的，可以依据合同中的仲裁条款或者事后达成的书面仲裁协议，向国家规定的仲裁机构申请仲裁。

当事人一方在规定的期限内不履行仲裁机构的仲裁决定的，另一方可以申请人民法院强制执行。

当事人没有在合同中订立仲裁条款，事后又没有达成书面仲裁协议的，可以向人民法院起诉。

思政课堂

铁路法修订，让法治成为发展强动能

2019 年，国家铁路局起草了《中华人民共和国铁路法（修订草案）》（征求意见稿）（以下简称征求意见稿），对铁路运输、铁路建设、铁路安全管理等内容做了大幅度修改。鼓励社会资本投资建路、禁止强占座位、缺陷产品召回、行政约谈、信用规制监管等被写入征求意见稿。

我国现行的铁路法自 1991 年 5 月 1 日起实施以来，在 2009 年 8 月 27 日第一次修正，2015 年 4 月 24 日第二次修正，其在保障铁路运输生产秩序和运输安全、推动铁路建设顺利进行、促进铁路事业发展等方面发挥了积极作用。但是，随着铁路改革发展步伐加快，不少内容已不再适应当今铁路现状。重新修订铁路法，已势在必行。

征求意见稿涉及了铁路行业的方方面面，从微观到宏观，从民生到行业，从铁路建设到诚信建设，不仅将“强占座位”等民生问题列入讨论议程，也将“鼓励社会资本投资建路”的相关法律进行了完善，而且还将“缺陷产品召回制度”等列入了草案，既契合了时代热点，又紧跟高铁发展步伐，旨在为铁路发展提供坚实法律保障。

重修铁路法意义深远。鼓励和支持通过多种融资形式筹集铁路建设资金，让民资为铁路建设注入一池春水；新增信用规制监管方式，对违法失信行为进行记录、公开和惩戒，为文明出行加码；将近年来的一些制度上升到法律层面、提高层级效力，为铁路安全保驾护航。征求意见稿从铁路建设、安全、文明等多个方面进行完善，释放了多重民生红利。

值得一提的是此次立法在诚信建设方面的突破。例如，将强占他人席位且不听劝阻、干扰站车秩序且不听劝阻，或者在车站和旅客列车内寻衅滋事、扰乱公共秩序列入禁止行为；禁止在铁路线路两侧各 500 米范围内，放飞风筝、无人机、气球、孔明灯等低空飞行物或飘散物；禁止在禁止吸烟的列车上、其他列车及铁路车站的禁烟区内吸烟，或者使用能够产生烟雾的香烟替代品及其他物品等。将这些行为明确列入法律，契合了当前社会诚信建设，对于完善社会信用体系具有积极作用。

法律是提纲挈领的总领性规章制度，法律的修改须慎重。当前，铁路正广征民意，以进一步完善草案内容。可以预见，新的铁路法必将更好地护航发展，让铁路事业在法治轨道内稳稳前行。

3.2.2 中华人民共和国刑法（与铁路运输经营相关部分）

《中华人民共和国刑法》于 1979 年 7 月 7 日第五届全国人民代表大会第二次会议通过，1997 年 3 月 14 日第八届全国人民代表大会第五次会议修订，1997 年 3 月 14 日中华人民共和国主席令第八十三号公布，自 1997 年 10 月 1 日起施行。1999 年 12 月 25 日至 2020 年 12 月 26 日，全国人民代表大会常委会先后通过了十一项《中华人民共和国刑法修正案》，以下介绍《中华人民共和国刑法》与铁路相关的部分内容。

第二编　分　则

第三章　破坏社会主义市场经济秩序罪

第八节　扰乱市场秩序罪

第二百二十七条【伪造、倒卖伪造的有价票证罪】伪造或者倒卖伪造的车票、船票、邮票或者其他有价票证，数额较大的，处二年以下有期徒刑、拘役或者管制，并处或者单处票证价额一倍以上五倍以下罚金；数额巨大的，处二年以上七年以下有期徒刑，并处票证价额一倍以上五倍以下罚金。

【倒卖车票、船票罪】倒卖车票、船票，情节严重的，处三年以下有期徒刑、拘役或者管制，并处或者单处票证价额一倍以上五倍以下罚金。

第四章　侵犯公民人身权利、民主权利罪

第二百五十三条之一【侵犯公民个人信息罪】违反国家有关规定，向他人出售或者提供公民个人信息，情节严重的，处三年以下有期徒刑或者拘役，并处或者单处罚金；情节特别严重的，处三年以上七年以下有期徒刑，并处罚金。

违反国家有关规定，将在履行职责或者提供服务过程中获得的公民个人信息，出售或者提供给他人的，依照前款的规定从重处罚。

窃取或者以其他方法非法获取公民个人信息的，依照第一款的规定处罚。

单位犯前三款罪的，对单位判处罚金，并对其直接负责的主管人员和其他直接责任人员，依照各该款的规定处罚。

第五章　侵犯财产罪

第二百六十三条【抢劫罪】以暴力、胁迫或者其他方法抢劫公私财物的，处三年以上十年以下有期徒刑，并处罚金；有下列情形之一的，处十年以上有期徒刑、无期徒刑或者死刑，并处罚金或者没收财产：

（一）入户抢劫的；

（二）在公共交通工具上抢劫的；

（三）抢劫银行或者其他金融机构的；
（四）多次抢劫或者抢劫数额巨大的；
（五）抢劫致人重伤、死亡的；
（六）冒充军警人员抢劫的；
（七）持枪抢劫的；
（八）抢劫军用物资或者抢险、救灾、救济物资的。

3.3 铁路运输经营法规

3.3.1 铁路货物运输合同实施细则

1986 年 11 月 8 日国务院批准。

1986 年 12 月 1 日铁道部发布。

根据 2011 年 1 月 8 日《国务院关于废止和修改部分行政法规的决定》修订。

第一章 总 则

第一条 为了规范铁路货物运输合同，根据有关法律，制定本细则。

第二条 本细则所指铁路货物运输是中华人民共和国铁道部公布的营业铁路货物运输。

本细则适用于铁路运输部门与企业、农村经济组织、国家机关、事业单位、社会团体等法人之间签订的货物运输合同。

个体经营户、个人与铁路运输部门签订的货物运输合同，应参照本细则执行。

军事运输，国际联运，铁路与水路、公路、航空、管道之间的货物联运，另行规定。

第三条 托运人利用铁路运输货物，应与承运人签订货物运输合同。

第二章 货物运输合同的签订

第四条 大宗物资的运输，有条件的可按年度、半年度或季度签订货物运输合同，也可以签订更长期限的运输合同；其他整车货物运输，应按月签订运输合同。按月度签订的运输合同，可以用月度要车计划表代替。

零担货物和集装箱货物运输，以货物运单作为运输合同。

第五条 按年度、半年度、季度或月度签订的货物运输合同，经双方在合同上签认后，合同即告成立。托运人在交运货物时，还应向承运人按批提出货物运单，作为运输合同的组成部分。

零担货物和集装箱货物的运输合同，以承运人在托运人提出的货物运单上加盖车站日期戳后，合同即告成立。

第六条 按年度、半年度、季度或月度签订的货物运输合同，应载明下列基本内容：

一、托运人和收货人名称；

二、发站和到站；

三、货物名称；

四、货物重量；

五、车种和车数；

六、违约责任；

七、双方约定的其他事项。

第七条 货物运单应载明下列内容：

一、托运人、收货人名称及其详细地址；
二、发站、到站及到站的主管铁路局；
三、货物名称；
四、货物包装、标志；
五、件数和重量（包括货物包装重量）；
六、承运日期；
七、运到期限；
八、运输费用；
九、货车类型和车号；
十、施封货车和集装箱的施封号码；
十一、双方商定的其他事项。

第三章　货物运输合同的履行

第八条　托运人应当承担下列义务：

一、按照货物运输合同约定的时间和要求向承运人交付托运的货物；

二、需要包装的货物，应当按照国家包装标准或部包装标准（专业包装标准）进行包装，没有统一规定包装标准的，要根据货物性质，在保证货物运输安全的原则下进行包装，并按国家规定标明包装储运指示标志，笨重货物还应在每件货物包装上标明货物重量；

三、按规定需要凭证运输的货物，应出示有关证件；

四、对整车货物，提供装载货物所需的货车装备物品和货物加固材料；

五、托运人组织装车的货物，装车前应对车厢完整和清洁状态进行检查，并按规定的装载技术要求进行装载，在规定的装车时间内将货物装载完毕或在规定的停留时间内，将货车送至交接地点；

六、在运输中需要特殊照料的货物，须派人押运；

七、向承运人交付规定的运输费用；

八、将领取货物凭证及时交给收货人并通知其向到站领取货物；

九、货物按保价运输办理时，须提出货物声明价格清单，支付货物保价费；

十、国家规定必须保险的货物，托运人应在托运时投保货物运输险，对于每件价值在 700 元以上的货物或每吨价值在 500 元以上的非成件货物，实行保险与负责运输相结合的补偿制度，托运人可在托运时投保货物运输险，具体办法另行规定。

第九条　承运人应当承担下列义务：

一、按照货物运输合同约定的时间、数量、车种，拨调状态良好、清扫干净的货车；

二、在车站公共装卸场所装卸的货物，除特定者外，负责组织装卸；

三、将承运的货物按照合同规定的期限和到站，完整、无损地交给收货人；

四、对托运人或收货人组织装车或卸车的货物，将货车调到装、卸地点或商定的交接地点；

五、由承运人组织卸车的货物，向收货人发出到货催领通知；

六、发现多收运输费用，及时退还托运人或收货人。

第十条　收货人应当承担下列义务：

一、缴清托运人在发站未交或少交以及运送期间发生的运输费用和由于托运人责任发生的垫款；

二、及时领取货物，并在规定的免费暂存期限内，将货物搬出车站；

三、收货人组织卸车的货物，应当在规定的卸车时间内将货物卸完或在规定的停留时间内将货车送至交接地点；

四、由收货人组织卸车的货物，卸车完毕后，应将货车清扫干净并关好门窗、端侧板（特种车为盖、阀），规定需要洗刷消毒的应进行洗刷消毒。

第十一条 托运人托运个人搬家货物、行李每 10 千克价值在 30 元以上者，可声明价格，要求保价运输。承运人按保价运输办理时，按规定核收货物保价费。

第十二条 托运人向承运人托运货物和承运人向收货人交付货物的时候，都应进行交接验收。如果发现货物（托运人组织装车的为封印、货物装载状态、篷布苫盖状态或规定标记）有异状或与货物运单记载不符，在承运时，应由托运人改善后接收；在交付时，收货人应即向承运人提出异议。收货人在验收货物的时候，没有提出异议，即认为运输合同履行完毕。

由承运人组织装车并在专用线、专用铁道内卸车的货物，按承运人同收货人商定的办法，办理交接验收。

第十三条 承运人在查找不到收货人或收货人拒绝领取货物时，除不宜于长期保管的货物外，从发出催领通知次日起 30 日内或从收货人拒绝领取货物时起 3 日内通知托运人。托运人自接到通知次日起，5 日内提出处理办法答复承运人。超过期限，运输合同仍无法履行时，承运人有权按照有关规定处理。

收货人拒绝领取货物的时候，应当出具书面说明。

第十四条 因自然灾害，货物运输发生阻碍，承运人应当采取绕路运输或卸下再装措施。因货物性质特殊，绕路运输或卸下再装会造成货物损失时，承运人应联系托运人或收货人在要求的时间内提出处理办法。超过期限未答复时，承运人可比照本细则第十三条规定处理。

第四章 货物运输合同的变更或解除

第十五条 货物运输合同必须经双方同意，并在规定的变更范围内办理变更。

第十六条 托运人或收货人由于特殊原因，经承运人同意，对承运后的货物可以按批在货物所在的途中站或到站办理变更到站、变更收货人，但属于下列情况，不得办理变更：

一、违反国家法律、行政法规、物资流向或运输限制；

二、变更后的货物运输期限，大于货物容许运送期限；

三、变更一批货物中的一部分；

四、第二次变更到站。

第十七条 货物运输合同在货物发送前，经双方同意，可以解除。

第五章 违反货物运输合同的责任和处理

第十八条 承运人的责任

一、由于下列原因之一，未按货物运输合同履行，按车向托运人偿付违约金 50 元：

（一）未按旬间日历装车计划及商定的车种、车型配够车辆，但当月补足或改变车种、车型经托运人同意装运者除外；

（二）对托运人自装的货车，未按约定的时间送到装车地点，致使不能在当月装完；

（三）拨调车辆的完整和清扫状态，不适合所运货物的要求；

（四）由于承运人的责任停止装车或使托运人无法按计划将货物搬入车站装车地点。

二、从承运货物时起，至货物交付收货人或依照有关规定处理完毕时止，货物发生灭失、短少、变质、污染、损坏，按下列规定赔偿：

（一）已投保货物运输险的货物，由承运人和保险公司按规定赔偿；

（二）保价运输的货物，由承运人按声明价格赔偿，但货物实际损失低于声明价格的按实际损失赔偿；

（三）除上述一、二两项外，均由承运人按货物的实际损失赔偿。赔偿的价格如何计算，由铁道部商国家物价局、国家工商行政管理局另行规定。

三、由于下列原因之一造成的货物灭失、短少、变质、污染、损坏，承运人不负赔偿责任：

（一）不可抗力；

（二）货物本身性质引起的碎裂、生锈、减量、变质或自燃等；

（三）国家主管部门规定的货物合理损耗；

（四）托运人、收货人或所派押运人的过错。

四、由于承运人的过错将货物误运到站或误交收货人，应免费运至合同规定的到站，并交给收货人。

五、未按规定的运到期限，将货物运至到站，向收货人偿付该批货物所收运费 5%至 20%的违约金。

六、如果托运人或收货人证明损失的发生确属承运人的故意行为，则承运人除按规定赔偿实际损失外，由合同管理机关处其造成损失部分 10%至 50%的罚款。

第十九条 托运人的责任

一、由于下列原因之一，未按货物运输合同履行，按车向承运人偿付违约金 50 元：

（一）未按规定期限提出旬间日历装车计划，致使承运人未拨货车（当月补足者除外），或未按旬间日历装车计划的安排，提出日要车计划；

（二）收货人组织卸车的，由于收货人的责任卸车迟延，线路被占用，影响向装车地点配送空车或对指定使用本单位自卸的空车装货，而未完成装车计划；

（三）承运前取消运输；

（四）临时计划外运输致使承运人违约造成其他运输合同落空者。

二、由于下列原因之一招致运输工具、设备或第三者的货物损坏，按实际损失赔偿：

（一）匿报或错报货物品名或货物重量的；

（二）货物包装有缺陷，无法从外部发现，或未按国家规定在货物包装上标明包装储运指示标志的；

（三）托运人组织装车的，加固材料不符合规定条件或违反装载规定，在交接时无法发现的；

（四）由于押运人过错的。

第二十条 由于收货人原因招致运输工具、设备或第三者的货物损坏，由收货人按实际损失赔偿。

第二十一条 货物运输合同遇有下列情况，承运人或托运人免除责任：

一、因不可抗力或铁路发生重大事故影响排空送车，企业发生重大事故以及停电影响装车，超过 24 小时时；

二、根据国家和省、自治区、直辖市的主管行政机关的书面要求停止装车时；

三、由于组织轻重配装或已完成货物吨数而未完成车数时；

四、由于海运港口、国境口岸站车辆积压堵塞，不能按计划接车而少装时。

第二十二条 承运人同托运人或收货人相互间要求赔偿或退补费用的时效期限为 180 日（要求铁路支付运到期限违约金为 60 日）。

托运人或收货人向承运人要求赔偿或退还运输费用的时效期限，由下列日期起算：

一、货物灭失、短少、变质、污染、损坏，为车站交给货运记录的次日；

二、货物全部灭失未编有货运记录，为运到期限满期的第 16 日，但鲜活货物为运到期限满期的次日；

三、要求支付货物运到期限违约金，为交付货物的次日；

四、多收运输费用，为核收该项费用的次日。

承运人向托运人或收货人要求赔偿或补收运输费用的时效期限，由发生该项损失或少收运输费用的次日起算。

第二十三条 承运人与托运人或收货人相互提出的赔偿要求，应自收到书面赔偿要求的次日起 30 日内（跨及两个铁路局以上运输的货物为 60 日内）进行处理，答复赔偿要求人。

索赔的一方收到对方的答复后，如有不同意见，应在接到答复的次日起 60 日内提出。

第二十四条 对货物运输合同的纠纷，承运人和托运人或收货人应协商解决。协商不一致时，任何一方均可向合同管理机关申请调解或仲裁，也可以直接向人民法院起诉。

第六章　附　　则

第二十五条 本细则由铁道部负责解释。

第二十六条 本细则自 1987 年 7 月 1 日起施行。

3.4 铁路运输经营规章

3.4.1 铁路旅客运输规程

随着铁路旅客运输事业的不断发展，2021 年，国家铁路局发布了通知，就《铁路旅客运输规程（征求意见稿）》公开征求意见。《铁路旅客运输规程（征求意见稿）》与现行《铁路旅客运输规程》相比，做了不少改动，例如，铁路客票儿童票拟由以身高划分改为以年龄划分，实行车票实名制，年满 6 周岁且未满 14 周岁的儿童可以购买儿童优惠票，年满 14 周岁的儿童，应购买全价票。每一名持票成年人旅客可免费携带一名未满 6 周岁且不单独占用席位的儿童乘车；超过一名儿童时，超过人数应当购买儿童优惠票。由于目前新修订的《铁路旅客运输规程》尚未正式出台，本书仍介绍 1997 年开始实施的《铁路旅客运输规程》。

第一章　总则

第一条　为了维护铁路旅客运输的正常秩序，保护铁路旅客运输合同各方当事人的合法权益，依据《中华人民共和国铁路法》制定本规程。

第二条　本规程适用于中华人民共和国境内的铁路旅客和行李、包裹公共运输。

第三条　国家铁路营业站的营业范围和与国家铁路办理直通运输业务的其他铁路营业站的营业范围以《铁路客运运价里程表》为准。其启用、封闭和营业范围的变更由国务院铁路主管部门批准，在《铁路客货运输专刊》上公布。

第四条　铁路车站有关营业处所应有相应的票价表、运价表、杂费表、时刻表和旅客须知等内容。遇有变动，须于实施前通告。未经通告不得实施。

第五条　下列用语在本规程内的意义：

承运人：与旅客或托运人签有运输合同的铁路运输企业。铁路车站、列车及与运营有关人员在执行职务中的行为代表承运人。

旅客：持有铁路有效乘车凭证的人和同行的免费乘车儿童。根据铁路货物运输合同押运货物的人视为旅客。

托运人：委托承运人运输行李或小件货物并与其签有行李、包裹运输合同的人。

收货人：凭有效领取凭证领收行李、包裹的人。

直达票：从发站至到站不需中转换乘的车票。

通票：从发站至到站需中转换乘的车票。

改签：旅客变更乘车日期、车次、席（铺）位时需办理的签证手续。

等级：同等距离以承运人提供的乘车条件不同确定。

动车组：指运行时速在 200 公里及以上的列车。

客运记录：指在旅客或行李、包裹运输过程中因特殊情况，承运人与旅客、托运人、收货人之间需记载某种事项或车站与列车之间办理业务交接的文字凭证。

时间：以北京时间为准，从零时起计算，实行 24 小时制。

以上、以下、以前、以后、以内、以外：均含本数。

第六条 在不违反本规程原则的前提下，铁路运输企业可根据具体情况制订补充规定在本企业管辖范围内实行并报国务院铁路主管部门备案。

第二章 旅客运输

第一节 铁路旅客运输合同

第七条 铁路旅客运输合同是明确承运人与旅客之间权利义务关系的协议。起运地承运人依据本规程订立的旅客运输合同对所涉及的承运人具有同等约束力。

铁路旅客运输合同的基本凭证是车票。

第八条 铁路旅客运输合同从售出车票时起成立，至按票面规定运输结束旅客出站时止，为合同履行完毕。旅客运输的运送期间自检票进站起至到站出站时止计算。

第九条 旅客的基本权利和义务是：

权利：

1. 依据车票票面记载的内容乘车；
2. 要求承运人提供与车票等级相适应的服务并保障其旅行安全；
3. 对运送期间发生的身体损害有权要求承运人赔偿；
4. 对运送期间因承运人过错造成的随身携带物品损失有权要求承运人赔偿。

义务：

1. 支付运输费用，当场核对票、款，妥善保管车票，保持票面信息完整可识别；
2. 遵守国家法令和铁路运输规章制度，听从铁路车站、列车工作人员的引导，按照车站的引导标志进、出站；
3. 爱护铁路设备、设施，维护公共秩序和运输安全；
4. 对所造成铁路或者其他旅客的损失予以赔偿。

第十条 承运人的基本权利和义务是：

权利：

1. 依照规定收取运输费用；
2. 要求旅客遵守国家法令和铁路规章制度，保证安全；
3. 对损害他人利益和铁路设备、设施的行为有权制止、消除危险和要求赔偿。

义务：

1. 确保旅客运输安全正点；
2. 为旅客提供良好的旅行环境和服务设施，不断提高服务质量，文明礼貌地为旅客服务；
3. 对运送期间发生的旅客身体损害予以赔偿；
4. 对运送期间因承运人过错造成的旅客随身携带物品损失予以赔偿。

第二节 车票

第十一条 车票票面（特殊票种除外）主要应当载明：

1. 发站和到站站名；
2. 座别、卧别；
3. 径路；

4. 票价；
5. 车次；
6. 乘车日期；
7. 有效期。

第十二条 车票中包括客票和附加票两部分。客票部分为软座、硬座。附加票部分为加快票、卧铺票、空调票。

附加票是客票的补充部分，可以与客票合并发售，但除儿童外不能单独使用。

第十三条 车票票价为旅客乘车日的适用票价。承运人调整票价时，已售出的车票不再补收或退还票价差额。

第三节 售票与购票

第十四条 车票应在承运人或销售代理人的售票处购买。在有运输能力的情况下，承运人或销售代理人应按购票人的要求发售车票。

承运人可以开办往返票、联程票（指在购票地能够买到换乘地或返回地带有席位、铺位号的车票）、定期、不定期、储值、定额等多种售票业务，以便于购票人购票和使用。

第十五条 发售软座客票时最远至本次列车终点站。旅客在乘车区间中，要求一段乘坐硬座车，一段乘坐软座车时，全程发售硬座客票。乘坐软座时，另收软座区间的软、硬座票价差额。

动车组列车车票最远只发售至本次列车终点站。

第十六条 旅客购买加快票必须有软座或硬座客票。发售加快票的到站，必须是所乘快车或特别快车的停车站。发售需要中转换车的加快票的中转站还必须是有同等级快车始发的车站。

第十七条 旅客购买卧铺票时，卧铺票的到站、座别必须与客票的到站、座别相同，但对持通票的旅客，卧铺票只发售到中转站。

第十八条 旅客乘坐提供空调的列车时，应购买相应等级的车票或空调票。旅客在全部旅途中分别乘坐空调车和普通车时，可发售全程普通硬座车票，对乘坐空调车区段另行核收空调车与普通车的票价差额。

第十九条 承运人一般不接受儿童单独旅行（乘火车通学的学生和承运人同意在旅途中监护的除外）。随同成人旅行身高 1.2～1.5 米的儿童，应当购买儿童票；超过 1.5 米时应买全价票。每一成人旅客可免费携带一名身高不足 1.2 米的儿童，超过一名时，超过的人数应买儿童票。

儿童票的座别应与成人车票相同，其到站不得远于成人车票的到站。

免费乘车及持儿童票乘车的儿童单独使用卧铺时，应当补收票价差额。

第二十条 在普通大专院校（含国家教育主管部门批准有学历教育资格的民办大学），军事院校，中、小学和中等专业学校、技工学校就读，没有工资收入的学生、研究生，家庭居住地和学校不在同一城市时，凭附有加盖院校公章的减价优待证的学生证（小学生凭书面证明），每年可购买家庭至院校（实习地点）之间四次单程的学生票。新生凭录取通知书、毕业生凭学校书面证明可买一次学生票。学生票限于使用普通旅客列车硬座和动车组列车二等座，使用普通旅客列车硬卧时应当补收票价差额。

华侨学生和港澳台学生按照上述规定同样办理。

发售学生票时应以近径路或换乘次数少的列车发售。

下列情况不能发售学生票：

1. 学校所在地有学生父或母其中一方时；
2. 学生因休学、复学、转学、退学时；
3. 学生往返于学校与实习地点时；
4. 学生证未按时办理学校注册的；
5. 学生证优惠乘车区间更改但未加盖学校公章的；
6. 没有“学生火车票优惠卡”、“学生火车票优惠卡”不能识别或者与学生证记载不一致的。

第二十一条 中国人民解放军和中国人民武装警察部队因伤致残的军人凭“中华人民共和国残疾军人证”、因公致残的人民警察凭“中华人民共和国伤残人民警察证”购买残疾军人优待票（以下简称残疾军人票）。

“中华人民共和国残疾军人证”和“中华人民共和国伤残人民警察证”由国家有关部门颁发，铁路运输企业有权进行核对。

第二十二条 到站台上迎送旅客的人员应买站台票。站台票当日使用一次有效。对经常进站接送旅客的单位，车站可根据需要发售定期站台票。随同成人进站身高不足 1.2 米的儿童及特殊情况经车站同意进站人员可不买站台票。未经车站同意无站台票进站时，加倍补收站台票款。遇特殊情况，站长可决定暂停发售站台票。

第二十三条 20 人以上乘车日期、车次、到站、座别相同的旅客可作为团体旅客，承运人应优先安排；如填发代用票时除代用票持票本人外，每人另发一张团体旅客证。

第二十四条 在无人售票的乘降所上车的人员，可在列车内购票，不收手续费。

第四节　车票的有效期

第二十五条 直达票当日当次有效，但下列情形除外：

1. 全程在铁路运输企业管内运行的动车组列车车票有效期由企业自定。
2. 有效期有不同规定的其他票种。

通票的有效期按乘车里程计算：1000 千米为 2 日，超过 1000 千米的，每增加 1000 千米增加 1 日，不足 1000 千米的尾数按 1 日计算；自指定乘车日起至有效期最后一日的 24 时止。

第二十六条 遇有下列情况可延长通票的有效期：

1. 因列车满员、晚点、停运等原因，使旅客在规定的有效期内不能到达到站时，车站可视实际需要延长通票的有效期。延长日数从通票有效期终了的次日起计算。

2. 旅客因病中途下车、恢复旅行时，在通票有效期内，出具医疗单位证明或经车站证实时，可按医疗日数延长有效期，但最多不超过 10 天；卧铺票不办理延长，可办理退票手续；同行人同样办理。

第五节　检票、验票和收票

第二十七条 车站对进出站的旅客和人员应检票，列车对乘车旅客应验票。对必须持证购买的减价票和各种乘车证的旅客应当核对相应的证件，验票应打查验标记。

车站应当在开车前提前停止检票，但应当在本站营业场所通告停止检票的提前时间。

第二十八条 铁路稽查人员凭稽查证件、佩戴稽查臂章可以在车内验票。

第六节 乘车条件

第二十九条 旅客须按票面载明的日期、车次、席别乘车，并在票面规定有效期内到达到站。

持通票的旅客中转换乘时，应当办理中转签证手续。

第三十条 持通票的旅客在乘车途中有效期终了、要求继续乘车时，应自有效期终了站或最近前方停车站起，另行补票，核收手续费。定期票可按有效使用至到站。

第三十一条 对乘坐卧铺的旅客，列车可以收取车票并予集中保管。收取车票时，应当换发卧铺证；旅客下车前，凭卧铺证换回车票。

成人带儿童或儿童与儿童可共用一个卧铺。

第三十二条 除特殊情况并经列车长同意的外，持低票价席别车票的旅客不能在高票价席别的车厢停留。

第三十三条 烈性传染病患者、精神病患者或健康状况危及他人安全的旅客，站、车可以不予运送；已购车票按旅客退票的有关规定处理。

第七节 变更

第三十四条 旅客不能按票面指定的日期、车次乘车时，应当在票面指定的日期、车次开车前办理一次提前或推迟乘车签证手续，特殊情况经站长同意可在开车后 2 小时内办理。持动车组列车车票的旅客改乘当日其他动车组列车时不受开车后 2 小时内限制。团体旅客不应晚于开车前 48 小时。

在车站售票预售期内且有运输能力的前提下，车站应予办理，收回原车票，换发新车票，并在新车票票面注明“始发改签”字样（特殊情况在开车后改签的注明“开车后改签不予退票”字样）；原车票已托运行李的，在新车票背面注明“原票已托运行李”字样并加盖站名戳。

必要时，铁路运输企业可以临时调整改签办法。

第三十五条 旅客在发站办理改签时，改签后的车次票价高于原票价时，核收票价差额；改签后的车次票价低于原票价时，退还票价差额。

旅客办理中转签证或在列车上办理补签、变更席（铺）位时，签证或变更后的车次、席（铺）位票价高于原票价时，核收票价差额；签证或变更后的车次、席（铺）位票价低于原票价时，票价差额部分不予退还。

第三十六条 因承运人责任使旅客不能按票面记载的日期、车次、座别、铺别乘车时，站、车应重新妥善安排。重新安排的列车、座席、铺位高于原票等级时，超过部分票价不予补收。低于原票等级时，应退还票价差额，不收退票费。

第三十七条 持通票的旅客在中转站和列车上要求变更径路时，必须在通票有效期能够到达到站时方可办理。办理时，原票价低于变径后的票价时，应补收新旧径路里程票价差额，核收手续费；原票价高于或相等于变更后的径路票价时，持原票乘车有效，差额部分（包括列车等级不符的差额）不予退还。

第三十八条 旅客在车票到站前要求越过到站继续乘车时，在有运输能力的情况下列车应予以办理。核收越站区间的票价和手续费。

第三十九条 两名以上旅客共持一张代用票要求办理分票手续时，站、车应予以办理。办理时按分票的张数核收手续费。

第八节　误售、误购、误乘的处理

第四十条　发生车票误售、误购时，在发站应换发新票。在中途站、原票到站或列车内应补收票价时，换发代用票，补收票价差额。应退还票价时，站、车应编制客运记录交旅客，作为乘车至正当到站要求退还票价差额的凭证，并应以最方便的列车将旅客运送至正当到站，均不收取手续费或退票费。

第四十一条　因误售、误购或误乘需送回时，承运人应免费将旅客送回。在免费送回区间，旅客不得中途下车。如中途下车，对往返乘车区间补收票价，核收手续费。

第四十二条　由于误售、误购、误乘或坐过了站在原通票有效期不能到达到站时，应根据折返站至正当到站间的里程，重新计算通票有效期。

第九节　丢失车票的处理

第四十三条　旅客丢失车票应另行购票。在列车上应自丢失站起（不能判明时从列车始发站起）补收票价，核收手续费。旅客补票后又找到原票时，列车长应编制客运记录交旅客，作为在到站出站前向到站要求退还后补票价的依据。退票核收退票费。

第十节　不符合乘车条件的处理

第四十四条　有下列行为时，除按规定补票，核收手续费以外，铁路运输企业有权对其身份进行登记，并须加收已乘区间应补票价50%的票款：

1. 无票乘车时，补收自乘车站（不能判明时自始发站）起至到站止车票票价。持失效车票乘车按无票处理。
2. 持用伪造或涂改的车票乘车时，除按无票处理外并送交公安部门处理。
3. 持站台票上车并在开车20分钟后仍不声明时，按无票处理。
4. 持用低等级的车票乘坐高等级列车、铺位、座席时，补收所乘区间的票价差额。
5. 旅客持儿童票、学生票、残疾军人票没有规定的减价凭证或不符合减价条件时，按照全价票价补收票价差额。

第四十五条　有下列情况时补收票价，核收手续费：

1. 应买票而未买票的儿童按第十九条规定补收票价。身高超过1.5米的儿童使用儿童票乘车时，应补收儿童票价与全价票价的差额。
2. 持站台票上车送客未下车但及时声明时，补收至前方下车站的票款。
3. 主动补票或者经站、车同意上车补票的。

下列情况只核收手续费，但已经使用至到站的除外：

1. 旅客在票面指定的日期、车次开车前乘车的，应补签。
2. 旅客所持车票日期、车次相符但未经车站剪口的，应补剪。
3. 持通票的旅客中转换乘应签证而未签证的，应补签。

第十一节　拒绝运送和运输合同的终止

第四十六条　对无票乘车而又拒绝补票的人，列车长可责令其下车并应编制客运记录交县、市所在地车站或三等以上车站处理（其到站近于上述到站时应交到站处理）。车站对列车移交或本站发现的上述人员应追补应收和加收的票款，核收手续费。

第四十七条　对违反国家法律、法规，在站内、列车内寻衅滋事、扰乱公共秩序的人，站、车均可拒绝其上车或责令其下车；情节严重的送交公安部门处理；对未使用至到站的票价不予退还，并在票背面做相应的记载，运输合同即行终止。

第十二节 退票

第四十八条 旅客要求退票时，按下列规定办理，核收退票费：

1. 旅客退票必须在购票地车站或票面发站办理。

2. 在发站开车前，特殊情况也可在开车后 2 小时内，退还全部票价。团体旅客必须在开车 48 小时以前办理。

3. 旅客开始旅行后不能退票。但如因伤、病不能继续旅行时，经站、车证实，可退还已收票价与已乘区间票价差额。已乘区间不足起码里程时，按起码里程计算；同行人同样办理。

4. 退还带有㊔字戳迹的车票时，应先办理行李变更手续。

5. 因特殊情况经站长同意在开车后 2 小时内改签的车票不退。

6. 站台票售出不退。

市郊票、定期票、定额票的退票办法由铁路运输企业自定。

必要时，铁路运输企业可以临时调整退票办法。

第四十九条 因承运人责任致使旅客退票时按下列规定办理，不收退票费：

1. 在发站，退还全部票价。

2. 在中途站，退还已收票价与已乘区间票价差额，已乘区间不足起码里程时，退还全部票价。

3. 在到站，退还已收票价与已使用部分票价差额。未使用部分不足起码里程按起码里程计算。

4. 空调列车因空调设备故障在运行过程中不能修复时，应退还未使用区间的空调票价。

第五十条 发生线路中断旅客要求退票时，在发站（包括中断运输站返回发站的）退还全部票价，在中途站退还已收票价与已乘区间票价差额，不收退票费，但因违章加收的部分和已使用至到站的车票不退。如线路中断系承运人责任时，按本规程第四十九条处理。

第十三节 携带品

第五十一条 旅客携带品由自己负责看管。每人免费携带品的重量和体积是：

儿童（含免费儿童）10 千克，外交人员 35 千克，其他旅客 20 千克。每件物品外部尺寸长、宽、高之和不超过 160 厘米，杆状物品不超过 200 厘米，但乘坐动车组列车不超过 130 厘米；重量不超过 20 千克。

残疾人旅行时代步的折叠式轮椅可免费携带并不计入上述范围。

第五十二条 下列物品不得带入车内：

1. 国家禁止或限制运输的物品；

2. 法律、法规、规章中规定的危险品、弹药和承运人不能判明性质的化工产品；

3. 动物及妨碍公共卫生（包括有恶臭等异味）的物品；

4. 能够损坏或污染车辆的物品；

5. 规格或重量超过本规程第五十一条规定的物品。

为方便旅客的旅行生活，限量携带下列物品：

1. 气体打火机 5 个，安全火柴 20 小盒。

2. 不超过 20 毫升的指甲油、去光剂、染发剂。不超过 100 毫升的酒精、冷烫精。不超过 600 毫升的摩丝、发胶、卫生杀虫剂、空气清新剂。

3. 军人、武警、公安人员、民兵、猎人凭法规规定的持枪证明佩带的枪支子弹。

4. 初生雏 20 只。

第五十三条 旅客违章携带物品按下列规定处理：

1. 在发站禁止进站上车。

2. 在车内或下车站，对超过免费重量的物品，其超重部分应补收四类包裹运费。对不可分拆的整件超重、超大物品、动物，按该件全部重量补收上车站至下车站四类包裹运费。

3. 发现危险品或国家禁止、限制运输的物品，妨碍公共卫生的物品，损坏或污染车辆的物品，按该件全部重量加倍补收乘车站至下车站四类包裹运费。危险物品交前方停车站处理；必要时移交公安部门处理。对有必要就地销毁的危险品应就地销毁，使之不能为害并不承担任何赔偿责任。

没收危险品时，应向被没收人出具书面证明。

4. 如旅客超重、超大的物品价值低于运费时，可按物品价值的 50%核收运费。

5. 补收运费时，不得超过本次列车的始发和终点站。

第五十四条 车站开展携带品搬运、暂存服务业务时，可核收搬运、暂存费。

第十四节　旅客遗失物品的处理

第五十五条 对旅客的遗失物品应设法归还原主。如旅客已经下车，应编制客运记录，注明品名、件数等移交下车站。不能判明时，移交列车终点站。

第五十六条 客流量较大的车站应设失物招领处。失物招领处对旅客遗失物品应妥善保管，正确交付。遗失物品需通过铁路向失主所在站转送时，物品在 5 千克以内的免费转送；超过 5 千克时，到站按品类补收运费；但对第五十二条中所列物品及食品不办理转送。

第三章　行李、包裹运输

第一节　行李、包裹运输合同

第五十七条 铁路行李、包裹运输合同是指承运人与托运人、收货人之间明确行李、包裹运输权利义务关系的协议。

行李、包裹运输合同的基本凭证是行李票、包裹票。

第五十八条 行李票、包裹票主要应当载明：

1. 发站和到站；

2. 托运人、收货人的姓名、地址、联系电话、邮政编码；

3. 行李和包裹的品名、包装、件数、重量；

4. 运费；

5. 声明价格；

6. 承运日期、运到期限、承运站站名戳及经办人员名章。

第五十九条 行李、包裹运输合同自承运人接收行李、包裹并填发行李票、包裹票时起成立，到行李、包裹运至到站交付给收货人止履行完毕。

第六十条 托运人的基本权利和义务：

权利：

1. 要求承运人将行李、包裹按期、完好地运至目的地；
2. 行李、包裹灭失、损坏、变质、污染时要求赔偿。

义务：

1. 缴纳运输费用，完整、准确填写托运单，遵守国家有关法令及铁路规章制度，维护铁路运输安全；
2. 因自身过错给承运人或其他托运人、收货人造成损失时应负赔偿责任。

第六十一条 承运人的基本权利和义务：

权利：

1. 按规定收取运输费用，要求托运的物品符合国家政策法令和铁路规章制度。对托运的物品进行安全检查，对不符合运输条件的物品拒绝承运。
2. 因托运人、收货人的责任给他人或承运人造成损失时向责任人要求赔偿。

义务：

1. 为托运人提供方便、快捷的运输条件，将行李、包裹安全、及时、准确运送到目的地；
2. 行李、包裹从承运后至交付前，发生灭失、损坏、变质、污染时，负赔偿责任。

第二节　行李的范围

第六十二条 行李是指旅客自用的被褥、衣服、个人阅读的书籍、残疾人车和其他旅行必需品。

第六十三条 行李中不得夹带货币、证券、珍贵文物、金银珠宝、档案材料等贵重物品和国家禁止、限制运输物品、危险品。

第六十四条 行李每件的最大重量为 50 千克。体积以适于装入行李车为限，但最小不得小于 0.01 立方米。行李应随旅客所乘列车运送或提前运送。

第三节　包裹的范围

第六十五条 包裹是指适合在旅客列车行李车内运输的小件货物。包裹分为四类：

一类包裹：自发刊日起 5 日以内的报纸；中央、省级政府宣传用非卖品；新闻图片和中、小学生课本。

二类包裹：抢险救灾物资，书刊，鲜或冻鱼介类、肉、蛋、奶类、果蔬类。

三类包裹：不属于一、二、四类包裹的物品。

四类包裹：

1. 一级运输包装的放射性同位素、油样箱、摩托车；
2. 泡沫塑料及其制品；
3. 国务院铁路主管部门指定的其他需要特殊运输条件的物品。

包裹每件体积、重量与行李相同。

第六十六条 运输超过包裹规定重量和四类包裹中 3 项品名的物品时，应经调度命令或上级书面运输命令批准。

铁路运输企业可制定管内包裹运输的范围。

第六十七条 不能按包裹运输的物品：

1. 尸体、尸骨、骨灰、灵柩及易于污染、损坏车辆的物品；
2. 蛇、猛兽和每头超过 20 千克的活动物（警犬和运输命令指定运输的动物除外）；
3. 国务院及国务院铁路主管部门颁发的有关危险品管理规定中规定的危险品、弹药以及承运人不明性质的化工产品；
4. 国家禁止运输的物品和不适于装入行李车的物品。

第四节 行李、包裹的托运与承运

第六十八条 旅客在乘车区间内凭有效客票每张可托运一次行李，残疾人车不限次数。

第六十九条 托运下列物品时，托运人应提供规定部门签发的运输证明：

1. 金银珠宝、珍贵文物、货币、证券、枪支；
2. 警犬和国家法律保护的动物；
3. 省级以上政府宣传用非卖品；
4. 国家有关部门规定的免检物品；
5. 国家限制运输的物品；
6. 承运人认为应提供证明的其他物品。

托运动、植物时应有动、植物检疫部门的检疫证明。

托运放射性物品、油样箱时，应按照国务院铁路主管部门的规定提出剂量证明书、油样箱使用证。

第五节 保价运输

第七十条 行李、包裹分为保价运输和不保价运输，托运人可选择其中一种运输方式。

第七十一条 按保价运输时，可分件声明价格，也可按一批全部件数声明价格。按一批办理时，不得只保其中一部分。

第七十二条 按保价运输的行李、包裹核收保价费。一段按行李、一段按包裹托运时，全程按行李核收保价费。保价的行李、包裹发生运输变更时，保价费不补不退。因承运人责任造成的取消托运时，保价费全部退还。

第七十三条 承运人对按保价运输的行李、包裹可以检查其声明价格与实际价格是否相符；如拒绝检查，承运人可以拒绝按保价运输承运。

第六节 包装和货签

第七十四条 行李、包裹的包装必须完整牢固，适合运输。其包装的材料和方法应符合国家或运输行业规定的包装标准。

第七十五条 承运后、交付前包装破损、松散时，承运人应负责及时整修并承担整修费用。

第七十六条 行李、包裹每件的两端应各有一个铁路货签。货签上的内容应清楚、准确并与托运单上相应的内容一致。

第七十七条 托运易碎品、流质物品或一级运输包装的放射性同位素时，应在包装表面明显处贴上“小心轻放”、“向上”、“一级放射性物品”等相应的安全标志。

第七节 包裹的押运

第七十八条 托运金银珠宝、货币证券、文物、枪支、中途需饲养的动物等必须派人押运。押运人应购买车票并对所押物品的安全负责。承运人应为押运人购票提供方便。

车站行李员对已经办理承运的包裹应通知押运人装车日期和车次。

列车行李员应对押运人进行登记并告之安全等注意事项。

第八节 运到期限

第七十九条 行李、包裹的运到期限以运价里程计算。从承运日起，行李 600 千米以内为三日，超过 600 千米时，每增加 600 千米增加一日，不足 600 千米也按一日计算。包裹 400 千米以内为三日，超过 400 千米时，每增加 400 千米增加一日，不足 400 千米也按一日计算。快运包裹按承诺的运到期限计算。

由于不可抗力等非承运人责任发生的停留时间加算在运到期限内。

第八十条 行李、包裹超过规定的运到期限运到时，承运人应按逾期日数及所收运费的百分比向收货人支付违约金。一批中的行李、包裹部分逾期时，按逾期部分运费比例支付。违约金最高不超过运费的 30%。行李、包裹变更运输时，逾期运到违约金不予支付。

收货人要求支付违约金时，凭行李票、包裹票在行李包裹到达次日起 10 日以内提出。

第八十一条 收货人要求将逾期运到的行李运至新到站时，可凭新车票办理，不再支付运费，承运人也不再支付违约金。

第八十二条 行李、包裹超过运到期限 30 天以上仍未到达时，收货人可以认为行李、包裹已灭失而向承运人提出赔偿。

第九节 到达保管、通知和查询

第八十三条 行李从运到日起、包裹从发出通知日起，承运人免费保管 3 天，逾期到达的行李、包裹免费保管 10 天。因事故和不可抗力等原因而延长车票有效期的行李按车票延长日数增加免费保管日数。超过免费保管期限时，按日核收保管费。

第八十四条 包裹到达后，承运人应及时通知收货人领取。通知时间最晚不得超过包裹到达次日的 12 点。

第八十五条 收货人询问行李、包裹是否到达时，承运人应及时予以查找。对逾期未到的行李、包裹应及时做查询记录。

第十节 装卸、交付和转运

第八十六条 将行李、包裹从行李房的收货地点至装上行李车，或从行李车卸下至规定的交付地点，各为一次作业。由发站或到站分别收取装费或卸费。

第八十七条 收货人凭行李、包裹领取凭证领取行李、包裹。如将领取凭证丢失，必须提出本人身份证、物品清单和担保人的担保书，承运人对上述单、证和担保人的担保资格认可后，由收货人签收办理交付。如在收货人声明领取凭证丢失前行李、包裹已被冒领，承运人不承担责任。

第八十八条 经当事人双方约定，包裹也可使用领取凭证的传真件领取，约定内容应记载在包裹票记事栏内。收货人要求凭印鉴领取包裹时，应与承运人签订协议并将印鉴式样备案。经约定凭传真件或凭印鉴领取时，收货人不得再凭领取凭证领取。

第八十九条 收货人领取行李、包裹时，如发现有短少或异状应在领货时及时提出。承运人必须认真检查，必要时可会同公安人员开包检查。检查发现有损失时，应编制事故记录交收货人作为要求赔偿的依据。

第九十条 旅客如继续旅行，要求将行李继续运至新到站时，可凭新车票及原行李票重新办理托运。

第十一节 变更运输

第九十一条 托运人在办理托运手续后，可按如下规定办理一次行李、包裹变更手续（鲜活包裹不办理变更），核收变更手续费：

1. 在发站装车前取消托运时，退还全部运费。

2. 装运后要求运回发站或变更到站的（行李只办理运回发站或中止旅行站），补收或退还已收运费与实际运送区间里程通算的运费差额。

3. 旅客在发站停止旅行，要求仍将行李运至到站时，按包裹收费，应补收发站至到站的包裹与行李运费的差额。

第九十二条 办理变更运输后产生的杂费按实际产生的核收。如已收运费低于已产生的杂费时，则不补收杂费也不退还运费。但因误售误购客票产生的行李变更时，不收变更手续费。

第十二节 品名、重量不符及无票运输的处理

第九十三条 发现品名不符时，在发站，应补收已收运费与正当运费的差额；在到站，加收应收运费与已收运费差额两倍的运费。到站发现重量不符应退还时，退还多收部分的运费。应补收时，只补收超重部分正当运费。如将国家禁止、限制运输的物品或危险品伪报其他品名托运时，在发站取消托运，在中途站停止运送（在列车上发现危险品交前方停车站），均通知有关部门和托运人处理，已收运费不退，按四类包裹另行补收运输区段的运费及保管费。

第九十四条 发现无票运输的物品，按实际运送区间加倍补收四类包裹运费。

第十三节 无法交付物品的处理

第九十五条 对无法交付的行李、包裹或旅客的遗失物品、暂存物品，承运人应登记造册，妥善保管，不得动用。枪支弹药、机要文件以及国家法令规定不能买卖的物品应及时交有关部门处理。容易变质的物品应及时处理。

第九十六条 行李从运到日起，包裹从发出通知日起，遗失物品、暂存物品从收到日起，承运人对 90 天以内仍无人领取的物品应在车站进行通告。通告 90 天以后仍无人领取时，应报上一级主管部门批准后予以变卖。

第九十七条 对变卖所得款项，扣除所发生的保管费、变卖手续费等费用的剩余款额，旅客、托运人、收货人在 180 天以内来领取时，承运人凭旅客、托运人、收货人出具的物品所有权的书面证明办理退款手续。不来领取时，上缴国库。属于事故行李、包裹的变卖款拨归承运人收入。

第四章　特定运输

第一节　包车

第九十八条　凡要求单独使用加挂车辆或加开专用列车时，均按包车办理。包车人应先向承运人提出全程路程单。

第九十九条　经协商同意，包车人应与承运人签订包车合同。包车合同主要载明：

1. 包车人、承运人的名称、地址、联系人姓名、电话；
2. 包用车辆种类、数量；
3. 发站和到站站名；
4. 时间；
5. 包车运输费用；
6. 违约责任；
7. 双方商定的其他事项。

签订包车合同的同时，包车人应缴付定金。

第一百条　包车人改变或取消用车计划时，应向承运人缴付延期使用费或停止使用费；因包用车辆自其他站向用车站调运车辆产生空驶时，还应缴付空驶费。承运人违约时应双倍返还定金。

包车人在中途站、折返站要求停留时，应缴付停留费。请求延长使用时，由中途变更站报请上一级主管部门批准后核收运输费用。缩短使用时，已收费用不退。

第二节　租车及自备车辆的挂运与行驶

第一百零一条　向承运人租用车辆时，租用单位应与承运人签订租车合同。租车合同主要载明：

1. 承租人和承运人名称、地址、联系人姓名、电话；
2. 租用车辆种类、数量；
3. 租用的时间和区间；
4. 租车费用；
5. 违约责任；
6. 双方商定的其他事项。

第一百零二条　企业自备车辆或租用车利用铁路动力、线路运行时，应向承运人提出书面要求，经协商同意并对机车车辆的技术状态检查合格后才能办理，核收挂运费或行驶费。长期挂运或行驶时，承运人应与企业或承租人签订合同。

第三节　过轨运输

第一百零三条　国家铁路运输企业与其他铁路运输企业办理直通旅客运输业务时为过轨运输。办理过轨运输应报国务院铁路主管部门批准。

第五章　运输事故的处理

第一节　线路中断对旅客的安排

第一百零四条　线路中断，列车不能继续运行时，应妥善安排被阻旅客。车站应将停办营业和恢复营业的信息及时向旅客公告。

第一百零五条 线路中断，旅客可以要求在原地等候通车、返回发站、中途站退票或按照承运人的安排绕道旅行。

第一百零六条 停止运行站或列车应在旅客车票背面注明原因、日期、返回××站并加盖站名章或列车长名章，作为旅客免费返回发站、中途站办理退票、换车或延长有效期的凭证。

第一百零七条 旅客持票等候通车后继续旅行时，可凭原票在通车10日内恢复旅行。车站应予办理签证手续，通票还应根据旅客候车日数延长车票有效期。卧铺票应办理退票。

第一百零八条 铁路组织原列车绕道运输时，旅客原票不补不退，但中途下车即行失效。

旅客自行绕道按变径办理。

线路中断后，旅客买票绕道乘车时，按实际径路计算票价。

第二节 线路中断对行李、包裹的安排

第一百零九条 对发站已承运的行李、包裹应妥善保管，铁路组织绕道运输时，运费不补不退。对滞留中途站的鲜活包裹应及时变卖处理。

第一百一十条 收货人在中途站要求领取时，应退还已收运费与发站至领取站应收运费的差额。不足起码运费按起码运费核收。对要求运回发站取消托运的，退还全部运费。

第一百一十一条 旅客在发站或中途站停止旅行，而托运的行李已运至到站，要求将行李运回发站或中途站，运费不补不退。如要求将行李仍运至到站时，补收行李和包裹运费的差额。

第三节 现场处理

第一百一十二条 发生旅客人身伤害或急病时，车站或列车应会同公安人员勘察现场，收集旁证、物证，调查事故发生原因，编制客运记录或旅客伤亡事故记录并积极采取抢救措施，按照旅客人身伤害或疾病处理的有关规定办理。

第四节 赔偿责任和免责范围

第一百一十三条 承运人应当对铁路运送期间发生的旅客人身伤亡承担损害赔偿责任；但伤亡是不可抗力、旅客自身健康原因造成的或者承运人证明伤亡是旅客故意、重大过失造成的，承运人不承担责任。

在铁路旅客运送期间因第三人原因造成旅客人身损害的，由第三人承担赔偿责任。承运人有过错的，应当在能够防止或者制止损害的范围内承担相应的补充赔偿责任。承运人承担补充赔偿责任后，有权向第三人追偿。

第一百一十四条 在铁路旅客运送期间发生旅客携带品毁损、灭失时，承运人有过错的，应当承担损害赔偿责任。

旅客证明其确已携带进站乘车，且能够确定携带品价值的，按下列规定赔偿：

1. 旅客出具发票（或者其他有效证明）证明购买价格时，以扣除物品合理折旧、损耗后的净值赔偿；

2. 以处理单位所在地物价部门或价格评估机构确定的物品价值赔偿。

第一百一十五条 承运人应当对承运的行李、包裹自接受承运时起到交付时止发生的灭失、短少、变质、污染或者损坏，承担赔偿责任。

因下列原因造成的行李、包裹损失，承运人不承担责任：

1. 不可抗力；
2. 物品本身的自然属性或合理损耗；
3. 包装方法或容器不良，从外部观察不能发现或无规定的安全标志时；
4. 托运人自己押运的包裹（因铁路责任除外）；
5. 托运人、收货人违反铁路规章或其他自身的过错。

第一百一十六条 行李、包裹事故赔偿标准为：

按保价运输办理的物品全部灭失时按实际损失赔偿，但最高不超过声明价格。部分损失时，按损失部分所占的比例赔偿。分件保价的物品按所灭失该件的实际损失赔偿，最高不超过该件的声明价格。

未按保价运输的物品按实际损失赔偿，但最高连同包装重量每千克不超过 15 元。如由于承运人故意或重大过失造成的，不受上述赔偿限额的限制，按实际损失赔偿。

第一百一十七条 行李、包裹全部或部分灭失时，退还全部或部分运费。

第五节 事故赔偿、索赔时效及纠纷处理

第一百一十八条 发生旅客伤害事故时，旅客可向事故发生站或处理站请求赔偿。

第一百一十九条 旅客在车站发现携带品损失时，应当在离开车站前向发生站声明；在列车上发现时，应当在下车前声明，由列车长开具客运记录交到站处理。

旅客请求赔偿时，应当按照第一百一十四条规定，提交承运人有过错以及证明携带品内容、价格、进站乘车等有关证明。

第一百二十条 发生行李、包裹事故时，车站应会同有关人员编制行李、包裹事故记录交收货人作为请求赔偿的依据。事故赔偿一般应在到站办理，特殊情况也可由发站办理。

第一百二十一条 发生事故，收货人要求赔偿时，应在规定的期限内提出并应附下列文字材料：

1. 行李票或包裹票；
2. 行李、包裹事故记录；
3. 证明物品内容和价格的凭证。

第一百二十二条 丢失的旅客携带品、行李、包裹找到后，承运人应迅速通知旅客、托运人或收货人领取，撤销一切赔偿手续，收回全部赔款。如旅客、托运人或收货人不同意领取时，按无法交付物品处理。如发现有欺诈行为不肯退回赔款时，可通过行政或法律手段追索。

第一百二十三条 暂存物品发生丢失、损坏时，应参照行李、包裹事故赔偿有关规定办理。赔偿款额协商确定。

第一百二十四条 承运人与旅客、托运人、收货人因合同纠纷产生索赔或互相间要求办理退补费用的有效期为一年。有效期从下列日期起计算：

1. 身体损害和随身携带品损失时，为发生事故的次日；

2. 行李、包裹全部损失时为运到期终了的次日；部分损失时为交付的次日；

3. 给铁路造成损失时，为发生事故的次日；

4. 多收或少收运输费用时，为核收该项费用的次日。

责任方自接到赔偿要求书的次日起，一般应于 30 天内向赔偿要求人做出答复并尽快办理赔偿。多收或少收时应于 30 天内退补完毕。

第六章　附则

第一百二十五条　本规程由国务院铁路主管部门负责修改、解释。

第一百二十六条　本规程自 1997 年 12 月 1 日起施行。铁道部 1991 年 4 月 2 日发布的《铁路旅客及行李包裹运输规程》（铁运〔1991〕57 号）届时废止。

3.4.2 铁路旅客运输办理细则

第一章 总则

第一条 为规范铁路运输企业内部办理旅客及行李、包裹运送工作，依据《铁路旅客运输规程》（以下简称《客规》）制定本细则。

第二条 除另有规定者外，本细则适用于国家铁路和与国家铁路办理直通运输业务的其他铁路。

第三条 《客规》内定义的用语意义适用于本细则。

第四条 客运营业站的启用、封闭和变更时，由所属铁路局（含集团公司，以下同）于实施前60天报国务院铁路主管部门审批。

第五条 车站各营业处所除应有《客规》规定的揭示内容外，为方便旅客，还应有铁路旅行常识，全国铁路营业站示意图，严禁携带危险品进站、上车的图例或文字说明，列车开车、中转换乘时刻，全国主要站中转换乘时刻表。在候车区域或上、下车通道还应有相应的车次、车厢顺号指引牌、检票车次牌等导向标志。行李包裹承运处应有行包托运须知，行包包装标准，禁止托运和夹带违禁品的图例或文字说明，服务项目等。

第六条 在不违反本细则的前提下，各铁路局可根据具体情况制订补充规定在本局管内实行。补充规定须报国务院铁路主管部门备案。

第二章 旅客运输

第一节 铁路旅客运输组织

第七条 旅客运输组织工作要从方便旅客出发，全面安排，按照长短途列车分工、换乘优先、保证重点的原则，合理、经济地使用运输能力，均衡地组织运输。

站、车间应协调、配合，发生问题应本着以站保车的原则积极处理。站、车发生纠纷，在责任、原因不明时，站、车双方均不得以任何理由阻碍开车，造成列车晚点。

第八条 要本着旅客至上的原则，坚持人民铁路为人民的服务宗旨，周到热情为旅客服务。对旅客在旅行中发生的困难应千方百计予以解决。

站车服务设施和引导标志应采用《铁路客运服务图形标志》或国家标准规定的图形标志。标准没有规定时，自行设计的标志应易于识别并附加汉字。

第二节 车票和其他乘车凭证

第九条 车票是旅客乘车的凭证。

第十条 除车票外，还可以持铁路乘车证和特种乘车证乘车。特种乘车证包括：

1. 全国铁路通用乘车证。
2. 中央和各省、市、自治区机要部门使用的软席乘车证（限乘指定的乘车位置）。
3. 邮政部门使用的机要通信人员免费乘车证，包括押运员、检查员（只限乘坐邮车及铁路指定的位置）。
4. 邮局押运人员免费乘车证（只限乘坐邮车及铁路指定的位置）。
5. 邮局视导员免费乘车证（只限乘坐邮车及铁路指定的位置）。

6. 口岸站的海关、边防军、银行使用的往返免费乘车书面证明。

7. 我国铁路邀请的外国铁路代表团使用的中华人民共和国铁路免费乘车证。

8. 用于到外站装卸作业及抢险的调度命令。

第十一条 为了加强对铁路运输企业执行国家政策法令的监督，国务院铁路主管部门邀请的其他政府部门和新闻单位检查铁路工作时，凭“中国铁路免费乘车证”可乘坐除国际列车以外各种等级、席别的列车。

“中国铁路免费乘车证”由国务院铁路主管部门制发和管理。

第三节 售票与购票

第十二条 车票由车站或铁路运输企业设立的其他售票处所发售。为了方便旅客，也可委托其他部门代售车票。

第十三条 有计算机售票设备的车站，除系统设备故障等特殊情况外，不得发售手工车票。发售车票按以下规定办理：

1. 车站发售客票时，不能使用到站不同但票价相同的车票互相代替。

2. 在软卧车有空余包房的条件下，车站可根据列车长的预报发售软座车票。发站给中途站预留的包房，可利用其发售最远至预留站的软座车票，但涉及夜间（20 点—7 点）乘车，不得超过 2 小时。

3. 发售去边境地区的车票时，应要求旅客出示国务院铁路主管部门、公安部规定的边境居民证、身份证或边境通行证。

第十四条 发售加快票时，应在符合《客规》规定的前提下，其发到站之间全程都应有快车运行。如中间有无快车运行的区段时，则不能发售全程加快票。

第十五条 购买卧铺票的旅客要求在中途站开始乘车时，售票员须在客票背面签注某站上车，加盖站名戳，并在“中途预留卧铺通知单”上注明，以便通知列车预留。

第十六条 为测量儿童的身高，在售票窗口、检票口、出站口、列车端门口应涂有测量儿童身高的标准线。通学的小学生不论身高多少，均按学生票办理。成人无论身高多少均应购买全价票。

第十七条 发售学生票除要求出示相应的证件外，还应按如下原则发售：

1. 普通大、专院校，中、小学和中等专业学校、技工学校是指符合政府教育部门所规定的年限、学期和课程等制度并经相应级别的教育机关注册的院校，不包括各类职工大学、电视大学、业余广播大学、函授学校。

2.“没有工资收入的学生”，是指没有固定工资收入的学生。学生有无工资收入，由学校确定，铁路凭学校发给的减价优待证售票。如能够确认有工资收入的学生持减价优待证购票时，车站可以拒绝发售学生票，并通知学校处理。

3. 学生父、母都不在学校所在地，并分两处居住时，由学生选择其中一处，并登记在学生减价优待证上。如学生父母迁居时，根据学生申请，经学校确认，可将学生减价优待证上的乘车区间更改并加盖公章或更换新证。学生回家后，院校迁移或调整，也可凭学校证明和学生减价优待证，发售从家庭所在地到院校新所在地的学生票。

4. 学生每年仅限于购买四次单程减价票，当年未使用的次数，不能留作下年使用。

5. 学生票应按近径路发售，但有直达列车或换乘次数少的远径路也可发售。学生购买联程票或乘车区间涉及动车组列车的，可分段购票。学生票分段发售时，由发售第一段车票的车站在学生优惠卡中划消次数，中转站凭上一段车票售票，不再划消乘车次数。

6. 在乘降所上车的学生（其减价优待证上注明上车地点为乘降所），可以在列车上售给全程学生票，并在减价优待证相当栏内，由列车长注明“×年×月×日乘××列车”，加盖名章，作为登记一次乘车次数。

7. 减价优待证记载的车站是没有快车或直通车停靠的车站时，离该站最近的大站（可以超过减价优待证规定的区间）可以发售学生票。

8. 超过减价优待证上记载的区间乘车时，对超过区间按一般旅客办理，核收全价。

9. 华侨学生和港澳台学生回家时，车票发售至边境车站。

10. 符合减价优待条件的学生无票乘车时，除补收票款外，同时应在减价优待证上登记盖章，作为登记一次乘车次数。

第十八条 “中华人民共和国残疾军人证”和“中华人民共和国伤残人民警察证”由国家有关部门颁发。持有其他抚恤证的人员，如革命工作人员残废证，参战民兵、民工残废证等，均不能享受减价待遇。

第十九条 为便于进站接送旅客，车站应积极发售站台票。对确有需要的单位，可发售定期站台票。定期站台票可按实际需要分为季票和月票。季度站台票的式样和价格由国务院铁路主管部门统一制定。月度站台票的式样和价格由铁路局自定，价格应不少于每日一次。

第二十条 对团体旅客乘车时，车站在编制旅客日计划时应优先安排。

第二十一条 发售各种硬纸卡片式常备车票时，应在票面左端轧印乘车日期。发售卧铺票时，另在卧铺票背面添注车厢号和铺位号或粘贴印有车次、日期、车厢号、铺位号的小票。

用卡片式车票发售半价票时，应当在适当的剪断线处剪下票根。

第二十二条 发售区段票时，必须用墨汁、黑色墨水或圆珠笔填写并根据相应的运价里程以下的横线剪断（发售半价票时，其剪断线还应沿相应的栏向上剪断），剪下的上部交旅客，下部存根报缴。

第二十三条 发售代用票应按如下方法填写：

1. 在事由栏填写相应的略语：

（1）客票“客”；

（2）加快票“普快”或“特快”；

（3）卧铺票“卧”；

（4）客快联合票普快或特快分别为“客快”或“客特快”；

（5）客快卧联合票分别为“客快卧”或“客特快卧”；

（6）儿童超高“超高”；

（7）丢失车票“丢失”；

（8）变更座别、铺别、径路分别为“变座”、“变铺”、“变径”；

（9）无普快或无特快分别为“无快”或“无特快”；

（10）改乘高等级列车为“补价”；

（11）乘车日期、车次、径路不符“不符”；

（12）误撕车票“误撕”；

（13）不符合减价规定“减价不符”；

（14）有效期终了“过期”；

（15）退加快票“退快”；

（16）退卧铺票“退卧”；

（17）持站台票来不及下车“送人”；

（18）空调、包车、无票、越席、误售、误购、越站、分乘、团体按本项定语填写。

2. 原票栏按收回的原票转记。

3. 乘车区间栏填写发到站站名、经由、乘车里程。

4. 人数栏分别全价、半价、儿童栏内用大写字体填写，不用栏用“#”划消。

5. 票价栏按收费种别分别填写在适当栏内。其他费用应在空白栏内注明收费种别和款额，卧铺栏前加“上、中、下”，不用栏用斜线划消，合计栏为所收款总计。补收过程中有退款相冲抵时，退款金额前用减号表示。发生退款时在空白栏注明退款种别，在合计栏的金额数前用减号表示退款额。

6. 记事栏内记载下列事项：

（1）发售学生票时，记载“㊫”字。

（2）发售包车时，注明包车的车种、车号和定员数。

（3）办理团体票时，注明团体旅客证的起止号。

（4）在列车上发生退款时，应注明“到站净退××元”。

（5）其他需记载的事项。

7. 票面填写禁止涂改，乙联按合计栏款额在相应的剪断线剪断后交旅客，其余随丙联上报。

第四节 车票的有效期

第二十四条 因列车满员或意外事件列车停止运行，旅客不能按票面指定的日期、车次乘车时，车站应积极为旅客办理签证及通票有效期延长手续。办理时，应在通票背面注明“因××延长有效期×日”并加盖站名戳。旅客如托运行李时，还应在行李票上签注“因××原因改乘×月×日××车次”，加盖站名戳，作为到站提取行李时，计算免费保管日数的凭证。

中途站办理动车组列车退票的公式：应退票款=原票价-（原票价÷原票里程×已乘区间里程）。

第五节 检票、验票和收票

第二十五条 车站的检票口、出站口应有明显的标志。车站对进站人员持用的车票、站台票经确认后加剪（市郊定期客票、卧铺票不剪）。计算机票、代用票、区段票应销角后交给旅客。出站人员的站台票应将其副券撕下。误撕车票时，应换发代用票。

第二十六条 列车车门口验票由列车员负责，列车内的验票工作由列车长负责组织实施，由乘警、列车值班员等有关人员配合。验票原则上每400千米一次，运行全程不足400千米的列车应查验一次，特殊区段由列车长决定查验次数的增减。

第二十七条 铁路稽查执行任务时，应事先与列车长取得联系，特殊情况可先执行任务。列车长、乘警及其他列车工作人员对稽查的工作应予以配合。

第六节 乘车条件

第二十八条 对乘坐卧铺的旅客，卧车列车员应及时收票换发卧铺证。列车开车后，还应该通过广播提示持卧铺票的旅客及时到卧铺车换票。

第二十九条 列车员对保持卧铺车的良好秩序负有责任，对轮流使用卧铺的行为应予以制止。

有剩余卧铺时，列车员应及时通报列车长，列车长应在车内组织发售或预报前方站发售。

第三十条 对烈性传染病患者（尤其是对人身健康危害严重、有暴发性流行可能的疾病患者），车站发现时应告之铁路规定并给予办理退票手续。列车上发现时，列车长编制客运记录交车站。必要时，应通知铁路防疫部门处理污染现场。

第七节 变更

第三十一条 1. 旅客在发站办理车票改签时，应收回原票换发新票，票面打印“始发改签”字样。计算票价时，在联合票价基础上计算。

旅客在中途站办理签证不需补差价时，只打印签证号；需补差价时，发售有价签证票。

2. 除售票系统设备故障等特殊情况外，不得手工改签车票。

第三十二条 旅客在列车上要求变更座位、铺位时，在列车有能力的情况下应当予以办理。需补收差价时，发售一张补价票，随同原票使用有效。

第三十三条 旅客要求变径需补收票价时，车站可使用常备专用补价票或计算机票补价。补价时，应收回原票。

符合使用原票乘车的规定时，可在原票背面注明“变更经由××站”，加盖站名戳或列车长名章，凭原票乘车。

第三十四条 旅客在到站前要求越过到站继续旅行时，在列车有能力的情况下应予以办理。办理时核收越站区间的票价，不足起码里程时，按起码里程计算；旅客同时提出变更座别、铺别和越站时，应先办理越站，后办理变更，使用一张代用票，核收一次手续费。遇有下列情况不能办理越站：

1. 列车严重超员；
2. 乘坐卧铺的旅客买的是给中途站预留的卧铺；
3. 乘坐的回转车，途中需要甩车。

第三十五条 二人以上旅客使用一张代用票，要求分开乘车时，应收回原票，换发代用票。分乘与旅行变更同时发生时，按变更人数核收一次手续费。

第八节 误售、误购、误乘的处理

第三十六条 因站名相似或口音不同发生误售、误购时，站、车均应积极主动处理。应补收时，补收正当到站票价与已收票价的差额，收回原票。换发代用票。应退还时，凭原票和客运记录乘车至到站退款。

第三十七条 旅客因误售、误购、误乘或坐过了站需送回时，列车长应编制客运记录交前方停车站。车站应在车票背面注明“误乘”并加盖站名戳，指定最近列车免费返回。在免费送回区间，站车均应告之旅客不得自行中途下车。如中途下车，对往返乘车的免费区间，按返程所乘列车等级分别核收往返区间的票价，核收一次手续费。

第九节 丢失车票的处理

第三十八条 旅客丢失车票另行购票时，车站另发新票。列车上补票时，注明丢失。由于站车工作人员工作失误，造成旅客车票丢失时，站车均应填发代用票，在记事栏内注明“因××原因丢失”，将款额剪断线全部剪下随丙联上报。

第三十九条 旅客丢失车票另行补票后又找到原票时，列车长应编制客运记录，连同原票和后补车票一并交给旅客，作为旅客在到站出站前退还后补车票的依据。列车长与车站办理交接时，车站不得拒绝。处理站在办理时，填写退票报告，并核收退票费，列车编制的客运记录随报告联一并上报。

第十节 不符合乘车条件的处理

第四十条 对不符合乘车条件的旅客、人员，站车均应了解原因，区别不同情况予以处理。对有意不履行义务的，应补收票款并加收票款。对主动补票并经站、车同意上车的人员或儿童，只补收票价，核收手续费。

对持定期客票违章需按往返及天数加收票价时，按下列公式计算：加收票价=单程应收票价×2×天数。

第四十一条 对需补收票款差额的，办理时，发售补价票或收回原票，换发代用票。换发代用票时，补收的差额票价填写在代用票补收栏内，收回的原票随代用票丙联上报。

第四十二条 列车内发现旅客车票漏剪口时应补剪并核收手续费；如漏剪是由车站责任造成的，则列车补剪不收手续费。到站发现车票漏剪则不予追究。

第四十三条 旅客持票提前乘车并已经车站剪口时，列车应予补签，或者收回原票、换发代用票。代用票上记载实际乘车的日期、车次，原票栏按原票实际填写，原票随丙联上报。

第十一节 拒绝运送和运输合同的终止

第四十四条 列车上对拒绝补票的人，应编制客运记录交列车前方县、市三等以上车站处理，但不能超过无票人员的到站。车站对列车移交和本站发现的人员应按章追补票价，对当时无力补票的应设法通知其单位或家属帮助补交票款。

第四十五条 对于在列车内寻衅滋事，扰乱公共秩序被列车工作人员责令下车的旅客，列车应编制客运记录交车站。车站工作人员对在站内发现的和列车移交的上述旅客应带出站外，情节严重者应送交公安部门处理。对被站、车拒绝乘车和责令下车旅客的车票应在车票背面做相应记载，作为不予改签或退票的依据。

第十二节 退票

第四十六条 旅客要求退票时，按下列规定办理：

1. 在车站退还带有“㊔”字戳记车票时，应先将托运的行李取消托运或改按包裹托运。
2. 在列车上，旅客因病不能继续旅行时，列车长应编制客运记录交中途有医疗条件的车站．同行人同样办理。

第四十七条 因铁路责任造成旅客退票时，无论在发站、中途站还是到站，均应积极为旅客办理，不得互相推诿，继续给旅客造成困难。同时产生应补收时不补收。不收退票费。

第四十八条 因线路中断致使旅客中途退票时，应退还已收票价与已乘区间票价差额，已乘区间不足起码里程时，按起码里程计算，不收退票费。

第四十九条 退还票价时，按客、快、卧起码里程分别计算。旅客需报销退票费时，应开具退票费报销凭证。

第十三节 携带品

第五十条 对旅客随身携带品应动员放在行李架上或座位下面，并做到平稳牢固，不妨碍其他旅客乘坐或通行。

对旅客按《客规》规定携带少量带有危险性质的物品或佩带枪支、子弹乘车时，应告之妥善保管，避免发生意外。

第五十一条 发现旅客违章携带物品（包括几人同时携带一件超重或超大物品）时，在车站，应拒绝进站或动员旅客办理托运；对已带入车内的，应补收运费，妥善安排，必要时可放入行李车内。

对已带入车内的猫、狗、猴等宠物，应安排在列车通过台由旅客自己照看，宠物发生意外或伤害其他旅客时，由携带者负责。

第五十二条 对违章携带的物品补收运费时，一律填写客运运价杂费收据，注明日期、发到站、车次、事由、件数、重量。具体处理过程中，应本着实事求是的态度，区别不同的违章情况，妥善处理。对携带品超重不足 5 千克时，应免收运费。

第五十三条 三等及其以上车站应设携带品暂存处。暂存处应公布收费标准和注意事项。暂存物品需包装良好，箱袋必须加锁，包装不良的，不予存放。办理暂存手续时，必须填写暂存票，注明品名、包装、日期、件数等。提取时还应注明提取日期、寄存日数和核收款额，并在暂存票乙票上加盖戳记后交给旅客。暂存票应按顺号装订，保管一年。

第五十四条 客流量较大的车站应开展旅客携带品搬运业务。搬运员必须穿着统一制服，佩戴标志。搬运车辆应有明显标记，易于识别。收费时应给旅客收费凭证。搬运服务不得违反铁路规章。车站对非车站人员进站经营搬运业务的应予以制止和清理。

第十四节 旅客遗失物品的处理

第五十五条 对旅客遗失物品应设法归还失主。如旅客已经下车，应编制客运记录，详细注明品名、件数等移交下车站，不能判明旅客下车站时，移交列车终点站。

车站对本站发现或列车移交的遗失物品，应在遗失物品登记簿上详细登记，注明日期、地点、移交车次、品名、包装及内含物品、数量、重量、交物人、经办人、处理结果等内容。

第五十六条 客流量较大的车站应设遗失物品招领处，遗失物品招领处应有明显的招领揭示。对遗失物品应妥善保管，正确交付。失主来领取时，应查验身份证，核对时间、地点、车次、品名、件数、重量，确认无误后，由失主签收，并记录身份证号码。

拾到现金应开具“客运运价杂费收据”（以下简称“客杂”）上交，并在登记簿上注明“客杂”收据号码，当失主来领取时，开具退款证明书办理退款。

遗失物品需要通过铁路向失主所在站转送时，内附清单，物品加封，填写客运记录和行李、包裹交接证，交列车行李员签收。

遗失物品中的危险品、国家禁止或限制运输的物品、机要文件应立即移交公安机关或有关部门处理，不办理转送。

鲜活易腐物品和食品不负责保管和转送。

第三章 行李、包裹运输

第一节 行李、包裹运输组织

第五十七条 对行李、包裹运输，承运人应采取送货上门、多式联运、快运等多种方式，以满足托运人不同的需求。车站行包房应为旅客、托运人提供填单、打包等必需服务。

第五十八条 行李、包裹运输应按照先行李后包裹、先中转后始发和长短途列车分工、安全、经济的原则，合理、均衡地组织运输。

行李应随旅客所乘列车装运或提前装运；包裹应尽量以直达列车或中转次数少的列车装运。对抢险救灾物资、急救药品、零星支农物资应优先安排装运。

第二节 行李的范围

第五十九条 行李仅指为方便旅客的旅行生活所限定的少量物品和残疾旅客代步所用的残疾人车。超过规定范围应按包裹运输。

第六十条 行李中不得夹带的物品一般是指：

货币：含各币种的纸币和金属辅币；

证券：含股票、彩券、国库券及具有支付、清偿功能的票据等；

珍贵文物：指具有一定年代的有收藏、研究或观赏价值的物品；

档案材料：指人事、技术档案，组织关系，户口簿或户籍关系，各种证件、证书、合同、契约等；

危险品：指国务院铁路主管部门公布的《危险货物品名表》内的品名。对其性质有怀疑的物品也按危险品处理。

第三节 包裹的范围

第六十一条 包裹中下列品名是指：

报纸为有国务院或省级新闻出版管理部门的统一刊号（CN×××）的报纸。宣传用非卖品为中央、省级政府（含国务院各部委和解放军各大军区）宣传国家政策、法律、法规的挂图、图片、图板等。中、小学生课本仅为教育部门规定的教学课本，不含各种教学参考书。杂志、书籍应为有国家规定的统一书刊号的各种刊物、著作、工具书以及内部发行的规章等。

国务院铁路主管部门可以调度命令或运输命令特许运输某种物品。

第六十二条 不能按行李、包裹运输的物品范围主要为：妨碍公共卫生和安全的物品；国家政策法令规定禁止运输的物品。国家禁止和限制运输的物品以国务院及各部委颁发的文件为准。活动物中能够主动攻击伤害人的猛兽、猛禽和蛇、蝎子、蜈蚣、蜂等以及大动物不能承运。

第四节 行李、包裹的托运与承运

第六十三条 承运行李应要求旅客出具车票。市郊定期客票不能托运行李，铁路乘车证不能免费托运行李。

第六十四条 下列物品应提供的运输证明为：

1. 托运金银珠宝、货币证券应提供中国人民银行的正式文件或当地铁路公安局（处）或公安分局（分处）的免检证明。
2. 托运枪支应提出运往地市（县）公安局的运输证明。
3. 托运警犬应提出公安部门的书面证明；国家法律保护的野生动物应提出国家林业主管部门的运输证明。
4. 托运免检物品应提出当地铁路公安局（处）、公安分局（分处）的免检证明。
5. 托运国家禁止或限制运输的物品应提供主管部门的运输证明。如精神和麻醉药品应提出国家卫生主管部门的运输证明。

6. 托运动、植物时应提出动、植物检疫证明。办理时，将检疫证明的二联附在运输报单上以便运输过程中查验。

7. 托运Ⅰ级或辐射水平 $H \leqslant 1$ mrem/h 的Ⅱ级放射性同位素时（气体放射性物质除外），应提出经铁路卫生防疫部门核查签发的“铁路运输放射性物品包装件表面污染及辐射水平检查证明书”，包装件表面放射性污染及其内容物的放射性活度均不得超过《铁路危险货物运输规则》表1与表2规定的限值。一批或一辆行李车内装载的件数不得超过20件，每件重量不得超过50千克，并不得与感光材料以及活动物配装，与食品配装需要隔开2米以上的距离。

8. 托运油样箱时，必须使用铁路规定的专用油样箱并提出国务院铁路主管部门签发的油样箱使用证。到站后由收货人直接到行李车提取。

第六十五条 办理承运行李、包裹时，应确认品名、件数、包装并进行检查核对，正确检斤。承运加水、加冰的物品或途中喂养动物的饲料应单独检斤，作为到站因此产生减量或重量消失的依据。

第六十六条 车站在办理承运手续时应填写行李、包裹票，填写时应逐项正确填写，字迹清楚，使用规范文字，加盖规定印章。

下列情况应在行李、包裹票记事栏内填记有关内容：

1. 承运自行车、助力机动车、摩托车时，应注明车牌名、车牌号、车型、新或旧等车况。
2. 承运加冰、加水物品或喂养饲料时注明“加冰”“加水”或“附饲料”等。
3. 承运经客调或部令批准的超重超大物品时，在包裹票记事栏内填记“×月×日经部令××号（客调××号命令）批准”。
4. 承运需提出运输证明文件的物品时，应将运输证明文件附在包裹票运输报单上以便途中和到站查验，并在包裹票记事栏内注明“附××（机关）×月×日发××号文件”。
5. 承运的包裹有人押运时，在包裹票注明“押运人×名”。
6. 承运凭书面证明免费托运的铁路砝码和衡器配件时，应在包裹票记事栏内注明“衡器检修，免费”字样，收回书面证明报铁路局。
7. 承运中国铁路文工团和中国铁道建筑总公司文工团开具的证明办理免费运送的演出服装、道具、布景时，按本条第6项办法办理。
8. 其他需记载的事项。

第五节 保价运输

第六十七条 对按保价运输办理的行李、包裹，除应检查其声明价格与实际价格是否相符外，必要时应施封。施封所需物品的费用列保价费支出。

第六十八条 按保价办理的行李、包裹其声明价格和重量分别填写，并对每件进行编号，在行李、包裹票和每件货签、包装上写明“总件数之几”字样。

第六节 包装和货签

第六十九条 行李、包裹的包装必须完整牢固，不能有开口、破裂、短缺等现象。包装不符合要求时，应动员其改善包装。托运人拒绝改善包装的，车站可以拒绝承运。

第七十条 货签的质量应符合国务院铁路主管部门规定的技术标准，不符合标准的货签不得使用。

第七十一条 行李、包裹上的铁路货签应与行李、包裹托运单及行李、包裹票有关内容相符，不得省略和使用代码、代号。货签上的行李、包裹票号栏应用号码机或号码戳打印，其他各栏如填写时应整洁、清晰，使用规范的文字。如分件保价的物品还应在件数栏注明“总件数之几”字样。

第七十二条 承运后交付前发生包装破损、松散时，承运人应及时修整。修整后编制客运记录，详细记载破损原因、状况和整修后状态，并在行李、包裹运输报单的记事栏内注明“××站整修”，加盖站名戳。整修费用列车站运营成本。

第七节 包裹的押运

第七十三条 托运金银珠宝、货币证券、文物、枪支、鱼苗、蚕种和途中需要饲养的动物，必须派人押运。对运输距离在 200 千米以内、不需要饲养的家禽、家畜，托运人提出不派人押运时，也可以办理托运。车站应向托运人说明并在托运单上注明“途中逃逸、死亡铁路免责”。

押运的包裹应装行李车，由押运人自行看管，车站负责装车和卸车。在行李车押运时，列车行李员应将押运人姓名、人数、工作单位、住址和品名、件数、发到站登记在押运人员登记簿内，并向押运人员说明以下事项：

1. 行李车内严禁吸烟；
2. 不准打开车门乘凉；
3. 不得移动车内备品、物件；
4. 不要靠近放射性物品。

第八节 运到期限

第七十四条 运到期限一般以运输里程计算，在运输过程中发生水灾、地震、飓风、雪害、冰雹、风沙等人力不能抗拒的灾害或疫情、战争、执法机关扣留等，发生的停留时间应加算在行李、包裹的运到期限内，由停留的车站或列车行李员在行李、包裹票背面注明“因××原因停留×天”，并加盖站名戳或规定的行李员名章。

第七十五条 行李、包裹超过规定的运到期限时，到站应凭行李、包裹票向收货人支付逾期运到的违约金。部分逾期时，到站应收回行李、包裹票，给收货人开具客运记录，作为领取部分逾期行李、包裹和要求支付违约金的依据。违约金按所收运费的百分比计算，不足 0.1 元的尾数按四舍五入处理到 0.1 元。

支付逾期违约金时，填写“退款证明书”。

第七十六条 旅客要求将逾期到达的行李运至新到站时，应分别按下述办理：

1. 行李逾期到达或逾期尚未到达，旅客需继续旅行，凭新购客票及原行李票要求铁路免费转运至新到站时，车站开具新行李票，新行李票运费栏划斜线抹消，记事栏填写“逾期到达、免费转运”字样。

2. 行李未到，当时又未超过运到期限，旅客需继续旅行并凭新购车票办理转运新到站的手续，交付运费之后，发现行李逾期到达原到站，车站应编制客运记录，随同运输报单一并送交新到站，作为退还已收转运区间运费的凭证，保价费不退。

3. 逾期行李办理免费转运的，不再支付违约金。逾期包裹不办免费转运。

第九节 到达保管、通知和查询

第七十七条 行李、包裹到达到站后，在规定的免费保管期限内应在票面指定的到站行李房保管，不得易地保管。超过免费保管期限，行李房仓库没有能力时，包裹可以易地保管，易地保管产生的费用由铁路负责。

第七十八条 包裹到达后，应及时以明信片或电话等方式通知收货人领取。通知应以文字或录音等形式记录备查。

第七十九条 因事故或不可抗力等原因而延长车票有效期的行李，应按客票延期的日数延长行李免费保管的日数。超过免费保管日数，按规定核收保管费，出具保管费收据或填发客运运价杂费收据。遇特殊情况，车站站长有权减收保管费。

第十节 装卸、交付和转运

第八十条 除带运包裹由旅客自行装卸外，由行李房收货地点至行李车以及从行李车至行李房交付地点的行李、包裹装卸工作由承运人负责。

第八十一条 向收货人办理交付时，应认真核对票货，确认票据号码、发站、到站、托运人、收货人、品名、件数、重量、包装无误后在运输报单上加盖“交付讫”戳予以交付，同时收回领取凭证。

第八十二条 对凭印鉴领取的包裹，车站应建立印鉴领取登记簿。领取包裹时认真核对印鉴，由领取人在登记簿上签字并加盖备案的印鉴交付。对要求凭传真件领取的包裹应认真核对记事栏内记载的内容，确认无误后，由领收人在运输报单上签注“凭传真件领取”并记录身份证号码、姓名。对凭印鉴和传真件领取的均不再给运输报单。

第八十三条 对丢失行李、包裹票的收货人，应要求其提出身份证和担保人的书面担保以及物品所有权的证明。车站应慎重审查担保人的担保资格。收货人提不出担保人时，可以出具押金自行担保。押金数额应与行李、包裹的价值相当，抵押时间由车站与收货人协商确定。车站收取押金应向收货人出具书面证明，书面证明的式样由车站自定。

第八十四条 收货人领取行李、包裹时，如提出包装有异状，车站应检斤复磅，必要时可开包检查。构成事故时，应编制事故记录交收货人作为要求赔偿的依据。

第八十五条 旅客继续旅行，要求将行李转运时，按照逾期转运的方式办理。

第八十六条 收货人向车站查找行李、包裹时，应认真予以查找。未到时，在行李、包裹票背面记载查询日期。如已逾期，应向有关站段发电报查询。如已经领取，应收取查询费。

第十一节 变更运输

第八十七条 行李、包裹变更，按下列办法办理：

1. 行李、包裹托运后至装车前，托运人要求取消托运时，车站应收回行李、包裹票注销，注明“取消托运”字样。办理时，另以车站退款证明书办理退款，收回的行李、包裹票报销联随车站退款证明书上报。因取消托运发生的各项杂费另填发“客杂”核收，并将“客杂”号码及核收的费用名称、金额填注在取消托运的行李、包裹票上。

取消托运的行李、包裹，已收运费低于变更手续和保管费时，运费不退也不再补收，收回原行李、包裹票，在报单页、旅客页和报销页注明“取消托运、运费不退”字样。旅客页贴在存根页上。

2. 行李、包裹装运后，收货人要求变更运输时，只能在发站、行李和包裹所在中转站、装运列车和中止旅行站提出。

托运人在发站取消托运时，发站对要求运回发站的行李、包裹，应收回行李、包裹票，编制客运记录，写明原票内容，交托运人作为领取行李、包裹的凭证，并发电报通知有关站、车。

托运人在发站要求变更行李、包裹的到站时，车站在行李票、包裹票旅客页和报销页上注明“变更到××站”，更正到站站名及收货人单位、姓名，加盖站名戳，注明日期，交给托运人，作为在新到站领取行李、包裹和办理变更运输后产生运费差额的凭证，同时发电报通知有关车站和列车。

3. 旅客在发站或中途站停止旅行，要求将行李运至原到站时，凭原行李票运送，旅客凭原行李票在到站提取行李。

4. 在中途站、原票到站或列车内处理误购、误售车票时，如果旅客还托运了行李，应同时编制客运记录或发电报通知行李所在站，将误办的行李运至正当到站。到站需要补收行李运费差额时，使用“客杂”核收，并在原行李票运输报单页、报销页和旅客页记事栏注明“误运”，报单页加盖“交付讫”戳交旅客报销；需要退款时，使用“退款证明书”退还，原行李票收回附在“退款证明书”的背面上报。

第八十八条 发站或新到站收到行李、包裹后，补收或退还已收运费与应收运费差额，核收变更手续费和保管费（保管费指行李、包裹运至发站、新到站超过3天，折返站1天或原到站自行李、包裹到达日起至收到电报日止产生的保管费。保管日数分别计算）。补收时以“客杂”核收，退还时使用“退款证明书”退款，原票贴在“客杂”或“退款证明书”报告页上报。

第十二节 品名重量不符及无票运输的处理

第八十九条 发现品名不符应区别性质，实事求是，正确处理。装车前应重新制票，装车后由到站处理。如将国家禁止、限制运输的物品或危险品伪报其他品名托运或在货件中夹带时，按下列规定处理：

1. 在发站停止装运，通知托运人领取，运费不退，将原票收回，在记事栏内注明“伪报品名，停止装运，运费不退”。将报销页交托运人作报销凭证。

2. 在中途站停止运送，发电报通知发站转告托运人领取，运费不退，并对品名不符货件按实际运送区间补收四类包裹运费。

3. 在到站，补收全程四类包裹运费。

4. 在列车上发现时，应编制客运记录，交前方停车站处理。

必要时还应交有关部门按国家有关规定处理。

第九十条 到站发现行李、包裹重量不符，应退还时，开具退款证明书将多收款退还收货人；应补收时，开具“客杂”补收正当运费，同时开具客运记录附收回的行李、包裹票报铁路局收入部门，由铁路局收入部门列应收账款向检斤错误的车站再核收与应补运费等额的罚款。

第九十一条 发现无票运输行李、包裹，发站和列车应拒绝装运；列车已装运发现的，应编制客运记录，交到站处理。到站对列车移交和本站发现的无票运输行李、包裹，应加倍补收四类包裹运费。

第九十二条 以上补收运费、运费差额或保管费均用“客杂”核收，并在记事栏内注明核收事由。

第十三节 无法交付物品的处理

第九十三条 无法交付物品是指无主的行李、包裹，旅客的遗失物品和无人领取的暂存物品。车站对无法交付的物品，应按其开始日期、来源、品名、件数、重量、规格、特征等登入无法交付物品登记簿内，登记簿内的编号、移交收据的编号及物品上的编号应一致，以便查找。

对无法交付物品应由专人分管，做到账物相符。物品在保管期间发生丢失、损坏时，可参照行李、包裹事故处理的有关规定办理。

第九十四条 铁路应指定设立无法交付物品集中处理站。对超过规定保管期限的物品报铁路局，经批准后交拍卖行拍卖。拍卖所得款冲抵发生的费用后填“客杂”上缴。拍卖后在规定的期限内物主来领取时，应认真审查所有权证明，填写“退款证明书”退还剩余款。

第四章 特定运输

第一节 包车

第九十五条 包车人要求包车或单独使用加挂车辆时，一般应于开车前 15 日，要求单独使用专用列车时应于开车前 30 日向乘车站或其上级主管部门联系，并提交全程路程单（式样见附件），经同意后签订合同、交付定金。

第九十六条 车站接到包车单位提出的全程路程单后报请上级批准，批准命令应于开车前 4 天以调度命令形式下达车站。车站应于开车前 3 日通知包车人前来办理运输费用的交纳手续。包用专用列车的编组中作隔离或宿营的车辆不另计费，但用隔离车装运行李、包裹时则应按包车办理。

第九十七条 包车停留费是指包用人要求在发站、中途站、折返站停留时应付的费用。由于车辆换挂接续列车或铁路指定开车时间所产生的停留时间不收停留费。停留费按日计算，自 0 时起至 24 小时为一日，不足 12 小时按半日计算。停留时间以列车到达时刻至开车时刻为准。

第九十八条 空驶费是指在包用人指定日期内乘车站没有所需车辆，需从外站向乘车站调送车辆以及使用完毕后将车辆回送至原车辆所在站或单程使用后由到站回送车辆所在站所产生的费用。空驶费按最短径路并全程通算。

第九十九条 办理包车不受加挂列车终到站及往返乘车限制。车票有效期按所提路程单日期计算。

第一百条 包车单位在未交付运费前取消用车计划时，定金不退。交付运费后取消用车计划时，应核收因调用车辆产生的空驶区间空驶费和停止使用费。应核收的空驶费和停止使用费均填写“客杂”。

包车单位在中途站请求变更到站、延长或缩短使用时，由中途变更站报请上级批准后，核收变更到站产生的已收和应收运费差额或延长使用区间的运输费用。缩短使用时，已收费用不退。

第二节 租车及自备车辆的挂运和行驶

第一百零一条 租车是指租用人租用铁路车辆自用，出租车辆核收租车费。

办理租车手续时，使用租车合同并按下列规定办理：

1. 承运人租出的车辆必须技术状态良好，保证安全，符合列车运行条件，设备、配件应齐全。租用时双方办理交接手续。

2. 车辆交付租用人使用后，因租用人责任造成车辆损坏修车所需费用，由租用人负担。定检的车辆，由租用人提前提出计划，由路方进行定检，所发生的费用均由路方车辆配属段负担。

第一百零二条 租用车或企业自备机车、车辆利用铁路线路运行时，按下列规定办理：

1. 向所在地车站提出书面要求，注明挂车（开行）日期、区间、空车或重车，挂客车或货车以及挂车（开行）目的。自备动力运行时应注明日期和区间并注明按客运还是按货运办理。

2. 车站接到租车人的书面要求后应报请铁路局，由铁路局与有关单位签订合同，并向车站下达调度命令。

3. 车站接到挂车（开行）调度命令后应先办理收费手续。由货运办理时，货运负责收费，填写货票，票据由运转车长转交到站。随货物列车挂运的空客车如有随车押运人员，按货运押运人收费标准核收押运费；随客运列车挂运的空客车随车押运人员应购买所挂列车等级的硬座车票。

4. 铁路机车车辆工厂（包括车辆研究所）新造车或检修车出厂在正式营业线上进行试验时，同样收取挂运费或行驶费。

5. 军运、邮政部门租车和自备车辆挂运及行驶的收费办法，按军运和邮运有关规定办理。

第五章　运输事故的处理

第一节　线路中断对旅客的安排

第一百零三条 线路中断造成列车不能继续运行时，列车长应迅速了解停运的原因，组织列车工作人员稳定车内秩序。发生火灾爆炸等事故时，应组织旅客撤离现场，抢救伤员，扑救火灾（必要时应分解列车），调查取证并迅速与就近车站联系，向客调及上级有关领导报告情况。

第一百零四条 列车停运且不能在短时间内恢复运行时，站车应做好服务工作，解决旅客的困难，做好饮食供应工作；必要时，向地方政府报告请求援助。

事故发生局还应向国务院铁路主管部门请求命令后向全路发出停办客运业务的电报。恢复通车时也照此办理。

第一百零五条 对旅客车票按如下规定处理：

1. 停止运行站和被阻列车应在车票背面注明“日期、原因、返回××站”字样或贴同样内容的小条，加盖站名戳或列车长名章，作为旅客免费返回发站或中途站办理退票或改签的凭证。

2. 在发站或由中途站返回发站停止旅行时，退还全部票价，其中包括在列车上补购的车票，但罚款、手续费和携带品超重、超大补收的费用不退。已使用至到站的车票不退。

3. 在停止运行站或返回中途站退票时，退还已收票价与发站至停止旅行站的票价差额，不足起码里程按起码里程计算。

4. 铁路组织已购票的被阻旅客乘原列车绕道运输时持原票有效。组织旅客换乘其他列车绕道运输，车站应为旅客办理签证手续，在车票背面注明“因××绕道××站（线）乘车”并加盖站名戳。绕道运输乘坐原座别、铺别时票价不补不退，变更座别、铺别时，补收或退还差额。中途下车车票失效。

5. 旅客要求在发站或一个中途站（返回途中自行下车无效）等候继续旅行，凭原票在通车 10 日内可恢复旅行。旅客要求恢复旅行时，车站应办理签证手续。

6. 由于线路中断影响旅行旅客要证明时，车站应开具文字证明，加盖站名戳。

第二节 线路中断对行李、包裹的安排

第一百零六条 线路中断后，对已承运行李、包裹按下列规定办理：

1. 未装运的行李、包裹留在发站待运或备托运人办理取消托运。

2. 已装运在途被阻的行李、包裹，列车折返时由折返局根据具体情况指定卸在折返站或临近较大车站（列车不折返、待命继续运行的不卸）。如折返区段均为中间小站时，可与邻局协商，返回邻局较大的车站卸下保管。线路恢复后，应优先装运被阻的行李、包裹，并在票据记事栏注明被阻日数，加盖站名戳。

3. 根据托运人的要求，在发站和由中途站返回发站的行李、包裹取消托运时，收回行李、包裹票，在旅客页和报单页记事栏注明“线路中断，取消托运”，填开“退款证明书”退还全部运费并将收回的行李、包裹票附在“退款证明书”报告页上报。

4. 旅客或收货人、托运人在中途站领取时，收回行李、包裹票，填写“退款证明书”，退还已收运费与发站至领取站间的运费差额，不足起码里程按起码里程计算，并在行李、包裹票旅客页、报单页、记事栏注明“线路中断、中途提取”，附在“退款证明书”报告页上报。

5. 旅客在发站停止旅行，行李已运至到站，要求将行李运回发站取消托运时，在行李票报销页加盖“交付讫”戳，在记事栏注明“因线路中断、行李运至到站返回，运费不退”，交旅客作为报销凭证。

6. 旅客在发站或中途站停止旅行，要求仍将行李运至到站时，补收全程或中止旅行站至到站的行李和包裹差价。

7. 包裹在中途被阻，托运人要求变更到站，补收或退还已收运费与发站至新到站的运费差额，不收变更手续费。在“客杂”或“退款证明书”记事栏注明“因××线路中断，变更到站”。

8. 鲜活包裹在运输途中被阻，卸车站应及时与发站联系，征求托运人处理意见。要求返回发站或变更到站时，按上述办法处理。托运人要求铁路处理时，卸车站应处理，处理所得款填“客杂”上交，在记事栏内注明情况，并编制客运记录写明情况，附处理单据寄送发站，处理所得款由处理站所属铁路局收入部门汇付发站所属铁路局收入部门。发站凭记录和单据填写“退款证明书”退还已收运费与发站至处理站间运费差额和物品处理所得款。记录、处理单据及收回的包裹票随“退款证明书”报告页上报。

9. 组织行李、包裹绕道运输时，应在行李、包裹记事栏注明“线路中断，绕道运输被阻×日”并加盖站名戳，原车绕道时加盖列车行李员名章，到站根据实际运输里程加上被阻日数计算运到期限。

10. 线路中断后承运包裹，经铁路局批准，按实际经路计算运费。

第三节 事故赔偿、索赔时效及纠纷处理

第一百零七条 发生旅客人身伤害或急病时，站、车均应尽力救助。列车须向车站移交受伤旅客时，应开具客运记录与车站办理交接。

第一百零八条 行李、包裹事故的立案调查和处理一般由到站办理。行李、包裹在发站装车前全部灭失、毁损时，由发站办理。

事故立案时，车站应会同有关人员编制行李、包裹事故记录一式三份，一份留站存查，一份调查用，一份交托运人或收货人作为提出赔偿要求书的凭证。

第一百零九条 行李、包裹事故立案后，处理站应向有关站、段立即发出查询电报或事故查复书。有关站段接到电报或事故查复书后应立即调查并在规定的时间内答复处理站。如不是本单位责任时，还应顺序向下一个运输环节查找。查询电报和事故查复书应抄送铁路局；跨铁路局时，应抄送有关铁路局。

第一百一十条 行李、包裹事故经过调查能够确认是铁路运输企业需要承担责任范围的，不论责任单位是否确定，均应先行办理赔偿。

第一百一十一条 车站受理赔偿要求时，应审查赔偿要求人提出的有关资料和受偿资格。接受赔偿要求后应在赔偿要求书收据上加盖站名戳和经办人规定的名章，交给赔偿要求人，并抄知有关单位。

第一百一十二条 经确认责任不属铁路不予赔偿时，处理站应使用正式文件，说明理由和依据，连同全部赔偿材料（赔偿要求书除外）退给赔偿要求人，抄知有关单位。

第一百一十三条 行李、包裹事故案卷内应有如下内容：

1. 行李、包裹票；
2. 行李、包裹事故记录；
3. 损失物品清单；
4. 物品所有权证明；
5. 查询电报或事故查复书；
6. 赔偿要求书；
7. 事故结论；
8. 赔偿通知书。

事故案卷一案一卷。协议赔偿案卷保存 3 年，诉讼案卷保存 4 年。

第六章　附则

第一百一十四条 本细则由国务院铁路主管部门负责修改、解释。

第一百一十五条 本细则自 1997 年 12 月 1 日起施行。

思政课堂

疫情防控 暖心行动
铁路部门调整规定 出台免费退票措施 做好疫情防控工作

2020年，新冠肺炎疫情发生以来，铁路部门临时调整相关部门规章、规范、规定，迅速出台旅客列车车票免费退票措施，积极配合各级政府疫情防控政策落实、落地。

很多时候，旅客已经买好了火车票准备出行。然而，随着疫情防控形势的变化，出行计划被打乱。在这种情况下，如果没有"免费退票"政策，旅客退票所需的手续费将由自己承担，会造成一定程度的损失。"免费退票"措施的实施，能让准备出行的人们减少损失，这一举措让相关人群感到格外暖心。

根据疫情防控需要，铁路部门适时推出"免费退票"的举措，尽管铁路部门会因此有一定经济损失，却有利于减少不必要的人员流动和交叉感染风险，有利于为疫情防控筑牢坚实的"防火墙"，彰显了铁路部门的责任与担当。除了"免费退票"举措，铁路部门还把改签时间予以延长，进一步方便广大旅客的出行。总而言之，相关举措都是防疫之举。

疫情防控既是一次"大战"，也是一次"大考"，铁路部门用自己的实际行动，交上了让旅客满意的答卷。

3.4.3 铁路运输企业准入许可办法

2014 年 12 月 8 日交通运输部发布。

2017 年 9 月 29 日《交通运输部关于修改〈铁路运输企业准入许可办法〉的决定》修正。

第一章 总则

第一条 为维护社会资本投资建设经营铁路的合法权益，规范铁路运输市场秩序，保障公众生命财产安全，依据《中华人民共和国行政许可法》《铁路安全管理条例》等法律、行政法规和国家有关规定，制定本办法。

第二条 在中华人民共和国境内依法登记注册的企业法人，从事铁路旅客、货物公共运输营业的，应当向国家铁路局提出申请，经审查合格取得铁路运输许可证。

涉及地方铁路运营事项的，国家铁路局应当邀请申请企业所在地省、自治区、直辖市人民政府有关部门参与审查。

第三条 本办法所称铁路运输许可的范围分别为高速铁路旅客运输、城际铁路旅客运输、普通铁路旅客运输、铁路货物运输。

第四条 拥有铁路基础设施所有权的企业，有权自主决定铁路运输经营方式，包括独立、合作、委托以及其他合法经营方式。

第五条 铁路运输企业应当落实安全生产主体责任，承担铁路公益性运输义务。鼓励铁路运输企业之间开放合作，公平竞争，共同维护运输市场秩序，保障铁路网畅通和铁路运输安全。

第二章 许可条件

第六条 申请企业应当具备下列条件：

（一）拥有符合规划和国家标准的铁路基础设施的所有权或者使用权；

（二）拥有符合国家标准、行业标准以及满足运输规模需要数量的机车车辆的所有权或者使用权；

（三）生产作业和管理人员符合铁路运输岗位标准、具备相应从业资格，且其数量满足运输规模需要；

（四）具有符合法律法规规定的安全生产管理机构或者安全管理人员，以及安全生产管理制度和应急预案；

（五）具有铁路运输相关的组织管理办法、服务质量标准、生产作业规范；

（六）法律法规和规章规定的其他条件。

第七条 拟从事高速铁路旅客运输的申请企业，铁路运输相关业务的负责人应当具有铁路运输管理工作 10 年以上经历，专业技术管理的负责人应当具有铁路运输本专业工作 8 年以上经历。

拟从事城际铁路旅客运输和普通铁路旅客运输的申请企业，铁路运输相关业务的负责人应当具有铁路运输管理工作 8 年以上经历，专业技术管理的负责人应当具有铁路运输本专业工作 5 年以上经历。

拟从事铁路货物运输的申请企业，铁路运输相关业务的负责人应当具有铁路运输管理工作 5 年以上经历，专业技术管理的负责人应当具有铁路运输本专业工作 3 年以上经历。办理危险货物或者特种货物运输的，相关设备设施应当符合相应货物运输的安全要求，相关生产作业和管理人员应当符合相应岗位标准和岗位培训要求。

在最近 2 年内因生产安全事故受到行政处分的，不得担任铁路运输相关业务的负责人和专业技术管理的负责人。

第八条 拥有铁路基础设施所有权的企业采取委托经营方式的，受托企业应当取得铁路运输许可证。

第三章 许可程序

第九条 申请企业应当按照本办法第三条、第六条、第七条、第八条规定的许可范围和许可条件提出申请。一次申请多项许可范围的，可以合并申请。

第十条 申请企业应当提交以下材料，并对材料的真实性、有效性和合法性负责：

（一）国家铁路局行政许可申请书；

（二）企业法人营业执照副本及复印件；

（三）申请企业基本情况；

（四）企业法定代表人的身份证明及履历表；

（五）铁路运输相关业务的负责人、专业技术管理的负责人的身份证明及履历表；

（六）主要生产作业人员的配备情况、资格情况；

（七）安全生产管理机构设置情况、安全生产管理人员配备情况、安全生产管理制度和应急预案情况；

（八）铁路运输相关的组织管理办法、服务质量标准、生产作业规范情况；

（九）铁路建设项目立项的批准（核准、备案）文件、铁路竣工验收（初步验收）和运营安全评估合格的报告复印件；

（十）机车车辆数量满足运输规模需要的测算依据；

（十一）相关所有权、使用权以及合作协议等证明材料；

（十二）法律法规和规章规定的其他材料。

国家铁路局应当明确铁路运输许可申请材料的具体要求，并提供相应的文本格式。

第十一条 国家铁路局对申请企业提出的行政许可申请，应当根据下列情况分别作出处理：

（一）申请材料存在可以当场更正的错误的，应当允许申请企业当场更正；

（二）申请材料不齐全或者不符合法定形式的，应当当场或者自收到申请材料之日起 5 个工作日内一次告知申请企业需要补正的全部内容，逾期不告知的，自收到申请材料之日起即为受理；

（三）申请材料齐全、符合法定形式，或者申请企业按照要求提交全部补正申请材料的，应当受理行政许可申请。

受理或者不予受理行政许可申请，应当出具加盖国家铁路局行政许可专用章和注明日期的书面凭证。

第十二条 国家铁路局应当审查申请企业提交的材料，必要时对申请企业进行实地核查及组织鉴定、专家评审。

审查合格的，作出准予行政许可的书面决定；审查不合格的，作出不予行政许可的书面决定，说明理由并告知申请企业享有依法申请行政复议或者提起行政诉讼的权利。

第十三条 国家铁路局自受理申请之日起 20 个工作日内作出行政许可决定。20 个工作日内不能作出决定的，经国家铁路局负责人批准，可以延长 10 个工作日，并将延长期限的理由告知申请企业。组织鉴定、专家评审所需时间不计算在上述期限之内。

作出准予行政许可决定的，应当自作出决定之日起 10 个工作日内向申请企业颁发铁路运输许可证。

第十四条 铁路运输许可证应当载明被许可企业名称、住所、证书编号、许可范围、发证日期、有效起始日期、有效期等内容。

第十五条 铁路运输许可证有效期为 20 年，被许可企业应当于有效期届满前 60 日，向国家铁路局提出延续申请。

申请材料包括国家铁路局行政许可申请书、近 3 年许可条件保持情况的报告。

国家铁路局应当根据被许可企业的申请，在铁路运输许可证有效期届满前作出是否准予延续的决定；逾期未做决定的，视为准予延续。

第十六条 被许可企业的名称、住所发生变化的，被许可企业应当于变化事项发生后 20 个工作日内，向国家铁路局提出变更申请。

申请材料包括国家铁路局行政许可申请书、变更事项说明、新的企业法人营业执照副本及复印件。

第十七条 被许可企业合并、分立或者变更经营方式、许可范围，导致许可条件发生重大变化的，应当于相关法律文书生效之日起 20 个工作日内向国家铁路局重新申请许可。

企业合并、分立的，申请材料除本办法第十条规定的材料外，还应当提交企业合并、分立的协议复印件或者有关批准文件复印件。

第十八条 被许可企业应当自取得铁路运输许可之日起 1 年内开展相应的铁路运输营业，并于开业后 20 个工作日内书面告知国家铁路局。因特殊情况需延期开业的，应当向国家铁路局提出书面说明，经同意可延期 1 年。

被许可企业在取得铁路运输许可证 1 年内未开业且未延期，或者延期期限内仍未开业的，已取得的铁路运输许可证自动失效。

第十九条 被许可企业应当按照许可范围开展铁路运输营业，并保证其运输条件持续符合许可条件。

第二十条 被许可企业未经国家铁路局批准，不得擅自停业、歇业。

被许可企业因特殊情况需停业、歇业的，应当提前 90 日向国家铁路局提出书面申请，并提前 60 日向社会公告，按有关规定妥善处理相关运输业务。

第二十一条 铁路运输许可证遗失、损毁或者灭失的，被许可企业应当及时在公共媒体上发布公告、声明作废，并向国家铁路局申请补办许可证。

申请材料包括国家铁路局行政许可申请书、公共媒体上发布公告的证明、企业法人营业执照副本及复印件。

第四章 监督管理

第二十二条 国家铁路局依据职责和权限，依法对被许可企业从事许可事项活动情况、许可条件保持情况以及遵守铁路行业管理相关规定等实施监督检查，受理相关投诉举报，查处违法违规行为。

国家铁路局实施许可监督检查，不得妨碍被许可企业正常的生产活动，不得谋取非法利益，不得泄露被许可企业的商业秘密。

被许可企业应当接受和配合监督检查，提供有关资料，不得隐瞒情况或者提供虚假情况。

第二十三条 监督检查可以采取下列措施：

（一）进入被许可企业有关部门、生产营业场所；

（二）询问被许可企业有关工作人员，要求其对检查事项作出说明；

（三）查阅、复制有关文件、资料；

（四）纠正违反法律、法规、规章及有关标准、规范的行为。

第二十四条 被许可企业应当于每年3月31日前，将上一年度企业运输年度报告报国家铁路局备案。运输年度报告备案内容主要包括本企业运输业务及公益性运输完成情况、运输安全状况及其他许可条件保持情况等。

第二十五条 被许可企业不得涂改、倒卖、出租、出借或者以其他形式非法转让铁路运输许可证。

第二十六条 申请企业隐瞒有关情况或者提供虚假材料申请铁路运输许可的，国家铁路局不予受理或者不予许可，并给予警告，申请企业在1年内不得再次申请铁路运输许可。

第二十七条 铁路运输许可的撤销、注销，由国家铁路局按照法律、行政法规的规定办理。

被许可企业以欺骗、贿赂等不正当手段取得行政许可的，应当予以撤销，申请企业在3年内不得再次申请铁路运输许可。

第二十八条 国家铁路局工作人员办理行政许可、实施监督检查过程中滥用职权、玩忽职守、徇私舞弊、收受贿赂，构成犯罪的，依法追究刑事责任；尚不构成犯罪的，依法给予行政处分。

第二十九条 被许可企业违反法律法规和本办法规定的，国家铁路局应当责令限期改正，依法给予行政处罚；构成犯罪的，依法追究刑事责任。

第五章 附则

第三十条 本办法中下列用语的含义：

（一）铁路基础设施是指场站设施、线桥隧涵、牵引供电、通信信号、信息系统等铁路设备设施的总称；

（二）铁路运输相关业务、专业，包括安全管理、调度指挥、行车组织、客运组织、货运组织，机车、车辆、线桥隧涵、牵引供电、通信信号、信息系统的运用以及维修养护。

第三十一条 本办法自 2015 年 1 月 1 日起施行。在本办法施行前已经审批设立并开展运输经营的铁路企业，参照本办法执行。中国铁路总公司及所属企业按照《国务院关于组建中国铁路总公司有关问题的批复》（国函〔2013〕47 号）的规定执行。

4

铁路运输安全法律法规

4.1 铁路运输安全法律

4.1.1 中华人民共和国刑法（与铁路运输安全相关部分）

第一编　总　则

第二章　犯罪

第二十条 【正当防卫】为了使国家、公共利益、本人或者他人的人身、财产和其他权利免受正在进行的不法侵害，而采取的制止不法侵害的行为，对不法侵害人造成损害的，属于正当防卫，不负刑事责任。

正当防卫明显超过必要限度造成重大损害的，应当负刑事责任，但是应当减轻或者免除处罚。

对正在进行行凶、杀人、抢劫、强奸、绑架以及其他严重危及人身安全的暴力犯罪，采取防卫行为，造成不法侵害人伤亡的，不属于防卫过当，不负刑事责任。

第二十一条 【紧急避险】为了使国家、公共利益、本人或者他人的人身、财产和其他权利免受正在发生的危险，不得已采取的紧急避险行为，造成损害的，不负刑事责任。

紧急避险超过必要限度造成不应有的损害的，应当负刑事责任，但是应当减轻或者免除处罚。

第一款中关于避免本人危险的规定，不适用于职务上、业务上负有特定责任的人。

第二编　分　则

第二章　危害公共安全罪

第一百一十四条 【放火罪；决水罪；爆炸罪；投放危险物质罪；以危险方法危害公共安全罪（既遂）】放火、决水、爆炸以及投放毒害性、放射性、传染病病原体等物质或者以其他危险方法危害公共安全，尚未造成严重后果的，处三年以上十年以下有期徒刑。

第一百一十五条 【放火罪；决水罪；爆炸罪；投放危险物质罪；以危险方法危害公共安全罪（结果加重犯）】放火、决水、爆炸以及投放毒害性、放射性、传染病病原体等物质或者以其他危险方法致人重伤、死亡或者使公私财产遭受重大损失的，处十年以上有期徒刑、无期徒刑或者死刑。

【失火罪；过失决水罪；过失爆炸罪；过失投放危险物质罪；过失以危险方法危害公共安全罪】过失犯前款罪的，处三年以上七年以下有期徒刑；情节较轻的，处三年以下有期徒刑或者拘役。

第一百一十六条 【破坏交通工具罪】破坏火车、汽车、电车、船只、航空器，足以使火车、汽车、电车、船只、航空器发生倾覆、毁坏危险，尚未造成严重后果的，处三年以上十年以下有期徒刑。

第一百一十七条 【破坏交通设施罪】破坏轨道、桥梁、隧道、公路、机场、航道、灯塔、标志或者进行其他破坏活动，足以使火车、汽车、电车、船只、航空器发生倾覆、毁坏危险，尚未造成严重后果的，处三年以上十年以下有期徒刑。

第一百一十九条 【破坏交通工具罪；破坏交通设施罪；破坏电力设备罪；破坏易燃易爆设备罪（结果加重犯）】破坏交通工具、交通设施、电力设备、燃气设备、易燃易爆设备，造成严重后果的，处十年以上有期徒刑、无期徒刑或者死刑。

【过失损坏交通工具罪；过失损坏交通设施罪；过失损坏电力设备罪；过失损坏易燃易爆设备罪】过失犯前款罪的，处三年以上七年以下有期徒刑；情节较轻的，处三年以下有期徒刑或者拘役。

第一百二十条 【组织、领导、参加恐怖组织罪】组织、领导恐怖活动组织的，处十年以上有期徒刑或者无期徒刑，并处没收财产；积极参加的，处三年以上十年以下有期徒刑，并处罚金；其他参加的，处三年以下有期徒刑、拘役、管制或者剥夺政治权利，可以并处罚金。

犯前款罪并实施杀人、爆炸、绑架等犯罪的，依照数罪并罚的规定处罚。

第一百三十条 【非法携带枪支、弹药、管制刀具、危险物品危及公共安全罪】非法携带枪支、弹药、管制刀具或者爆炸性、易燃性、放射性、毒害性、腐蚀性物品，进入公共场所或者公共交通工具，危及公共安全，情节严重的，处三年以下有期徒刑、拘役或者管制。

第一百三十二条 【铁路运营安全事故罪】铁路职工违反规章制度，致使发生铁路运营安全事故，造成严重后果的，处三年以下有期徒刑或者拘役；造成特别严重后果的，处三年以上七年以下有期徒刑。

第一百三十三条 【交通肇事罪】违反交通运输管理法规，因而发生重大事故，致人重伤、死亡或者使公私财产遭受重大损失的，处三年以下有期徒刑或者拘役；交通运输肇事后逃逸或者有其他特别恶劣情节的，处三年以上七年以下有期徒刑；因逃逸致人死亡的，处七年以上有期徒刑。

第一百三十四条 【重大责任事故罪】在生产、作业中违反有关安全管理的规定，因而发生重大伤亡事故或者造成其他严重后果的，处三年以下有期徒刑或者拘役；情节特别恶劣的，处三年以上七年以下有期徒刑。

【强令违章冒险作业罪】强令他人违章冒险作业，或者明知存在重大事故隐患而不排除，仍冒险组织作业，因而发生重大伤亡事故或者造成其他严重后果的，处五年以下有期徒刑或者拘役；情节特别恶劣的，处五年以上有期徒刑。

第一百三十五条 【重大劳动安全事故罪】安全生产设施或者安全生产条件不符合国家规定，因而发生重大伤亡事故或者造成其他严重后果的，对直接负责的主管人员和其他直接责任人员，处三年以下有期徒刑或者拘役；情节特别恶劣的，处三年以上七年以下有期徒刑。

第一百三十六条 【危险物品肇事罪】违反爆炸性、易燃性、放射性、毒害性、腐蚀性物品的管理规定，在生产、储存、运输、使用中发生重大事故，造成严重后果的，处三年以下有期徒刑或者拘役；后果特别严重的，处三年以上七年以下有期徒刑。

第一百三十九条 【消防责任事故罪】违反消防管理法规，经消防监督机构通知采取改正措施而拒绝执行，造成严重后果的，对直接责任人员，处三年以下有期徒刑或者拘役；后果特别严重的，处三年以上七年以下有期徒刑。

第一百三十九条之一 【不报、谎报安全事故罪】在安全事故发生后，负有报告职责的人员不报或者谎报事故情况，贻误事故抢救，情节严重的，处三年以下有期徒刑或者拘役；情节特别严重的，处三年以上七年以下有期徒刑。

4.1.2 中华人民共和国铁路法（与铁路运输安全相关部分）

第四章 铁路安全与保护

第四十二条 铁路运输企业必须加强对铁路的管理和保护，定期检查、维修铁路运输设施，保证铁路运输设施完好，保障旅客和货物运输安全。

第四十三条 铁路公安机关和地方公安机关分工负责共同维护铁路治安秩序。车站和列车内的治安秩序，由铁路公安机关负责维护；铁路沿线的治安秩序，由地方公安机关和铁路公安机关共同负责维护，以地方公安机关为主。

第四十四条 电力主管部门应当保证铁路牵引用电以及铁路运营用电中重要负荷的电力供应。铁路运营用电中重要负荷的供应范围由国务院铁路主管部门和国务院电力主管部门商定。

第四十五条 铁路线路两侧地界以外的山坡地由当地人民政府作为水土保持的重点进行整治。铁路隧道顶上的山坡地由铁路运输企业协助当地人民政府进行整治。铁路地界以内的山坡地由铁路运输企业进行整治。

第四十六条 在铁路线路和铁路桥梁、涵洞两侧一定距离内，修建山塘、水库、堤坝，开挖河道、干渠，采石挖砂，打井取水，影响铁路路基稳定或者危害铁路桥梁、涵洞安全的，由县级以上地方人民政府责令停止建设或者采挖、打井等活动，限期恢复原状或者责令采取必要的安全防护措施。

在铁路线路上架设电力、通讯线路，埋置电缆、管道设施，穿凿通过铁路路基的地下坑道，必须经铁路运输企业同意，并采取安全防护措施。

在铁路弯道内侧、平交道口和人行过道附近，不得修建妨碍行车瞭望的建筑物和种植妨碍行车瞭望的树木。修建妨碍行车瞭望的建筑物的，由县级以上地方人民政府责令限期拆除。种植妨碍行车瞭望的树木的，由县级以上地方人民政府责令有关单位或者个人限期迁移或者修剪、砍伐。

违反前三款的规定，给铁路运输企业造成损失的单位或者个人，应当赔偿损失。

第四十七条 禁止擅自在铁路线路上铺设平交道口和人行过道。

平交道口和人行过道必须按照规定设置必要的标志和防护设施。

行人和车辆通过铁路平交道口和人行过道时，必须遵守有关通行的规定。

第四十八条 运输危险品必须按照国务院铁路主管部门的规定办理，禁止以非危险品品名托运危险品。

禁止旅客携带危险品进站上车。铁路公安人员和国务院铁路主管部门规定的铁路职工，有权对旅客携带的物品进行运输安全检查。实施运输安全检查的铁路职工应当佩戴执勤标志。

危险品的品名由国务院铁路主管部门规定并公布。

第四十九条 对损毁、移动铁路信号装置及其他行车设施或者在铁路线路上放置障碍物的，铁路职工有权制止，可以扭送公安机关处理。

第五十条 禁止偷乘货车、攀附行进中的列车或者击打列车。对偷乘货车、攀附行进中的列车或者击打列车的，铁路职工有权制止。

第五十一条 禁止在铁路线路上行走、坐卧。对在铁路线路上行走、坐卧的，铁路职工有权制止。

第五十二条 禁止在铁路线路两侧二十米以内或者铁路防护林地内放牧。对在铁路线路两侧二十米以内或者铁路防护林地内放牧的，铁路职工有权制止。

第五十三条 对聚众拦截列车或者聚众冲击铁路行车调度机构的，铁路职工有权制止；不听制止的，公安人员现场负责人有权命令解散；拒不解散的，公安人员现场负责人有权依照国家有关规定决定采取必要手段强行驱散，并对拒不服从的人员强行带离现场或者予以拘留。

第五十四条 对哄抢铁路运输物资的，铁路职工有权制止，可以扭送公安机关处理；现场公安人员可以予以拘留。

第五十五条 在列车内，寻衅滋事，扰乱公共秩序，危害旅客人身、财产安全的，铁路职工有权制止，铁路公安人员可以予以拘留。

第五十六条 在车站和旅客列车内，发生法律规定需要检疫的传染病时，由铁路卫生检疫机构进行检疫；根据铁路卫生检疫机构的请求，地方卫生检疫机构应予协助。

货物运输的检疫，依照国家规定办理。

第五十七条 发生铁路交通事故，铁路运输企业应当依照国务院和国务院有关主管部门关于事故调查处理的规定办理，并及时恢复正常行车，任何单位和个人不得阻碍铁路线路开通和列车运行。

第五十八条 因铁路行车事故及其他铁路运营事故造成人身伤亡的，铁路运输企业应当承担赔偿责任；如果人身伤亡是因不可抗力或者由于受害人自身的原因造成的，铁路运输企业不承担赔偿责任。

违章通过平交道口或者人行过道，或者在铁路线路上行走、坐卧造成的人身伤亡，属于受害人自身的原因造成的人身伤亡。

第五十九条 国家铁路的重要桥梁和隧道，由中国人民武装警察部队负责守卫。

第五章 法律责任

第六十条 违反本法规定，携带危险品进站上车或者以非危险品品名托运危险品，导致发生重大事故的，依照刑法有关规定追究刑事责任。企业事业单位、国家机关、社会团体犯本款罪的，处以罚金，对其主管人员和直接责任人员依法追究刑事责任。

携带炸药、雷管或者非法携带枪支子弹、管制刀具进站上车的，比照刑法第一百六十三条的规定追究刑事责任。

第六十一条 故意损毁、移动铁路行车信号装置或者在铁路线路上放置足以使列车倾覆的障碍物的，依照刑法有关规定追究刑事责任。

第六十二条 盗窃铁路线路上行车设施的零件、部件或者铁路线路上的器材，危及行车安全，尚未造成严重后果的，依照刑法第一百零八条破坏交通设施罪的规定追究刑事责任；造成严重后果的，依照刑法第一百一十条破坏交通设施罪的规定追究刑事责任。

第六十三条 聚众拦截列车不听制止的，对首要分子和骨干分子依照刑法第一百五十九条的规定追究刑事责任。

聚众冲击铁路行车调度机构不听制止的，对首要分子和骨干分子依照刑法第一百五十八条的规定追究刑事责任。

第六十四条 聚众哄抢铁路运输物资的，对首要分子和骨干分子依照刑法有关规定追究刑事责任。

铁路职工与其他人员勾结犯前款罪的，从重处罚。

第六十五条 在列车内，抢劫旅客财物，伤害旅客的，依照刑法有关规定从重处罚。

在列车内，寻衅滋事，侮辱妇女，情节恶劣的，依照刑法有关规定追究刑事责任；敲诈勒索旅客财物的，依照刑法有关规定追究刑事责任。

第六十六条 倒卖旅客车票数额较大的，依照刑法第一百一十七条的规定追究刑事责任。以倒卖旅客车票为常业的，倒卖数额巨大的或者倒卖集团的首要分子，依照刑法第一百一十八条的规定追究刑事责任。铁路职工倒卖旅客车票或者与其他人员勾结倒卖旅客车票的，依照刑法第一百一十九条的规定追究刑事责任。

第六十七条 违反本法规定，尚不够刑事处罚，应当给予治安管理处罚的，依照治安管理处罚法的规定处罚。

第六十八条 擅自在铁路线路上铺设平交道口、人行过道的，由铁路公安机关或者地方公安机关责令限期拆除，可以并处罚款。

第六十九条 铁路运输企业违反本法规定，多收运费、票款或者旅客、货物运输杂费的，必须将多收的费用退还付款人，无法退还的上缴国库。将多收的费用据为己有或者侵吞私分的，依照刑法有关规定追究刑事责任。

第七十条 铁路职工利用职务之便走私的，或者与其他人员勾结走私的，依照刑法有关规定追究刑事责任。

第七十一条 铁路职工玩忽职守、违反规章制度造成铁路运营事故的，滥用职权、利用办理运输业务之便谋取私利的，给予行政处分；情节严重、构成犯罪的，依照刑法有关规定追究刑事责任。

4.1.3 中华人民共和国治安管理处罚法

《中华人民共和国治安管理处罚法》于2005年8月28日第十届全国人民代表大会常务委员会第十七次会议通过，根据2012年10月26日第十一届全国人民代表大会常务委员会第二十九次会议《关于修改〈中华人民共和国治安管理处罚法〉的决定》修正，以下介绍《中华人民共和国治安管理处罚法》与铁路相关的部分内容。

第一章 总则

第五条 治安管理处罚必须以事实为依据，与违反治安管理行为的性质、情节以及社会危害程度相当。

实施治安管理处罚，应当公开、公正，尊重和保障人权，保护公民的人格尊严。

办理治安案件应当坚持教育与处罚相结合的原则。

第二章 处罚的种类和适用

第十条 治安管理处罚的种类分为：

（一）警告；

（二）罚款；

（三）行政拘留；

（四）吊销公安机关发放的许可证。

对违反治安管理的外国人，可以附加适用限期出境或者驱逐出境。

第三章 违反治安管理的行为和处罚

第二十三条 有下列行为之一的，处警告或者二百元以下罚款；情节较重的，处五日以上十日以下拘留，可以并处五百元以下罚款：

（一）扰乱机关、团体、企业、事业单位秩序，致使工作、生产、营业、医疗、教学、科研不能正常进行，尚未造成严重损失的；

（二）扰乱车站、港口、码头、机场、商场、公园、展览馆或者其他公共场所秩序的；

（三）扰乱公共汽车、电车、火车、船舶、航空器或者其他公共交通工具上的秩序的；

（四）非法拦截或者强登、扒乘机动车、船舶、航空器以及其他交通工具，影响交通工具正常行驶的；

（五）破坏依法进行的选举秩序的。

聚众实施前款行为的，对首要分子处十日以上十五日以下拘留，可以并处一千元以下罚款。

第二十五条 有下列行为之一的，处五日以上十日以下拘留，可以并处五百元以下罚款；情节较轻的，处五日以下拘留或者五百元以下罚款：

（一）散布谣言，谎报险情、疫情、警情或者以其他方法故意扰乱公共秩序的；

（二）投放虚假的爆炸性、毒害性、放射性、腐蚀性物质或者传染病病原体等危险物质扰乱公共秩序的；

（三）扬言实施放火、爆炸、投放危险物质扰乱公共秩序的。

第二十六条 有下列行为之一的，处五日以上十日以下拘留，可以并处五百元以下罚款；情节较重的，处十日以上十五日以下拘留，可以并处一千元以下罚款：

（一）结伙斗殴的；

（二）追逐、拦截他人的；

（三）强拿硬要或者任意损毁、占用公私财物的；

（四）其他寻衅滋事行为。

第二十八条 违反国家规定，故意干扰无线电业务正常进行的，或者对正常运行的无线电台（站）产生有害干扰，经有关主管部门指出后，拒不采取有效措施消除的，处五日以上十日以下拘留；情节严重的，处十日以上十五日以下拘留。

第三十条 违反国家规定，制造、买卖、储存、运输、邮寄、携带、使用、提供、处置爆炸性、毒害性、放射性、腐蚀性物质或者传染病病原体等危险物质的，处十日以上十五日以下拘留；情节较轻的，处五日以上十日以下拘留。

第三十一条 爆炸性、毒害性、放射性、腐蚀性物质或者传染病病原体等危险物质被盗、被抢或者丢失，未按规定报告的，处五日以下拘留；故意隐瞒不报的，处五日以上十日以下拘留。

第三十二条 非法携带枪支、弹药或者弩、匕首等国家规定的管制器具的，处五日以下拘留，可以并处五百元以下罚款；情节较轻的，处警告或者二百元以下罚款。

非法携带枪支、弹药或者弩、匕首等国家规定的管制器具进入公共场所或者公共交通工具的，处五日以上十日以下拘留，可以并处五百元以下罚款。

第三十五条 有下列行为之一的，处五日以上十日以下拘留，可以并处五百元以下罚款；情节较轻的，处五日以下拘留或者五百元以下罚款：

（一）盗窃、损毁或者擅自移动铁路设施、设备、机车车辆配件或者安全标志的；

（二）在铁路线路上放置障碍物，或者故意向列车投掷物品的；

（三）在铁路线路、桥梁、涵洞处挖掘坑穴、采石取沙的；

（四）在铁路线路上私设道口或者平交过道的。

第三十六条 擅自进入铁路防护网或者火车来临时在铁路线路上行走坐卧、抢越铁路，影响行车安全的，处警告或者二百元以下罚款。

第四十三条 殴打他人的，或者故意伤害他人身体的，处五日以上十日以下拘留，并处二百元以上五百元以下罚款；情节较轻的，处五日以下拘留或者五百元以下罚款。

有下列情形之一的，处十日以上十五日以下拘留，并处五百元以上一千元以下罚款：

（一）结伙殴打、伤害他人的；

（二）殴打、伤害残疾人、孕妇、不满十四周岁的人或者六十周岁以上的人的；

（三）多次殴打、伤害他人或者一次殴打、伤害多人的。

第四十四条 猥亵他人的，或者在公共场所故意裸露身体，情节恶劣的，处五日以上十日以下拘留；猥亵智力残疾人、精神病人、不满十四周岁的人或者有其他严重情节的，处十日以上十五日以下拘留。

第四十九条 盗窃、诈骗、哄抢、抢夺、敲诈勒索或者故意损毁公私财物的，处五日以上十日以下拘留，可以并处五百元以下罚款；情节较重的，处十日以上十五日以下拘留，可以并处一千元以下罚款。

第五十条 有下列行为之一的，处警告或者二百元以下罚款；情节严重的，处五日以上十日以下拘留，可以并处五百元以下罚款：

（一）拒不执行人民政府在紧急状态情况下依法发布的决定、命令的；

（二）阻碍国家机关工作人员依法执行职务的；

（三）阻碍执行紧急任务的消防车、救护车、工程抢险车、警车等车辆通行的；

（四）强行冲闯公安机关设置的警戒带、警戒区的。

阻碍人民警察依法执行职务的，从重处罚。

第五十二条 有下列行为之一的，处十日以上十五日以下拘留，可以并处一千元以下罚款；情节较轻的，处五日以上十日以下拘留，可以并处五百元以下罚款：

（一）伪造、变造或者买卖国家机关、人民团体、企业、事业单位或者其他组织的公文、证件、证明文件、印章的；

（二）买卖或者使用伪造、变造的国家机关、人民团体、企业、事业单位或者其他组织的公文、证件、证明文件的；

（三）伪造、变造、倒卖车票、船票、航空客票、文艺演出票、体育比赛入场券或者其他有价票证、凭证的；

（四）伪造、变造船舶户牌，买卖或者使用伪造、变造的船舶户牌，或者涂改船舶发动机号码的。

第五十九条 有下列行为之一的，处五百元以上一千元以下罚款；情节严重的，处五日以上十日以下拘留，并处五百元以上一千元以下罚款：

（一）典当业工作人员承接典当的物品，不查验有关证明、不履行登记手续，或者明知是违法犯罪嫌疑人、赃物，不向公安机关报告的；

（二）违反国家规定，收购铁路、油田、供电、电信、矿山、水利、测量和城市公用设施等废旧专用器材的；

（三）收购公安机关通报寻查的赃物或者有赃物嫌疑的物品的；

（四）收购国家禁止收购的其他物品的。

4.1.4 中华人民共和国反恐怖主义法

《中华人民共和国反恐怖主义法》于 2015 年 12 月 27 日第十二届全国人民代表大会常务委员会第十八次会议通过，根据 2018 年 4 月 27 日第十三届全国人民代表大会常务委员会第二次会议《关于修改〈中华人民共和国国境卫生检疫法〉等六部法律的决定》修正。

第一章　总则

第一条　为了防范和惩治恐怖活动，加强反恐怖主义工作，维护国家安全、公共安全和人民生命财产安全，根据宪法，制定本法。

第二条　国家反对一切形式的恐怖主义，依法取缔恐怖活动组织，对任何组织、策划、准备实施、实施恐怖活动，宣扬恐怖主义，煽动实施恐怖活动，组织、领导、参加恐怖活动组织，为恐怖活动提供帮助的，依法追究法律责任。

国家不向任何恐怖活动组织和人员作出妥协，不向任何恐怖活动人员提供庇护或者给予难民地位。

第三条　本法所称恐怖主义，是指通过暴力、破坏、恐吓等手段，制造社会恐慌、危害公共安全、侵犯人身财产，或者胁迫国家机关、国际组织，以实现其政治、意识形态等目的的主张和行为。

本法所称恐怖活动，是指恐怖主义性质的下列行为：

（一）组织、策划、准备实施、实施造成或者意图造成人员伤亡、重大财产损失、公共设施损坏、社会秩序混乱等严重社会危害的活动的；

（二）宣扬恐怖主义，煽动实施恐怖活动，或者非法持有宣扬恐怖主义的物品，强制他人在公共场所穿戴宣扬恐怖主义的服饰、标志的；

（三）组织、领导、参加恐怖活动组织的；

（四）为恐怖活动组织、恐怖活动人员、实施恐怖活动或者恐怖活动培训提供信息、资金、物资、劳务、技术、场所等支持、协助、便利的；

（五）其他恐怖活动。

本法所称恐怖活动组织，是指三人以上为实施恐怖活动而组成的犯罪组织。

本法所称恐怖活动人员，是指实施恐怖活动的人和恐怖活动组织的成员。

本法所称恐怖事件，是指正在发生或者已经发生的造成或者可能造成重大社会危害的恐怖活动。

第四条　国家将反恐怖主义纳入国家安全战略，综合施策，标本兼治，加强反恐怖主义的能力建设，运用政治、经济、法律、文化、教育、外交、军事等手段，开展反恐怖主义工作。

国家反对一切形式的以歪曲宗教教义或者其他方法煽动仇恨、煽动歧视、鼓吹暴力等极端主义，消除恐怖主义的思想基础。

第五条　反恐怖主义工作坚持专门工作与群众路线相结合，防范为主、惩防结合和先发制敌、保持主动的原则。

第六条　反恐怖主义工作应当依法进行，尊重和保障人权，维护公民和组织的合法权益。

在反恐怖主义工作中，应当尊重公民的宗教信仰自由和民族风俗习惯，禁止任何基于地域、民族、宗教等理由的歧视性做法。

第七条 国家设立反恐怖主义工作领导机构，统一领导和指挥全国反恐怖主义工作。

设区的市级以上地方人民政府设立反恐怖主义工作领导机构，县级人民政府根据需要设立反恐怖主义工作领导机构，在上级反恐怖主义工作领导机构的领导和指挥下，负责本地区反恐怖主义工作。

第八条 公安机关、国家安全机关和人民检察院、人民法院、司法行政机关以及其他有关国家机关，应当根据分工，实行工作责任制，依法做好反恐怖主义工作。

中国人民解放军、中国人民武装警察部队和民兵组织依照本法和其他有关法律、行政法规、军事法规以及国务院、中央军事委员会的命令，并根据反恐怖主义工作领导机构的部署，防范和处置恐怖活动。

有关部门应当建立联动配合机制，依靠、动员村民委员会、居民委员会、企业事业单位、社会组织，共同开展反恐怖主义工作。

第九条 任何单位和个人都有协助、配合有关部门开展反恐怖主义工作的义务，发现恐怖活动嫌疑或者恐怖活动嫌疑人员的，应当及时向公安机关或者有关部门报告。

第十条 对举报恐怖活动或者协助防范、制止恐怖活动有突出贡献的单位和个人，以及在反恐怖主义工作中作出其他突出贡献的单位和个人，按照国家有关规定给予表彰、奖励。

第十一条 对在中华人民共和国领域外对中华人民共和国国家、公民或者机构实施的恐怖活动犯罪，或者实施的中华人民共和国缔结、参加的国际条约所规定的恐怖活动犯罪，中华人民共和国行使刑事管辖权，依法追究刑事责任。

第二章　恐怖活动组织和人员的认定

第十二条 国家反恐怖主义工作领导机构根据本法第三条的规定，认定恐怖活动组织和人员，由国家反恐怖主义工作领导机构的办事机构予以公告。

第十三条 国务院公安部门、国家安全部门、外交部门和省级反恐怖主义工作领导机构对于需要认定恐怖活动组织和人员的，应当向国家反恐怖主义工作领导机构提出申请。

第十四条 金融机构和特定非金融机构对国家反恐怖主义工作领导机构的办事机构公告的恐怖活动组织和人员的资金或者其他资产，应当立即予以冻结，并按照规定及时向国务院公安部门、国家安全部门和反洗钱行政主管部门报告。

第十五条 被认定的恐怖活动组织和人员对认定不服的，可以通过国家反恐怖主义工作领导机构的办事机构申请复核。国家反恐怖主义工作领导机构应当及时进行复核，作出维持或者撤销认定的决定。复核决定为最终决定。

国家反恐怖主义工作领导机构作出撤销认定的决定的，由国家反恐怖主义工作领导机构的办事机构予以公告；资金、资产已被冻结的，应当解除冻结。

第十六条 根据刑事诉讼法的规定，有管辖权的中级以上人民法院在审判刑事案件的过程中，可以依法认定恐怖活动组织和人员。对于在判决生效后需要由国家反恐怖主义工作领导机构的办事机构予以公告的，适用本章的有关规定。

第三章　安全防范

第十七条　各级人民政府和有关部门应当组织开展反恐怖主义宣传教育，提高公民的反恐怖主义意识。

教育、人力资源行政主管部门和学校、有关职业培训机构应当将恐怖活动预防、应急知识纳入教育、教学、培训的内容。

新闻、广播、电视、文化、宗教、互联网等有关单位，应当有针对性地面向社会进行反恐怖主义宣传教育。

村民委员会、居民委员会应当协助人民政府以及有关部门，加强反恐怖主义宣传教育。

第十八条　电信业务经营者、互联网服务提供者应当为公安机关、国家安全机关依法进行防范、调查恐怖活动提供技术接口和解密等技术支持和协助。

第十九条　电信业务经营者、互联网服务提供者应当依照法律、行政法规规定，落实网络安全、信息内容监督制度和安全技术防范措施，防止含有恐怖主义、极端主义内容的信息传播；发现含有恐怖主义、极端主义内容的信息的，应当立即停止传输，保存相关记录，删除相关信息，并向公安机关或者有关部门报告。

网信、电信、公安、国家安全等主管部门对含有恐怖主义、极端主义内容的信息，应当按照职责分工，及时责令有关单位停止传输、删除相关信息，或者关闭相关网站、关停相关服务。有关单位应当立即执行，并保存相关记录，协助进行调查。对互联网上跨境传输的含有恐怖主义、极端主义内容的信息，电信主管部门应当采取技术措施，阻断传播。

第二十条　铁路、公路、水上、航空的货运和邮政、快递等物流运营单位应当实行安全查验制度，对客户身份进行查验，依照规定对运输、寄递物品进行安全检查或者开封验视。对禁止运输、寄递，存在重大安全隐患，或者客户拒绝安全查验的物品，不得运输、寄递。

前款规定的物流运营单位，应当实行运输、寄递客户身份、物品信息登记制度。

第二十一条　电信、互联网、金融、住宿、长途客运、机动车租赁等业务经营者、服务提供者，应当对客户身份进行查验。对身份不明或者拒绝身份查验的，不得提供服务。

第二十二条　生产和进口单位应当依照规定对枪支等武器、弹药、管制器具、危险化学品、民用爆炸物品、核与放射物品作出电子追踪标识，对民用爆炸物品添加安检示踪标识物。

运输单位应当依照规定对运营中的危险化学品、民用爆炸物品、核与放射物品的运输工具通过定位系统实行监控。

有关单位应当依照规定对传染病病原体等物质实行严格的监督管理，严密防范传染病病原体等物质扩散或者流入非法渠道。

对管制器具、危险化学品、民用爆炸物品，国务院有关主管部门或者省级人民政府根据需要，在特定区域、特定时间，可以决定对生产、进出口、运输、销售、使用、报废实施管制，可以禁止使用现金、实物进行交易或者对交易活动作出其他限制。

第二十三条　发生枪支等武器、弹药、危险化学品、民用爆炸物品、核与放射物品、传染病病原体等物质被盗、被抢、丢失或者其他流失的情形，案发单位应当立即采取必要的控制措施，并立即向公安机关报告，同时依照规定向有关主管部门报告。公安机关接到报告后，应当及时开展调查。有关主管部门应当配合公安机关开展工作。

任何单位和个人不得非法制作、生产、储存、运输、进出口、销售、提供、购买、使用、持有、报废、销毁前款规定的物品。公安机关发现的，应当予以扣押；其他主管部门发现的，应当予以扣押，并立即通报公安机关；其他单位、个人发现的，应当立即向公安机关报告。

第二十四条 国务院反洗钱行政主管部门、国务院有关部门、机构依法对金融机构和特定非金融机构履行反恐怖主义融资义务的情况进行监督管理。

国务院反洗钱行政主管部门发现涉嫌恐怖主义融资的，可以依法进行调查，采取临时冻结措施。

第二十五条 审计、财政、税务等部门在依照法律、行政法规的规定对有关单位实施监督检查的过程中，发现资金流入流出涉嫌恐怖主义融资的，应当及时通报公安机关。

第二十六条 海关在对进出境人员携带现金和无记名有价证券实施监管的过程中，发现涉嫌恐怖主义融资的，应当立即通报国务院反洗钱行政主管部门和有管辖权的公安机关。

第二十七条 地方各级人民政府制定、组织实施城乡规划，应当符合反恐怖主义工作的需要。

地方各级人民政府应当根据需要，组织、督促有关建设单位在主要道路、交通枢纽、城市公共区域的重点部位，配备、安装公共安全视频图像信息系统等防范恐怖袭击的技防、物防设备、设施。

第二十八条 公安机关和有关部门对宣扬极端主义，利用极端主义危害公共安全、扰乱公共秩序、侵犯人身财产、妨害社会管理的，应当及时予以制止，依法追究法律责任。

公安机关发现极端主义活动的，应当责令立即停止，将有关人员强行带离现场并登记身份信息，对有关物品、资料予以收缴，对非法活动场所予以查封。

任何单位和个人发现宣扬极端主义的物品、资料、信息的，应当立即向公安机关报告。

第二十九条 对被教唆、胁迫、引诱参与恐怖活动、极端主义活动，或者参与恐怖活动、极端主义活动情节轻微，尚不构成犯罪的人员，公安机关应当组织有关部门、村民委员会、居民委员会、所在单位、就读学校、家庭和监护人对其进行帮教。

监狱、看守所、社区矫正机构应当加强对服刑的恐怖活动罪犯和极端主义罪犯的管理、教育、矫正等工作。监狱、看守所对恐怖活动罪犯和极端主义罪犯，根据教育改造和维护监管秩序的需要，可以与普通刑事罪犯混合关押，也可以个别关押。

第三十条 对恐怖活动罪犯和极端主义罪犯被判处徒刑以上刑罚的，监狱、看守所应当在刑满释放前根据其犯罪性质、情节和社会危害程度，服刑期间的表现，释放后对所居住社区的影响等进行社会危险性评估。进行社会危险性评估，应当听取有关基层组织和原办案机关的意见。经评估具有社会危险性的，监狱、看守所应当向罪犯服刑地的中级人民法院提出安置教育建议，并将建议书副本抄送同级人民检察院。

罪犯服刑地的中级人民法院对于确有社会危险性的，应当在罪犯刑满释放前作出责令其在刑满释放后接受安置教育的决定。决定书副本应当抄送同级人民检察院。被决定安置教育的人员对决定不服的，可以向上一级人民法院申请复议。

安置教育由省级人民政府组织实施。安置教育机构应当每年对被安置教育人员进行评估，对于确有悔改表现，不致再危害社会的，应当及时提出解除安置教育的意见，报决定安置教育的中级人民法院作出决定。被安置教育人员有权申请解除安置教育。

人民检察院对安置教育的决定和执行实行监督。

第三十一条 公安机关应当会同有关部门，将遭受恐怖袭击的可能性较大以及遭受恐怖袭击可能造成重大的人身伤亡、财产损失或者社会影响的单位、场所、活动、设施等确定为防范恐怖袭击的重点目标，报本级反恐怖主义工作领导机构备案。

第三十二条 重点目标的管理单位应当履行下列职责：

（一）制定防范和应对处置恐怖活动的预案、措施，定期进行培训和演练；

（二）建立反恐怖主义工作专项经费保障制度，配备、更新防范和处置设备、设施；

（三）指定相关机构或者落实责任人员，明确岗位职责；

（四）实行风险评估，实时监测安全威胁，完善内部安全管理；

（五）定期向公安机关和有关部门报告防范措施落实情况。

重点目标的管理单位应当根据城乡规划、相关标准和实际需要，对重点目标同步设计、同步建设、同步运行符合本法第二十七条规定的技防、物防设备、设施。

重点目标的管理单位应当建立公共安全视频图像信息系统值班监看、信息保存使用、运行维护等管理制度，保障相关系统正常运行。采集的视频图像信息保存期限不得少于九十日。

对重点目标以外的涉及公共安全的其他单位、场所、活动、设施，其主管部门和管理单位应当依照法律、行政法规规定，建立健全安全管理制度，落实安全责任。

第三十三条 重点目标的管理单位应当对重要岗位人员进行安全背景审查。对有不适合情形的人员，应当调整工作岗位，并将有关情况通报公安机关。

第三十四条 大型活动承办单位以及重点目标的管理单位应当依照规定，对进入大型活动场所、机场、火车站、码头、城市轨道交通站、公路长途客运站、口岸等重点目标的人员、物品和交通工具进行安全检查。发现违禁品和管制物品，应当予以扣留并立即向公安机关报告；发现涉嫌违法犯罪人员，应当立即向公安机关报告。

第三十五条 对航空器、列车、船舶、城市轨道车辆、公共电汽车等公共交通运输工具，营运单位应当依照规定配备安保人员和相应设备、设施，加强安全检查和保卫工作。

第三十六条 公安机关和有关部门应当掌握重点目标的基础信息和重要动态，指导、监督重点目标的管理单位履行防范恐怖袭击的各项职责。

公安机关、中国人民武装警察部队应当依照有关规定对重点目标进行警戒、巡逻、检查。

第三十七条 飞行管制、民用航空、公安等主管部门应当按照职责分工，加强空域、航空器和飞行活动管理，严密防范针对航空器或者利用飞行活动实施的恐怖活动。

第三十八条 各级人民政府和军事机关应当在重点国（边）境地段和口岸设置拦阻隔离网、视频图像采集和防越境报警设施。

公安机关和中国人民解放军应当严密组织国（边）境巡逻，依照规定对抵离国（边）境前沿、进出国（边）境管理区和国（边）境通道、口岸的人员、交通运输工具、物品，以及沿海沿边地区的船舶进行查验。

第三十九条 出入境证件签发机关、出入境边防检查机关对恐怖活动人员和恐怖活动嫌疑人员，有权决定不准其出境入境、不予签发出境入境证件或者宣布其出境入境证件作废。

第四十条 海关、出入境边防检查机关发现恐怖活动嫌疑人员或者涉嫌恐怖活动物品的，应当依法扣留，并立即移送公安机关或者国家安全机关。

第四十一条 国务院外交、公安、国家安全、发展改革、工业和信息化、商务、旅游等主管部门应当建立境外投资合作、旅游等安全风险评估制度，对中国在境外的公民以及驻外机构、设施、财产加强安全保护，防范和应对恐怖袭击。

第四十二条 驻外机构应当建立健全安全防范制度和应对处置预案，加强对有关人员、设施、财产的安全保护。

第四章 情报信息

第四十三条 国家反恐怖主义工作领导机构建立国家反恐怖主义情报中心，实行跨部门、跨地区情报信息工作机制，统筹反恐怖主义情报信息工作。

有关部门应当加强反恐怖主义情报信息搜集工作，对搜集的有关线索、人员、行动类情报信息，应当依照规定及时统一归口报送国家反恐怖主义情报中心。

地方反恐怖主义工作领导机构应当建立跨部门情报信息工作机制，组织开展反恐怖主义情报信息工作，对重要的情报信息，应当及时向上级反恐怖主义工作领导机构报告，对涉及其他地方的紧急情报信息，应当及时通报相关地方。

第四十四条 公安机关、国家安全机关和有关部门应当依靠群众，加强基层基础工作，建立基层情报信息工作力量，提高反恐怖主义情报信息工作能力。

第四十五条 公安机关、国家安全机关、军事机关在其职责范围内，因反恐怖主义情报信息工作的需要，根据国家有关规定，经过严格的批准手续，可以采取技术侦察措施。

依照前款规定获取的材料，只能用于反恐怖主义应对处置和对恐怖活动犯罪、极端主义犯罪的侦查、起诉和审判，不得用于其他用途。

第四十六条 有关部门对于在本法第三章规定的安全防范工作中获取的信息，应当根据国家反恐怖主义情报中心的要求，及时提供。

第四十七条 国家反恐怖主义情报中心、地方反恐怖主义工作领导机构以及公安机关等有关部门应当对有关情报信息进行筛查、研判、核查、监控，认为有发生恐怖事件危险，需要采取相应的安全防范、应对处置措施的，应当及时通报有关部门和单位，并可以根据情况发出预警。有关部门和单位应当根据通报做好安全防范、应对处置工作。

第四十八条 反恐怖主义工作领导机构、有关部门和单位、个人应当对履行反恐怖主义工作职责、义务过程中知悉的国家秘密、商业秘密和个人隐私予以保密。

违反规定泄露国家秘密、商业秘密和个人隐私的，依法追究法律责任。

第五章 调查

第四十九条 公安机关接到恐怖活动嫌疑的报告或者发现恐怖活动嫌疑，需要调查核实的，应当迅速进行调查。

第五十条 公安机关调查恐怖活动嫌疑，可以依照有关法律规定对嫌疑人员进行盘问、检查、传唤，可以提取或者采集肖像、指纹、虹膜图像等人体生物识别信息和血液、尿液、脱落细胞等生物样本，并留存其签名。

公安机关调查恐怖活动嫌疑，可以通知了解有关情况的人员到公安机关或者其他地点接受询问。

第五十一条 公安机关调查恐怖活动嫌疑，有权向有关单位和个人收集、调取相关信息和材料。有关单位和个人应当如实提供。

第五十二条 公安机关调查恐怖活动嫌疑，经县级以上公安机关负责人批准，可以查询嫌疑人员的存款、汇款、债券、股票、基金份额等财产，可以采取查封、扣押、冻结措施。查封、扣押、冻结的期限不得超过二个月，情况复杂的，可以经上一级公安机关负责人批准延长一个月。

第五十三条 公安机关调查恐怖活动嫌疑，经县级以上公安机关负责人批准，可以根据其危险程度，责令恐怖活动嫌疑人员遵守下列一项或者多项约束措施：

（一）未经公安机关批准不得离开所居住的市、县或者指定的处所；

（二）不得参加大型群众性活动或者从事特定的活动；

（三）未经公安机关批准不得乘坐公共交通工具或者进入特定的场所；

（四）不得与特定的人员会见或者通信；

（五）定期向公安机关报告活动情况；

（六）将护照等出入境证件、身份证件、驾驶证件交公安机关保存。

公安机关可以采取电子监控、不定期检查等方式对其遵守约束措施的情况进行监督。

采取前两款规定的约束措施的期限不得超过三个月。对不需要继续采取约束措施的，应当及时解除。

第五十四条 公安机关经调查，发现犯罪事实或者犯罪嫌疑人的，应当依照刑事诉讼法的规定立案侦查。本章规定的有关期限届满，公安机关未立案侦查的，应当解除有关措施。

第六章　应对处置

第五十五条 国家建立健全恐怖事件应对处置预案体系。

国家反恐怖主义工作领导机构应当针对恐怖事件的规律、特点和可能造成的社会危害，分级、分类制定国家应对处置预案，具体规定恐怖事件应对处置的组织指挥体系和恐怖事件安全防范、应对处置程序以及事后社会秩序恢复等内容。

有关部门、地方反恐怖主义工作领导机构应当制定相应的应对处置预案。

第五十六条 应对处置恐怖事件，各级反恐怖主义工作领导机构应当成立由有关部门参加的指挥机构，实行指挥长负责制。反恐怖主义工作领导机构负责人可以担任指挥长，也可以确定公安机关负责人或者反恐怖主义工作领导机构的其他成员单位负责人担任指挥长。

跨省、自治区、直辖市发生的恐怖事件或者特别重大恐怖事件的应对处置，由国家反恐怖主义工作领导机构负责指挥；在省、自治区、直辖市范围内发生的涉及多个行政区域的恐怖事件或者重大恐怖事件的应对处置，由省级反恐怖主义工作领导机构负责指挥。

第五十七条 恐怖事件发生后，发生地反恐怖主义工作领导机构应当立即启动恐怖事件应对处置预案，确定指挥长。有关部门和中国人民解放军、中国人民武装警察部队、民兵组织，按照反恐怖主义工作领导机构和指挥长的统一领导、指挥，协同开展打击、控制、救援、救护等现场应对处置工作。

上级反恐怖主义工作领导机构可以对应对处置工作进行指导，必要时调动有关反恐怖主义力量进行支援。

需要进入紧急状态的，由全国人民代表大会常务委员会或者国务院依照宪法和其他有关法律规定的权限和程序决定。

第五十八条 发现恐怖事件或者疑似恐怖事件后，公安机关应当立即进行处置，并向反恐怖主义工作领导机构报告；中国人民解放军、中国人民武装警察部队发现正在实施恐怖活动的，应当立即予以控制并将案件及时移交公安机关。

反恐怖主义工作领导机构尚未确定指挥长的，由在场处置的公安机关职级最高的人员担任现场指挥员。公安机关未能到达现场的，由在场处置的中国人民解放军或者中国人民武装警察部队职级最高的人员担任现场指挥员。现场应对处置人员无论是否属于同一单位、系统，均应当服从现场指挥员的指挥。

指挥长确定后，现场指挥员应当向其请示、报告工作或者有关情况。

第五十九条 中华人民共和国在境外的机构、人员、重要设施遭受或者可能遭受恐怖袭击的，国务院外交、公安、国家安全、商务、金融、国有资产监督管理、旅游、交通运输等主管部门应当及时启动应对处置预案。国务院外交部门应当协调有关国家采取相应措施。

中华人民共和国在境外的机构、人员、重要设施遭受严重恐怖袭击后，经与有关国家协商同意，国家反恐怖主义工作领导机构可以组织外交、公安、国家安全等部门派出工作人员赴境外开展应对处置工作。

第六十条 应对处置恐怖事件，应当优先保护直接受到恐怖活动危害、威胁人员的人身安全。

第六十一条 恐怖事件发生后，负责应对处置的反恐怖主义工作领导机构可以决定由有关部门和单位采取下列一项或者多项应对处置措施：

（一）组织营救和救治受害人员，疏散、撤离并妥善安置受到威胁的人员以及采取其他救助措施；

（二）封锁现场和周边道路，查验现场人员的身份证件，在有关场所附近设置临时警戒线；

（三）在特定区域内实施空域、海（水）域管制，对特定区域内的交通运输工具进行检查；

（四）在特定区域内实施互联网、无线电、通讯管制；

（五）在特定区域内或者针对特定人员实施出境入境管制；

（六）禁止或者限制使用有关设备、设施，关闭或者限制使用有关场所，中止人员密集的活动或者可能导致危害扩大的生产经营活动；

（七）抢修被损坏的交通、电信、互联网、广播电视、供水、排水、供电、供气、供热等公共设施；

（八）组织志愿人员参加反恐怖主义救援工作，要求具有特定专长的人员提供服务；

（九）其他必要的应对处置措施。

采取前款第三项至第五项规定的应对处置措施，由省级以上反恐怖主义工作领导机构决定或者批准；采取前款第六项规定的应对处置措施，由设区的市级以上反恐怖主义工作领导机构决定。应对处置措施应当明确适用的时间和空间范围，并向社会公布。

第六十二条 人民警察、人民武装警察以及其他依法配备、携带武器的应对处置人员，对在现场持枪支、刀具等凶器或者使用其他危险方法，正在或者准备实施暴力行为的人员，经警告无效的，可以使用武器；紧急情况下或者警告后可能导致更为严重危害后果的，可以直接使用武器。

第六十三条 恐怖事件发生、发展和应对处置信息，由恐怖事件发生地的省级反恐怖主义工作领导机构统一发布；跨省、自治区、直辖市发生的恐怖事件，由指定的省级反恐怖主义工作领导机构统一发布。

任何单位和个人不得编造、传播虚假恐怖事件信息；不得报道、传播可能引起模仿的恐怖活动的实施细节；不得发布恐怖事件中残忍、不人道的场景；在恐怖事件的应对处置过程中，除新闻媒体经负责发布信息的反恐怖主义工作领导机构批准外，不得报道、传播现场应对处置的工作人员、人质身份信息和应对处置行动情况。

第六十四条 恐怖事件应对处置结束后，各级人民政府应当组织有关部门帮助受影响的单位和个人尽快恢复生活、生产，稳定受影响地区的社会秩序和公众情绪。

第六十五条 当地人民政府应当及时给予恐怖事件受害人员及其近亲属适当的救助，并向失去基本生活条件的受害人员及其近亲属及时提供基本生活保障。卫生、医疗保障等主管部门应当为恐怖事件受害人员及其近亲属提供心理、医疗等方面的援助。

第六十六条 公安机关应当及时对恐怖事件立案侦查，查明事件发生的原因、经过和结果，依法追究恐怖活动组织、人员的刑事责任。

第六十七条 反恐怖主义工作领导机构应当对恐怖事件的发生和应对处置工作进行全面分析、总结评估，提出防范和应对处置改进措施，向上一级反恐怖主义工作领导机构报告。

第七章 国际合作

第六十八条 中华人民共和国根据缔结或者参加的国际条约，或者按照平等互惠原则，与其他国家、地区、国际组织开展反恐怖主义合作。

第六十九条 国务院有关部门根据国务院授权，代表中国政府与外国政府和有关国际组织开展反恐怖主义政策对话、情报信息交流、执法合作和国际资金监管合作。

在不违背我国法律的前提下，边境地区的县级以上地方人民政府及其主管部门，经国务院或者中央有关部门批准，可以与相邻国家或者地区开展反恐怖主义情报信息交流、执法合作和国际资金监管合作。

第七十条 涉及恐怖活动犯罪的刑事司法协助、引渡和被判刑人移管，依照有关法律规定执行。

第七十一条 经与有关国家达成协议，并报国务院批准，国务院公安部门、国家安全部门可以派员出境执行反恐怖主义任务。

中国人民解放军、中国人民武装警察部队派员出境执行反恐怖主义任务，由中央军事委员会批准。

第七十二条 通过反恐怖主义国际合作取得的材料可以在行政处罚、刑事诉讼中作为证据使用，但我方承诺不作为证据使用的除外。

第八章 保障措施

第七十三条 国务院和县级以上地方各级人民政府应当按照事权划分，将反恐怖主义工作经费分别列入同级财政预算。

国家对反恐怖主义重点地区给予必要的经费支持，对应对处置大规模恐怖事件给予经费保障。

第七十四条 公安机关、国家安全机关和有关部门，以及中国人民解放军、中国人民武装警察部队，应当依照法律规定的职责，建立反恐怖主义专业力量，加强专业训练，配备必要的反恐怖主义专业设备、设施。

县级、乡级人民政府根据需要，指导有关单位、村民委员会、居民委员会建立反恐怖主义工作力量、志愿者队伍，协助、配合有关部门开展反恐怖主义工作。

第七十五条 对因履行反恐怖主义工作职责或者协助、配合有关部门开展反恐怖主义工作导致伤残或者死亡的人员，按照国家有关规定给予相应的待遇。

第七十六条 因报告和制止恐怖活动，在恐怖活动犯罪案件中作证，或者从事反恐怖主义工作，本人或者其近亲属的人身安全面临危险的，经本人或者其近亲属提出申请，公安机关、有关部门应当采取下列一项或者多项保护措施：

（一）不公开真实姓名、住址和工作单位等个人信息；

（二）禁止特定的人接触被保护人员；

（三）对人身和住宅采取专门性保护措施；

（四）变更被保护人员的姓名，重新安排住所和工作单位；

（五）其他必要的保护措施。

公安机关、有关部门应当依照前款规定，采取不公开被保护单位的真实名称、地址，禁止特定的人接近被保护单位，对被保护单位办公、经营场所采取专门性保护措施，以及其他必要的保护措施。

第七十七条 国家鼓励、支持反恐怖主义科学研究和技术创新，开发和推广使用先进的反恐怖主义技术、设备。

第七十八条 公安机关、国家安全机关、中国人民解放军、中国人民武装警察部队因履行反恐怖主义职责的紧急需要，根据国家有关规定，可以征用单位和个人的财产。任务完成后应当及时归还或者恢复原状，并依照规定支付相应费用；造成损失的，应当补偿。

因开展反恐怖主义工作对有关单位和个人的合法权益造成损害的，应当依法给予赔偿、补偿。有关单位和个人有权依法请求赔偿、补偿。

第九章 法律责任

第七十九条 组织、策划、准备实施、实施恐怖活动，宣扬恐怖主义，煽动实施恐怖活动，非法持有宣扬恐怖主义的物品，强制他人在公共场所穿戴宣扬恐怖主义的服饰、标志，组织、领导、参加恐怖活动组织，为恐怖活动组织、恐怖活动人员、实施恐怖活动或者恐怖活动培训提供帮助的，依法追究刑事责任。

第八十条 参与下列活动之一，情节轻微，尚不构成犯罪的，由公安机关处十日以上十五日以下拘留，可以并处一万元以下罚款：

（一）宣扬恐怖主义、极端主义或者煽动实施恐怖活动、极端主义活动的；

（二）制作、传播、非法持有宣扬恐怖主义、极端主义的物品的；

（三）强制他人在公共场所穿戴宣扬恐怖主义、极端主义的服饰、标志的；

（四）为宣扬恐怖主义、极端主义或者实施恐怖主义、极端主义活动提供信息、资金、物资、劳务、技术、场所等支持、协助、便利的。

第八十一条 利用极端主义，实施下列行为之一，情节轻微，尚不构成犯罪的，由公安机关处五日以上十五日以下拘留，可以并处一万元以下罚款：

（一）强迫他人参加宗教活动，或者强迫他人向宗教活动场所、宗教教职人员提供财物或者劳务的；

（二）以恐吓、骚扰等方式驱赶其他民族或者有其他信仰的人员离开居住地的；

（三）以恐吓、骚扰等方式干涉他人与其他民族或者有其他信仰的人员交往、共同生活的；

（四）以恐吓、骚扰等方式干涉他人生活习俗、方式和生产经营的；

（五）阻碍国家机关工作人员依法执行职务的；

（六）歪曲、诋毁国家政策、法律、行政法规，煽动、教唆抵制人民政府依法管理的；

（七）煽动、胁迫群众损毁或者故意损毁居民身份证、户口簿等国家法定证件以及人民币的；

（八）煽动、胁迫他人以宗教仪式取代结婚、离婚登记的；

（九）煽动、胁迫未成年人不接受义务教育的；

（十）其他利用极端主义破坏国家法律制度实施的。

第八十二条 明知他人有恐怖活动犯罪、极端主义犯罪行为，窝藏、包庇，情节轻微，尚不构成犯罪的，或者在司法机关向其调查有关情况、收集有关证据时，拒绝提供的，由公安机关处十日以上十五日以下拘留，可以并处一万元以下罚款。

第八十三条 金融机构和特定非金融机构对国家反恐怖主义工作领导机构的办事机构公告的恐怖活动组织及恐怖活动人员的资金或者其他资产，未立即予以冻结的，由公安机关处二十万元以上五十万元以下罚款，并对直接负责的董事、高级管理人员和其他直接责任人员处十万元以下罚款；情节严重的，处五十万元以上罚款，并对直接负责的董事、高级管理人员和其他直接责任人员，处十万元以上五十万元以下罚款，可以并处五日以上十五日以下拘留。

第八十四条 电信业务经营者、互联网服务提供者有下列情形之一的，由主管部门处二十万元以上五十万元以下罚款，并对其直接负责的主管人员和其他直接责任人员处十万元以下罚款；情节严重的，处五十万元以上罚款，并对其直接负责的主管人员和其他直接责任人员，处十万元以上五十万元以下罚款，可以由公安机关对其直接负责的主管人员和其他直接责任人员，处五日以上十五日以下拘留：

（一）未依照规定为公安机关、国家安全机关依法进行防范、调查恐怖活动提供技术接口和解密等技术支持和协助的；

（二）未按照主管部门的要求，停止传输、删除含有恐怖主义、极端主义内容的信息，保存相关记录，关闭相关网站或者关停相关服务的；

（三）未落实网络安全、信息内容监督制度和安全技术防范措施，造成含有恐怖主义、极端主义内容的信息传播，情节严重的。

第八十五条 铁路、公路、水上、航空的货运和邮政、快递等物流运营单位有下列情形之一的，由主管部门处十万元以上五十万元以下罚款，并对其直接负责的主管人员和其他直接责任人员处十万元以下罚款：

（一）未实行安全查验制度，对客户身份进行查验，或者未依照规定对运输、寄递物品进行安全检查或者开封验视的；

（二）对禁止运输、寄递，存在重大安全隐患，或者客户拒绝安全查验的物品予以运输、寄递的；

（三）未实行运输、寄递客户身份、物品信息登记制度的。

第八十六条 电信、互联网、金融业务经营者、服务提供者未按规定对客户身份进行查验，或者对身份不明、拒绝身份查验的客户提供服务的，主管部门应当责令改正；拒不改正的，处二十万元以上五十万元以下罚款，并对其直接负责的主管人员和其他直接责任人员处十万元以下罚款；情节严重的，处五十万元以上罚款，并对其直接负责的主管人员和其他直接责任人员，处十万元以上五十万元以下罚款。

住宿、长途客运、机动车租赁等业务经营者、服务提供者有前款规定情形的，由主管部门处十万元以上五十万元以下罚款，并对其直接负责的主管人员和其他直接责任人员处十万元以下罚款。

第八十七条 违反本法规定，有下列情形之一的，由主管部门给予警告，并责令改正；拒不改正的，处十万元以下罚款，并对其直接负责的主管人员和其他直接责任人员处一万元以下罚款：

（一）未依照规定对枪支等武器、弹药、管制器具、危险化学品、民用爆炸物品、核与放射物品作出电子追踪标识，对民用爆炸物品添加安检示踪标识物的；

（二）未依照规定对运营中的危险化学品、民用爆炸物品、核与放射物品的运输工具通过定位系统实行监控的；

（三）未依照规定对传染病病原体等物质实行严格的监督管理，情节严重的；

（四）违反国务院有关主管部门或者省级人民政府对管制器具、危险化学品、民用爆炸物品决定的管制或者限制交易措施的。

第八十八条 防范恐怖袭击重点目标的管理、营运单位违反本法规定，有下列情形之一的，由公安机关给予警告，并责令改正；拒不改正的，处十万元以下罚款，并对其直接负责的主管人员和其他直接责任人员处一万元以下罚款：

（一）未制定防范和应对处置恐怖活动的预案、措施的；

（二）未建立反恐怖主义工作专项经费保障制度，或者未配备防范和处置设备、设施的；

（三）未落实工作机构或者责任人员的；

（四）未对重要岗位人员进行安全背景审查，或者未将有不适合情形的人员调整工作岗位的；

（五）对公共交通运输工具未依照规定配备安保人员和相应设备、设施的；

（六）未建立公共安全视频图像信息系统值班监看、信息保存使用、运行维护等管理制度的。

大型活动承办单位以及重点目标的管理单位未依照规定对进入大型活动场所、机场、火车站、码头、城市轨道交通站、公路长途客运站、口岸等重点目标的人员、物品和交通工具进行安全检查的，公安机关应当责令改正；拒不改正的，处十万元以下罚款，并对其直接负责的主管人员和其他直接责任人员处一万元以下罚款。

第八十九条 恐怖活动嫌疑人员违反公安机关责令其遵守的约束措施的，由公安机关给予警告，并责令改正；拒不改正的，处五日以上十五日以下拘留。

第九十条 新闻媒体等单位编造、传播虚假恐怖事件信息，报道、传播可能引起模仿的恐怖活动的实施细节，发布恐怖事件中残忍、不人道的场景，或者未经批准，报道、传播现场应对处置的工作人员、人质身份信息和应对处置行动情况的，由公安机关处二十万元以下罚款，并对其直接负责的主管人员和其他直接责任人员，处五日以上十五日以下拘留，可以并处五万元以下罚款。

个人有前款规定行为的，由公安机关处五日以上十五日以下拘留，可以并处一万元以下罚款。

第九十一条 拒不配合有关部门开展反恐怖主义安全防范、情报信息、调查、应对处置工作的，由主管部门处二千元以下罚款；造成严重后果的，处五日以上十五日以下拘留，可以并处一万元以下罚款。

单位有前款规定行为的，由主管部门处五万元以下罚款；造成严重后果的，处十万元以下罚款；并对其直接负责的主管人员和其他直接责任人员依照前款规定处罚。

第九十二条 阻碍有关部门开展反恐怖主义工作的，由公安机关处五日以上十五日以下拘留，可以并处五万元以下罚款。

单位有前款规定行为的，由公安机关处二十万元以下罚款，并对其直接负责的主管人员和其他直接责任人员依照前款规定处罚。

阻碍人民警察、人民解放军、人民武装警察依法执行职务的，从重处罚。

第九十三条 单位违反本法规定，情节严重的，由主管部门责令停止从事相关业务、提供相关服务或者责令停产停业；造成严重后果的，吊销有关证照或者撤销登记。

第九十四条 反恐怖主义工作领导机构、有关部门的工作人员在反恐怖主义工作中滥用职权、玩忽职守、徇私舞弊，或者有违反规定泄露国家秘密、商业秘密和个人隐私等行为，构成犯罪的，依法追究刑事责任；尚不构成犯罪的，依法给予处分。

反恐怖主义工作领导机构、有关部门及其工作人员在反恐怖主义工作中滥用职权、玩忽职守、徇私舞弊或者有其他违法违纪行为的，任何单位和个人有权向有关部门检举、控告。有关部门接到检举、控告后，应当及时处理并回复检举、控告人。

第九十五条 对依照本法规定查封、扣押、冻结、扣留、收缴的物品、资金等，经审查发现与恐怖主义无关的，应当及时解除有关措施，予以退还。

第九十六条 有关单位和个人对依照本法作出的行政处罚和行政强制措施决定不服的，可以依法申请行政复议或者提起行政诉讼。

第十章　附则

第九十七条 本法自 2016 年 1 月 1 日起施行。2011 年 10 月 29 日第十一届全国人民代表大会常务委员会第二十三次会议通过的《全国人民代表大会常务委员会关于加强反恐怖工作有关问题的决定》同时废止。

思政课堂

国家铁路局印发《铁路法治宣传教育第八个五年规划（2021—2025年）》

法治宣传教育是推进铁路建设的长期基础性工作。为深入学习贯彻习近平法治思想，认真做好铁路领域第八个五年法治宣传教育工作，进一步加大铁路领域普法力度，持续推进铁路行业尊法、学法、守法、用法，进一步夯实铁路法治建设工作基础，为推进铁路高质量发展提供有力法治保障，根据中共中央、国务院转发的《中央宣传部、司法部关于开展法治宣传教育的第八个五年规划（2021—2025年）》，国家铁路局于2021年10月11日印发《铁路法治宣传教育第八个五年规划（2021—2025年）》。

习近平法治思想是顺应实现中华民族伟大复兴时代要求应运而生的重大理论创新成果，是马克思主义法治理论中国化最新成果，是习近平新时代中国特色社会主义思想的重要组成部分，是全面依法治国的根本遵循和行动指南。必须以习近平法治思想引领铁路普法工作，推动铁路普法工作守正创新、提质增效、全面发展。

规划提出坚定不移走中国特色社会主义法治道路，聚焦加快推进铁路高质量发展目标任务，以持续提升铁路领域干部职工及行业从业人员的法治素养为主线，以持续提高铁路执法人员能力素养为重点，以增强铁路普法针对性和实效性为工作着力点，完善和落实“谁执法谁普法”等普法责任制，深入推进铁路法治建设，为加快建设交通强国和“十四五”时期铁路改革发展营造良好法治环境。

一、规划提出了以下普法主要任务

（一）突出学习宣传习近平法治思想

（二）深入学习宣传宪法

（三）深入学习宣传民法典

（四）深入学习宣传应知应会的国家基本法律

（五）深入学习宣传铁路行业法律、法规、规章

（六）深入学习宣传党内法规

（七）深化铁路行业依法治理

（八）加强铁路行业法治文化建设

二、规划提出了以下普法主要对象

（一）加强铁路监管部门领导干部的法治宣传教育

（二）加强铁路监管部门国家工作人员特别是行政执法人员的法治宣传教育

（三）加强铁路行业从业人员和服务对象的法治宣传教育

三、规划提出了以下普法主要方式

（一）在立法过程中开展普法宣传

（二）在执法过程中开展实时普法

（三）在纠纷解决过程中进行普法

（四）利用新技术、新媒体推进智慧普法

4.2 铁路运输安全法规

4.2.1 铁路安全管理条例

2013 年 8 月 17 日中华人民共和国国务院令第 639 号公布。

第一章 总则

第一条 为了加强铁路安全管理，保障铁路运输安全和畅通，保护人身安全和财产安全，制定本条例。

第二条 铁路安全管理坚持安全第一、预防为主、综合治理的方针。

第三条 国务院铁路行业监督管理部门负责全国铁路安全监督管理工作，国务院铁路行业监督管理部门设立的铁路监督管理机构负责辖区内的铁路安全监督管理工作。国务院铁路行业监督管理部门和铁路监督管理机构统称铁路监管部门。

国务院有关部门依照法律和国务院规定的职责，负责铁路安全管理的有关工作。

第四条 铁路沿线地方各级人民政府和县级以上地方人民政府有关部门应当按照各自职责，加强保障铁路安全的教育，落实护路联防责任制，防范和制止危害铁路安全的行为，协调和处理保障铁路安全的有关事项，做好保障铁路安全的有关工作。

第五条 从事铁路建设、运输、设备制造维修的单位应当加强安全管理，建立健全安全生产管理制度，落实企业安全生产主体责任，设置安全管理机构或者配备安全管理人员，执行保障生产安全和产品质量安全的国家标准、行业标准，加强对从业人员的安全教育培训，保证安全生产所必需的资金投入。

铁路建设、运输、设备制造维修单位的工作人员应当严格执行规章制度，实行标准化作业，保证铁路安全。

第六条 铁路监管部门、铁路运输企业等单位应当按照国家有关规定制定突发事件应急预案，并组织应急演练。

第七条 禁止扰乱铁路建设、运输秩序。禁止损坏或者非法占用铁路设施设备、铁路标志和铁路用地。

任何单位或者个人发现损坏或者非法占用铁路设施设备、铁路标志、铁路用地以及其他影响铁路安全的行为，有权报告铁路运输企业，或者向铁路监管部门、公安机关或者其他有关部门举报。接到报告的铁路运输企业、接到举报的部门应当根据各自职责及时处理。

对维护铁路安全作出突出贡献的单位或者个人，按照国家有关规定给予表彰奖励。

第二章 铁路建设质量安全

第八条 铁路建设工程的勘察、设计、施工、监理以及建设物资、设备的采购，应当依法进行招标。

第九条 从事铁路建设工程勘察、设计、施工、监理活动的单位应当依法取得相应资质，并在其资质等级许可的范围内从事铁路工程建设活动。

第十条 铁路建设单位应当选择具备相应资质等级的勘察、设计、施工、监理单位进行工程建设，并对建设工程的质量安全进行监督检查，制作检查记录留存备查。

第十一条 铁路建设工程的勘察、设计、施工、监理应当遵守法律、行政法规关于建设工程质量和安全管理的规定，执行国家标准、行业标准和技术规范。

铁路建设工程的勘察、设计、施工单位依法对勘察、设计、施工的质量负责，监理单位依法对施工质量承担监理责任。

高速铁路和地质构造复杂的铁路建设工程实行工程地质勘察监理制度。

第十二条 铁路建设工程的安全设施应当与主体工程同时设计、同时施工、同时投入使用。安全设施投资应当纳入建设项目概算。

第十三条 铁路建设工程使用的材料、构件、设备等产品，应当符合有关产品质量的强制性国家标准、行业标准。

第十四条 铁路建设工程的建设工期，应当根据工程地质条件、技术复杂程度等因素，按照国家标准、行业标准和技术规范合理确定、调整。

任何单位和个人不得违反前款规定要求铁路建设、设计、施工单位压缩建设工期。

第十五条 铁路建设工程竣工，应当按照国家有关规定组织验收，并由铁路运输企业进行运营安全评估。经验收、评估合格，符合运营安全要求的，方可投入运营。

第十六条 在铁路线路及其邻近区域进行铁路建设工程施工，应当执行铁路营业线施工安全管理规定。铁路建设单位应当会同相关铁路运输企业和工程设计、施工单位制定安全施工方案，按照方案进行施工。施工完毕应当及时清理现场，不得影响铁路运营安全。

第十七条 新建、改建设计开行时速 120 公里以上列车的铁路或者设计运输量达到国务院铁路行业监督管理部门规定的较大运输量标准的铁路，需要与道路交叉的，应当设置立体交叉设施。

新建、改建高速公路、一级公路或者城市道路中的快速路，需要与铁路交叉的，应当设置立体交叉设施，并优先选择下穿铁路的方案。

已建成的属于前两款规定情形的铁路、道路为平面交叉的，应当逐步改造为立体交叉。

新建、改建高速铁路需要与普通铁路、道路、渡槽、管线等设施交叉的，应当优先选择高速铁路上跨方案。

第十八条 设置铁路与道路立体交叉设施及其附属安全设施所需费用的承担，按照下列原则确定：

（一）新建、改建铁路与既有道路交叉的，由铁路方承担建设费用；道路方要求超过既有道路建设标准建设所增加的费用，由道路方承担；

（二）新建、改建道路与既有铁路交叉的，由道路方承担建设费用；铁路方要求超过既有铁路线路建设标准建设所增加的费用，由铁路方承担；

（三）同步建设的铁路和道路需要设置立体交叉设施以及既有铁路道口改造为立体交叉的，由铁路方和道路方按照公平合理的原则分担建设费用。

第十九条 铁路与道路立体交叉设施及其附属安全设施竣工验收合格后，应当按照国家有关规定移交有关单位管理、维护。

第二十条 专用铁路、铁路专用线需要与公用铁路网接轨的，应当符合国家有关铁路建设、运输的安全管理规定。

第三章 铁路专用设备质量安全

第二十一条 设计、制造、维修或者进口新型铁路机车车辆，应当符合国家标准、行业标准，并分别向国务院铁路行业监督管理部门申请领取型号合格证、制造许可证、维修许可证或者进口许可证，具体办法由国务院铁路行业监督管理部门制定。

铁路机车车辆的制造、维修、使用单位应当遵守有关产品质量的法律、行政法规以及国家其他有关规定，确保投入使用的机车车辆符合安全运营要求。

第二十二条 生产铁路道岔及其转辙设备、铁路信号控制软件和控制设备、铁路通信设备、铁路牵引供电设备的企业，应当符合下列条件并经国务院铁路行业监督管理部门依法审查批准：

（一）有按照国家标准、行业标准检测、检验合格的专业生产设备；

（二）有相应的专业技术人员；

（三）有完善的产品质量保证体系和安全管理制度；

（四）法律、行政法规规定的其他条件。

第二十三条 铁路机车车辆以外的直接影响铁路运输安全的铁路专用设备，依法应当进行产品认证的，经认证合格方可出厂、销售、进口、使用。

第二十四条 用于危险化学品和放射性物品运输的铁路罐车、专用车辆以及其他容器的生产和检测、检验，依照有关法律、行政法规的规定执行。

第二十五条 用于铁路运输的安全检测、监控、防护设施设备，集装箱和集装化用具等运输器具，专用装卸机械、索具、篷布、装载加固材料或者装置，以及运输包装、货物装载加固等，应当符合国家标准、行业标准和技术规范。

第二十六条 铁路机车车辆以及其他铁路专用设备存在缺陷，即由于设计、制造、标识等原因导致同一批次、型号或者类别的铁路专用设备普遍存在不符合保障人身、财产安全的国家标准、行业标准的情形或者其他危及人身、财产安全的不合理危险的，应当立即停止生产、销售、进口、使用；设备制造者应当召回缺陷产品，采取措施消除缺陷。具体办法由国务院铁路行业监督管理部门制定。

第四章 铁路线路安全

第二十七条 铁路线路两侧应当设立铁路线路安全保护区。铁路线路安全保护区的范围，从铁路线路路堤坡脚、路堑坡顶或者铁路桥梁（含铁路、道路两用桥，下同）外侧起向外的距离分别为：

（一）城市市区高速铁路为 10 米，其他铁路为 8 米；

（二）城市郊区居民居住区高速铁路为 12 米，其他铁路为 10 米；

（三）村镇居民居住区高速铁路为 15 米，其他铁路为 12 米；

（四）其他地区高速铁路为 20 米，其他铁路为 15 米。

前款规定距离不能满足铁路运输安全保护需要的，由铁路建设单位或者铁路运输企业提出方案，铁路监督管理机构或者县级以上地方人民政府依照本条第三款规定程序划定。

在铁路用地范围内划定铁路线路安全保护区的，由铁路监督管理机构组织铁路建设单位或者铁路运输企业划定并公告。在铁路用地范围外划定铁路线路安全保护区的，由县级以上地方人民政府根据保障铁路运输安全和节约用地的原则，组织有关铁路监督管理机构、县级以上地方人民政府国土资源等部门划定并公告。

铁路线路安全保护区与公路建筑控制区、河道管理范围、水利工程管理和保护范围、航道保护范围或者石油、电力以及其他重要设施保护区重叠的，由县级以上地方人民政府组织有关部门依照法律、行政法规的规定协商划定并公告。

新建、改建铁路的铁路线路安全保护区范围，应当自铁路建设工程初步设计批准之日起 30 日内，由县级以上地方人民政府依照本条例的规定划定并公告。铁路建设单位或者铁路运输企业应当根据工程竣工资料进行勘界，绘制铁路线路安全保护区平面图，并根据平面图设立标桩。

第二十八条 设计开行时速 120 公里以上列车的铁路应当实行全封闭管理。铁路建设单位或者铁路运输企业应当按照国务院铁路行业监督管理部门的规定在铁路用地范围内设置封闭设施和警示标志。

第二十九条 禁止在铁路线路安全保护区内烧荒、放养牲畜、种植影响铁路线路安全和行车瞭望的树木等植物。

禁止向铁路线路安全保护区排污、倾倒垃圾以及其他危害铁路安全的物质。

第三十条 在铁路线路安全保护区内建造建筑物、构筑物等设施，取土、挖砂、挖沟、采空作业或者堆放、悬挂物品，应当征得铁路运输企业同意并签订安全协议，遵守保证铁路安全的国家标准、行业标准和施工安全规范，采取措施防止影响铁路运输安全。铁路运输企业应当派员对施工现场实行安全监督。

第三十一条 铁路线路安全保护区内既有的建筑物、构筑物危及铁路运输安全的，应当采取必要的安全防护措施；采取安全防护措施后仍不能保证安全的，依照有关法律的规定拆除。

拆除铁路线路安全保护区内的建筑物、构筑物，清理铁路线路安全保护区内的植物，或者对他人在铁路线路安全保护区内已依法取得的采矿权等合法权利予以限制，给他人造成损失的，应当依法给予补偿或者采取必要的补救措施。但是，拆除非法建设的建筑物、构筑物的除外。

第三十二条 在铁路线路安全保护区及其邻近区域建造或者设置的建筑物、构筑物、设备等，不得进入国家规定的铁路建筑限界。

第三十三条 在铁路线路两侧建造、设立生产、加工、储存或者销售易燃、易爆或者放射性物品等危险物品的场所、仓库，应当符合国家标准、行业标准规定的安全防护距离。

第三十四条 在铁路线路两侧从事采矿、采石或者爆破作业，应当遵守有关采矿和民用爆破的法律法规，符合国家标准、行业标准和铁路安全保护要求。

在铁路线路路堤坡脚、路堑坡顶、铁路桥梁外侧起向外各 1000 米范围内，以及在铁路隧道上方中心线两侧各 1000 米范围内，确需从事露天采矿、采石或者爆破作业的，应当与铁路运输企业协商一致，依照有关法律法规的规定报县级以上地方人民政府有关部门批准，采取安全防护措施后方可进行。

第三十五条 高速铁路线路路堤坡脚、路堑坡顶或者铁路桥梁外侧起向外各 200 米范围内禁止抽取地下水。

在前款规定范围外，高速铁路线路经过的区域属于地面沉降区域，抽取地下水危及高速铁路安全的，应当设置地下水禁止开采区或者限制开采区，具体范围由铁路监督管理机构会同县级以上地方人民政府水行政主管部门提出方案，报省、自治区、直辖市人民政府批准并公告。

第三十六条 在电气化铁路附近从事排放粉尘、烟尘及腐蚀性气体的生产活动，超过国家规定的排放标准，危及铁路运输安全的，由县级以上地方人民政府有关部门依法责令整改，消除安全隐患。

第三十七条 任何单位和个人不得擅自在铁路桥梁跨越处河道上下游各 1000 米范围内围垦造田、拦河筑坝、架设浮桥或者修建其他影响铁路桥梁安全的设施。

因特殊原因确需在前款规定的范围内进行围垦造田、拦河筑坝、架设浮桥等活动的，应当进行安全论证，负责审批的机关在批准前应当征求有关铁路运输企业的意见。

第三十八条 禁止在铁路桥梁跨越处河道上下游的下列范围内采砂、淘金：

（一）跨河桥长 500 米以上的铁路桥梁，河道上游 500 米，下游 3000 米；

（二）跨河桥长 100 米以上不足 500 米的铁路桥梁，河道上游 500 米，下游 2000 米；

（三）跨河桥长不足 100 米的铁路桥梁，河道上游 500 米，下游 1000 米。

有关部门依法在铁路桥梁跨越处河道上下游划定的禁采范围大于前款规定的禁采范围的，按照划定的禁采范围执行。

县级以上地方人民政府水行政主管部门、国土资源主管部门应当按照各自职责划定禁采区域、设置禁采标志，制止非法采砂、淘金行为。

第三十九条 在铁路桥梁跨越处河道上下游各 500 米范围内进行疏浚作业，应当进行安全技术评价，有关河道、航道管理部门应当征求铁路运输企业的意见，确认安全或者采取安全技术措施后，方可批准进行疏浚作业。但是，依法进行河道、航道日常养护、疏浚作业的除外。

第四十条 铁路、道路两用桥由所在地铁路运输企业和道路管理部门或者道路经营企业定期检查、共同维护，保证桥梁处于安全的技术状态。

铁路、道路两用桥的墩、梁等共用部分的检测、维修由铁路运输企业和道路管理部门或者道路经营企业共同负责，所需费用按照公平合理的原则分担。

第四十一条 铁路的重要桥梁和隧道按照国家有关规定由中国人民武装警察部队负责守卫。

第四十二条 船舶通过铁路桥梁应当符合桥梁的通航净空高度并遵守航行规则。

桥区航标中的桥梁航标、桥柱标、桥梁水尺标由铁路运输企业负责设置、维护，水面航标由铁路运输企业负责设置，航道管理部门负责维护。

第四十三条 下穿铁路桥梁、涵洞的道路应当按照国家标准设置车辆通过限高、限宽标志和限高防护架。城市道路的限高、限宽标志由当地人民政府指定的部门设置并维护，公路的限高、限宽标志由公路管理部门设置并维护。限高防护架在铁路桥梁、涵洞、道路建设时设置，由铁路运输企业负责维护。

机动车通过下穿铁路桥梁、涵洞的道路，应当遵守限高、限宽规定。

下穿铁路涵洞的管理单位负责涵洞的日常管理、维护，防止淤塞、积水。

第四十四条 铁路线路安全保护区内的道路和铁路线路路堑上的道路、跨越铁路线路的道路桥梁，应当按照国家有关规定设置防止车辆以及其他物体进入、坠入铁路线路的安全防护设施和警示标志，并由道路管理部门或者道路经营企业维护、管理。

第四十五条 架设、铺设铁路信号和通信线路、杆塔应当符合国家标准、行业标准和铁路安全防护要求。铁路运输企业、为铁路运输提供服务的电信企业应当加强对铁路信号和通信线路、杆塔的维护和管理。

第四十六条 设置或者拓宽铁路道口、铁路人行过道，应当征得铁路运输企业的同意。

第四十七条 铁路与道路交叉的无人看守道口应当按照国家标准设置警示标志；有人看守道口应当设置移动栏杆、列车接近报警装置、警示灯、警示标志、铁路道口路段标线等安全防护设施。

道口移动栏杆、列车接近报警装置、警示灯等安全防护设施由铁路运输企业设置、维护；警示标志、铁路道口路段标线由铁路道口所在地的道路管理部门设置、维护。

第四十八条 机动车或者非机动车在铁路道口内发生故障或者装载物掉落的，应当立即将故障车辆或者掉落的装载物移至铁路道口停止线以外或者铁路线路最外侧钢轨 5 米以外的安全地点。无法立即移至安全地点的，应当立即报告铁路道口看守人员；在无人看守道口，应当立即在道口两端采取措施拦停列车，并就近通知铁路车站或者公安机关。

第四十九条 履带车辆等可能损坏铁路设施设备的车辆、物体通过铁路道口，应当提前通知铁路道口管理单位，在其协助、指导下通过，并采取相应的安全防护措施。

第五十条 在下列地点，铁路运输企业应当按照国家标准、行业标准设置易于识别的警示、保护标志：

（一）铁路桥梁、隧道的两端；

（二）铁路信号、通信光（电）缆的埋设、铺设地点；

（三）电气化铁路接触网、自动闭塞供电线路和电力贯通线路等电力设施附近易发生危险的地点。

第五十一条 禁止毁坏铁路线路、站台等设施设备和铁路路基、护坡、排水沟、防护林木、护坡草坪、铁路线路封闭网及其他铁路防护设施。

第五十二条 禁止实施下列危及铁路通信、信号设施安全的行为：

（一）在埋有地下光（电）缆设施的地面上方进行钻探，堆放重物、垃圾，焚烧物品，倾倒腐蚀性物质；

（二）在地下光（电）缆两侧各 1 米的范围内建造、搭建建筑物、构筑物等设施；

（三）在地下光（电）缆两侧各 1 米的范围内挖砂、取土；

（四）在过河光（电）缆两侧各 100 米的范围内挖砂、抛锚或者进行其他危及光（电）缆安全的作业。

第五十三条 禁止实施下列危害电气化铁路设施的行为：

（一）向电气化铁路接触网抛掷物品；

（二）在铁路电力线路导线两侧各 500 米的范围内升放风筝、气球等低空飘浮物体；

（三）攀登铁路电力线路杆塔或者在杆塔上架设、安装其他设施设备；

（四）在铁路电力线路杆塔、拉线周围 20 米范围内取土、打桩、钻探或者倾倒有害化学物品；

（五）触碰电气化铁路接触网。

第五十四条 县级以上各级人民政府及其有关部门、铁路运输企业应当依照地质灾害防治法律法规的规定，加强铁路沿线地质灾害的预防、治理和应急处理等工作。

第五十五条 铁路运输企业应当对铁路线路、铁路防护设施和警示标志进行经常性巡查和维护；对巡查中发现的安全问题应当立即处理，不能立即处理的应当及时报告铁路监督管理机构。巡查和处理情况应当记录留存。

第五章 铁路运营安全

第五十六条 铁路运输企业应当依照法律、行政法规和国务院铁路行业监督管理部门的规定，制定铁路运输安全管理制度，完善相关作业程序，保障铁路旅客和货物运输安全。

第五十七条 铁路机车车辆的驾驶人员应当参加国务院铁路行业监督管理部门组织的考试，考试合格方可上岗。具体办法由国务院铁路行业监督管理部门制定。

第五十八条 铁路运输企业应当加强铁路专业技术岗位和主要行车工种岗位从业人员的业务培训和安全培训，提高从业人员的业务技能和安全意识。

第五十九条 铁路运输企业应当加强运输过程中的安全防护，使用的运输工具、装载加固设备以及其他专用设施设备应当符合国家标准、行业标准和安全要求。

第六十条 铁路运输企业应当建立健全铁路设施设备的检查防护制度，加强对铁路设施设备的日常维护检修，确保铁路设施设备性能完好和安全运行。

铁路运输企业的从业人员应当按照操作规程使用、管理铁路设施设备。

第六十一条 在法定假日和传统节日等铁路运输高峰期或者恶劣气象条件下，铁路运输企业应当采取必要的安全应急管理措施，加强铁路运输安全检查，确保运输安全。

第六十二条 铁路运输企业应当在列车、车站等场所公告旅客、列车工作人员以及其他进站人员遵守的安全管理规定。

第六十三条 公安机关应当按照职责分工，维护车站、列车等铁路场所和铁路沿线的治安秩序。

第六十四条 铁路运输企业应当按照国务院铁路行业监督管理部门的规定实施火车票实名购买、查验制度。

实施火车票实名购买、查验制度的，旅客应当凭有效身份证件购票乘车；对车票所记载身份信息与所持身份证件或者真实身份不符的持票人，铁路运输企业有权拒绝其进站乘车。

铁路运输企业应当采取有效措施为旅客实名购票、乘车提供便利，并加强对旅客身份信息的保护。铁路运输企业工作人员不得窃取、泄露旅客身份信息。

第六十五条 铁路运输企业应当依照法律、行政法规和国务院铁路行业监督管理部门的规定，对旅客及其随身携带、托运的行李物品进行安全检查。

从事安全检查的工作人员应当佩戴安全检查标志，依法履行安全检查职责，并有权拒绝不接受安全检查的旅客进站乘车和托运行李物品。

第六十六条 旅客应当接受并配合铁路运输企业在车站、列车实施的安全检查，不得违法携带、夹带管制器具，不得违法携带、托运烟花爆竹、枪支弹药等危险物品或者其他违禁物品。

禁止或者限制携带的物品种类及其数量由国务院铁路行业监督管理部门会同公安机关

规定，并在车站、列车等场所公布。

第六十七条 铁路运输托运人托运货物、行李、包裹，不得有下列行为：

（一）匿报、谎报货物品名、性质、重量；

（二）在普通货物中夹带危险货物，或者在危险货物中夹带禁止配装的货物；

（三）装车、装箱超过规定重量。

第六十八条 铁路运输企业应当对承运的货物进行安全检查，并不得有下列行为：

（一）在非危险货物办理站办理危险货物承运手续；

（二）承运未接受安全检查的货物；

（三）承运不符合安全规定、可能危害铁路运输安全的货物。

第六十九条 运输危险货物应当依照法律法规和国家其他有关规定使用专用的设施设备，托运人应当配备必要的押运人员和应急处理器材、设备以及防护用品，并使危险货物始终处于押运人员的监管之下；危险货物发生被盗、丢失、泄漏等情况，应当按照国家有关规定及时报告。

第七十条 办理危险货物运输业务的工作人员和装卸人员、押运人员，应当掌握危险货物的性质、危害特性、包装容器的使用特性和发生意外的应急措施。

第七十一条 铁路运输企业和托运人应当按照操作规程包装、装卸、运输危险货物，防止危险货物泄漏、爆炸。

第七十二条 铁路运输企业和托运人应当依照法律法规和国家其他有关规定包装、装载、押运特殊药品，防止特殊药品在运输过程中被盗、被劫或者发生丢失。

第七十三条 铁路管理信息系统及其设施的建设和使用，应当符合法律法规和国家其他有关规定的安全技术要求。

铁路运输企业应当建立网络与信息安全应急保障体系，并配备相应的专业技术人员负责网络和信息系统的安全管理工作。

第七十四条 禁止使用无线电台（站）以及其他仪器、装置干扰铁路运营指挥调度无线电频率的正常使用。

铁路运营指挥调度无线电频率受到干扰的，铁路运输企业应当立即采取排查措施并报告无线电管理机构、铁路监管部门；无线电管理机构、铁路监管部门应当依法排除干扰。

第七十五条 电力企业应当依法保障铁路运输所需电力的持续供应，并保证供电质量。

铁路运输企业应当加强用电安全管理，合理配置供电电源和应急自备电源。

遇有特殊情况影响铁路电力供应的，电力企业和铁路运输企业应当按照各自职责及时组织抢修，尽快恢复正常供电。

第七十六条 铁路运输企业应当加强铁路运营食品安全管理，遵守有关食品安全管理的法律法规和国家其他有关规定，保证食品安全。

第七十七条 禁止实施下列危害铁路安全的行为：

（一）非法拦截列车、阻断铁路运输；

（二）扰乱铁路运输指挥调度机构以及车站、列车的正常秩序；

（三）在铁路线路上放置、遗弃障碍物；

（四）击打列车；

（五）擅自移动铁路线路上的机车车辆，或者擅自开启列车车门、违规操纵列车紧急制动设备；

（六）拆盗、损毁或者擅自移动铁路设施设备、机车车辆配件、标桩、防护设施和安全标志；

（七）在铁路线路上行走、坐卧或者在未设道口、人行过道的铁路线路上通过；

（八）擅自进入铁路线路封闭区域或者在未设置行人通道的铁路桥梁、隧道通行；

（九）擅自开启、关闭列车的货车阀、盖或者破坏施封状态；

（十）擅自开启列车中的集装箱箱门，破坏箱体、阀、盖或者施封状态；

（十一）擅自松动、拆解、移动列车中的货物装载加固材料、装置和设备；

（十二）钻车、扒车、跳车；

（十三）从列车上抛扔杂物；

（十四）在动车组列车上吸烟或者在其他列车的禁烟区域吸烟；

（十五）强行登乘或者以拒绝下车等方式强占列车；

（十六）冲击、堵塞、占用进出站通道或者候车区、站台。

第六章　监督检查

第七十八条　铁路监管部门应当对从事铁路建设、运输、设备制造维修的企业执行本条例的情况实施监督检查，依法查处违反本条例规定的行为，依法组织或者参与铁路安全事故的调查处理。

铁路监管部门应当建立企业违法行为记录和公告制度，对违反本条例被依法追究法律责任的从事铁路建设、运输、设备制造维修的企业予以公布。

第七十九条　铁路监管部门应当加强对铁路运输高峰期和恶劣气象条件下运输安全的监督管理，加强对铁路运输的关键环节、重要设施设备的安全状况以及铁路运输突发事件应急预案的建立和落实情况的监督检查。

第八十条　铁路监管部门和县级以上人民政府安全生产监督管理部门应当建立信息通报制度和运输安全生产协调机制。发现重大安全隐患，铁路运输企业难以自行排除的，应当及时向铁路监管部门和有关地方人民政府报告。地方人民政府获悉铁路沿线有危及铁路运输安全的重要情况，应当及时通报有关的铁路运输企业和铁路监管部门。

第八十一条　铁路监管部门发现安全隐患，应当责令有关单位立即排除。重大安全隐患排除前或者排除过程中无法保证安全的，应当责令从危险区域内撤出人员、设备，停止作业；重大安全隐患排除后方可恢复作业。

第八十二条　实施铁路安全监督检查的人员执行监督检查任务时，应当佩戴标志或者出示证件。任何单位和个人不得阻碍、干扰安全监督检查人员依法履行安全检查职责。

第七章　法律责任

第八十三条　铁路建设单位和铁路建设的勘察、设计、施工、监理单位违反本条例关于铁路建设质量安全管理的规定的，由铁路监管部门依照有关工程建设、招标投标管理的法律、行政法规的规定处罚。

第八十四条　铁路建设单位未对高速铁路和地质构造复杂的铁路建设工程实行工程地质勘察监理，或者在铁路线路及其邻近区域进行铁路建设工程施工不执行铁路营业线施工安全管理规定，影响铁路运营安全的，由铁路监管部门责令改正，处 10 万元以上 50 万元以下的罚款。

第八十五条 依法应当进行产品认证的铁路专用设备未经认证合格，擅自出厂、销售、进口、使用的，依照《中华人民共和国认证认可条例》的规定处罚。

第八十六条 铁路机车车辆以及其他专用设备制造者未按规定召回缺陷产品，采取措施消除缺陷的，由国务院铁路行业监督管理部门责令改正；拒不改正的，处缺陷产品货值金额 1%以上 10%以下的罚款；情节严重的，由国务院铁路行业监督管理部门吊销相应的许可证件。

第八十七条 有下列情形之一的，由铁路监督管理机构责令改正，处 2 万元以上 10 万元以下的罚款：

（一）用于铁路运输的安全检测、监控、防护设施设备，集装箱和集装化用具等运输器具、专用装卸机械、索具、篷布、装载加固材料或者装置、运输包装、货物装载加固等，不符合国家标准、行业标准和技术规范；

（二）不按照国家有关规定和标准设置、维护铁路封闭设施、安全防护设施；

（三）架设、铺设铁路信号和通信线路、杆塔不符合国家标准、行业标准和铁路安全防护要求，或者未对铁路信号和通信线路、杆塔进行维护和管理；

（四）运输危险货物不依照法律法规和国家其他有关规定使用专用的设施设备。

第八十八条 在铁路线路安全保护区内烧荒、放养牲畜、种植影响铁路线路安全和行车瞭望的树木等植物，或者向铁路线路安全保护区排污、倾倒垃圾以及其他危害铁路安全的物质的，由铁路监督管理机构责令改正，对单位可以处 5 万元以下的罚款，对个人可以处 2000 元以下的罚款。

第八十九条 未经铁路运输企业同意或者未签订安全协议，在铁路线路安全保护区内建造建筑物、构筑物等设施，取土、挖砂、挖沟、采空作业或者堆放、悬挂物品，或者违反保证铁路安全的国家标准、行业标准和施工安全规范，影响铁路运输安全的，由铁路监督管理机构责令改正，可以处 10 万元以下的罚款。

铁路运输企业未派员对铁路线路安全保护区内施工现场进行安全监督的，由铁路监督管理机构责令改正，可以处 3 万元以下的罚款。

第九十条 在铁路线路安全保护区及其邻近区域建造或者设置的建筑物、构筑物、设备等进入国家规定的铁路建筑限界，或者在铁路线路两侧建造、设立生产、加工、储存或者销售易燃、易爆或者放射性物品等危险物品的场所、仓库不符合国家标准、行业标准规定的安全防护距离的，由铁路监督管理机构责令改正，对单位处 5 万元以上 20 万元以下的罚款，对个人处 1 万元以上 5 万元以下的罚款。

第九十一条 有下列行为之一的，分别由铁路沿线所在地县级以上地方人民政府水行政主管部门、国土资源主管部门或者无线电管理机构等依照有关水资源管理、矿产资源管理、无线电管理等法律、行政法规的规定处罚：

（一）未经批准在铁路线路两侧各 1000 米范围内从事露天采矿、采石或者爆破作业；

（二）在地下水禁止开采区或者限制开采区抽取地下水；

（三）在铁路桥梁跨越处河道上下游各 1000 米范围内围垦造田、拦河筑坝、架设浮桥或者修建其他影响铁路桥梁安全的设施；

（四）在铁路桥梁跨越处河道上下游禁止采砂、淘金的范围内采砂、淘金；

（五）干扰铁路运营指挥调度无线电频率正常使用。

第九十二条 铁路运输企业、道路管理部门或者道路经营企业未履行铁路、道路两用桥检查、维护职责的，由铁路监督管理机构或者上级道路管理部门责令改正；拒不改正的，由铁路监督管理机构或者上级道路管理部门指定其他单位进行养护和维修，养护和维修费用由拒不履行义务的铁路运输企业、道路管理部门或者道路经营企业承担。

第九十三条 机动车通过下穿铁路桥梁、涵洞的道路未遵守限高、限宽规定的，由公安机关依照道路交通安全管理法律、行政法规的规定处罚。

第九十四条 违反本条例第四十八条、第四十九条关于铁路道口安全管理的规定的，由铁路监督管理机构责令改正，处1000元以上5000元以下的罚款。

第九十五条 违反本条例第五十一条、第五十二条、第五十三条、第七十七条规定的，由公安机关责令改正，对单位处1万元以上5万元以下的罚款，对个人处500元以上2000元以下的罚款。

第九十六条 铁路运输托运人托运货物、行李、包裹时匿报、谎报货物品名、性质、重量，或者装车、装箱超过规定重量的，由铁路监督管理机构责令改正，可以处2000元以下的罚款；情节较重的，处2000元以上2万元以下的罚款；将危险化学品谎报或者匿报为普通货物托运的，处10万元以上20万元以下的罚款。

铁路运输托运人在普通货物中夹带危险货物，或者在危险货物中夹带禁止配装的货物的，由铁路监督管理机构责令改正，处3万元以上20万元以下的罚款。

第九十七条 铁路运输托运人运输危险货物未配备必要的应急处理器材、设备、防护用品，或者未按照操作规程包装、装卸、运输危险货物的，由铁路监督管理机构责令改正，处1万元以上5万元以下的罚款。

第九十八条 铁路运输托运人运输危险货物不按照规定配备必要的押运人员，或者发生危险货物被盗、丢失、泄漏等情况不按照规定及时报告的，由公安机关责令改正，处1万元以上5万元以下的罚款。

第九十九条 旅客违法携带、夹带管制器具或者违法携带、托运烟花爆竹、枪支弹药等危险物品或者其他违禁物品的，由公安机关依法给予治安管理处罚。

第一百条 铁路运输企业有下列情形之一的，由铁路监管部门责令改正，处2万元以上10万元以下的罚款：

（一）在非危险货物办理站办理危险货物承运手续；

（二）承运未接受安全检查的货物；

（三）承运不符合安全规定、可能危害铁路运输安全的货物；

（四）未按照操作规程包装、装卸、运输危险货物。

第一百零一条 铁路监管部门及其工作人员应当严格按照本条例规定的处罚种类和幅度，根据违法行为的性质和具体情节行使行政处罚权，具体办法由国务院铁路行业监督管理部门制定。

第一百零二条 铁路运输企业工作人员窃取、泄露旅客身份信息的，由公安机关依法处罚。

第一百零三条 从事铁路建设、运输、设备制造维修的单位违反本条例规定，对直接负责的主管人员和其他直接责任人员依法给予处分。

第一百零四条 铁路监管部门及其工作人员不依照本条例规定履行职责的，对负有责任的领导人员和直接责任人员依法给予处分。

第一百零五条 违反本条例规定，给铁路运输企业或者其他单位、个人财产造成损失的，依法承担民事责任。

违反本条例规定，构成违反治安管理行为的，由公安机关依法给予治安管理处罚；构成犯罪的，依法追究刑事责任。

第八章 附则

第一百零六条 专用铁路、铁路专用线的安全管理参照本条例的规定执行。

第一百零七条 本条例所称高速铁路，是指设计开行时速250公里以上（含预留），并且初期运营时速200公里以上的客运列车专线铁路。

第一百零八条 本条例自2014年1月1日起施行。2004年12月27日国务院公布的《铁路运输安全保护条例》同时废止。

《铁路安全管理条例》解读

《铁路安全管理条例》于2014年1月1日起正式施行，下面对《铁路安全管理条例》（以下简称《条例》）出台的背景、立法目的、主要内容等进行解读。

（1）《条例》出台的背景和立法目的。

1989年，国务院制定《铁路运输安全保护条例》（以下简称《安保条例》），并在2004年进行了全面修订。《安保条例》对保障铁路运输安全起到了重要作用，但近年来我国铁路实现了建设和运营的快速发展，在方便广大旅客出行的同时，也对铁路安全管理提出了更高的要求。《安保条例》是在铁路政企合一的大背景下制定颁布的，主要涉及铁路运输安全的内容，对铁路建设质量安全、铁路专用设备质量安全等内容涉及较少，需要在新的法律法规中做出有针对性的规定。特别是随着铁路体制、机制改革的深入和国务院行政审批制度改革的深入，《安保条例》中不符合改革要求的规定急需进行全面修订。于是，在总结《安保条例》施行经验的基础上，国务院制定了《铁路安全管理条例》，围绕着加强铁路安全管理、保障铁路畅通、保护人身安全和财产安全等内容做出新的规定。

（2）《条例》的调整范围，以及其与《安保条例》相比的变化。

《铁路运输安全保护条例》变为《铁路安全管理条例》，名称的改变意味着管理范围的变化，从原来的铁路运输安全扩展到铁路安全；内容更丰富，从原来《安保条例》的七章、一百零三条调整为八章一百零八条；立法技术上更趋于成熟，与多项法律法规相互衔接；《条例》的规定更有针对性和可操作性，调整了与铁路改革不匹配的内容，取消部分行政许可，进一步完善安全管理制度。

《条例》是一部关于铁路安全管理的综合性法规，在内容设定上涵盖铁路建设质量安全、铁路专用设备质量安全、铁路线路安全、铁路运营安全等铁路安全生产的主要领域，其对全面推进铁路安全管理的法治化，更好地保障公民的人身财产安全，促进铁路科学发展、安全发展具有重要意义。

《条例》授权的铁路安全监管主体较之《安保条例》有所变化，《条例》第三条规定了国务院铁路行业监督管理部门及其设立的铁路监督管理机构负责全国和辖区内的铁路安全监督管理工作，其中国务院铁路行业监督管理部门主要指国家铁路局，铁路监督管理机构指的是国家铁路局设在沈阳、上海、广州、成都、武汉、西安、兰州的 7 个地区铁路监督管理局。

（3）铁路线路及其重要性。

《条例》所指的铁路线路既包括钢轨、道床、路基、边坡、侧沟及其他排水设备和防护设备，也包括铁路桥梁、隧道、站场等。铁路线路是铁路最主要的基础设施，确保铁路线路安全是保障铁路安全和畅通的前提条件。铁路是国家重要的基础设施，是综合运输体系的骨干力量，是大众化的交通工具，承担着十分繁重的客货运输任务，在经济社会发展中起着十分重要的作用。在铁路网规模快速扩充、高速铁路大量投产运营的情况下，铁路安全面临着更大的挑战。《条例》中涉及的安全保护区划定、安全防护设施和警示标志的设立、立体交叉道口的规定、电及电力设施安全的保护规定等在法规制度层面为铁路线路安全制定了规范。

（4）公民、法人和其他组织保障铁路线路安全应当履行的法定义务，以及不履行法定义务应当承担的法律责任。

《条例》第二十九条对在铁路线路安全保护区内从事生产活动及污染物排放的行为做出了禁止性规定，与之对应，第八十八条规定了违反第二十九条的法律责任。《条例》第二十九条规定："禁止在铁路线路安全保护区内烧荒、放养牲畜、种植影响铁路线路安全和行车瞭望的树木等植物。禁止向铁路线路安全保护区排污、倾倒垃圾以及其他危害铁路安全的物质。"如有违反，按第八十八条规定，"由铁路监督管理机构责令改正，对单位可以处 5 万元以下的罚款，对个人可以处 2000 元以下的罚款"。

为了保护铁路线路安全，《条例》还对下列行为做出禁止性规定：进入国家规定的铁路建筑限界；在铁路桥梁跨越河道处上下游的一定范围内采砂、淘金；在铁路桥梁跨越河道处上下游各 1000 米范围内擅自围垦造田、拦河筑坝、架设浮桥或者修建其他影响铁路桥梁安全的设施；在高速铁路线路路堤坡脚、路堑坡顶或者铁路桥梁外侧起向外各 200 米范围内抽取地下水；毁坏铁路线路、站台等设施设备和铁路路基、护坡、排水沟、防护林、护坡草坪、铁路线路封闭网及其他铁路防护设施；实施危及铁路通信、信号设施安全的行为；危害电气化铁路设施的行为。《条例》在做出上述禁止性规定的同时附有相应的法律责任条款。《条例》第九十条规定，对进入国家规定的铁路建筑限界的行为，"由铁路监督管理机构责令改正，对单位处 5 万元以上 20 万元以下的罚款，对个人处 1 万元以上 5 万元以下的罚款"等。

《条例》第三十条对在铁路线路安全保护区内建造建筑物、构筑物等设施，取土、挖砂、挖沟、采空作业或者堆放、悬挂物品的行为做出了限制性规定。如果确需从事上述生产活动的，应当同时满足如下条件：征得铁路运输企业同意；施工前与铁路运输企业签订安全协议；遵守保证铁路安全的国家标准、行业标准和施工安全规范；采取措施防止影响铁路运输安全。如有违反，则按照《条例》第八十九条的规定，"由铁路监督管理机构责令改正，可以处 10 万元以下的罚款"。

为保护铁路线路安全，《条例》还对下列行为做出限制性规定：在铁路线路两侧从事采矿、采石或者爆破作业；在铁路桥梁跨越河道处上下游各 500 米范围内进行疏浚作业；设置或者拓宽铁路道口、铁路人行过道。

为了保护铁路线路安全，《条例》第三十一条对安全保护区内既有建筑物、构筑物、植物及他人合法先占权利的处置做了规定。“铁路线路安全保护区内既有的建筑物、构筑物危及铁路运输安全的，应当采取必要的安全防护措施。采取安全防护措施后仍不能保证安全的，依照有关法律的规定拆除。拆除铁路线路安全保护区内的建筑物、构筑物，清理铁路线路安全保护区内的植物，或者对他人在铁路线路安全保护区内已依法取得的采矿权等合法权利予以限制，给他人造成损失的，应当依法给予补偿或者采取必要的补救措施。”《条例》施行后，铁路监管部门或者地方人民政府对铁路线路安全保护区内可能危及铁路运输安全的合法建筑物、构筑物，应当依法履行行政管理职责，要求当事人拆除。当事人若拒绝拆除，且经催告后仍不履行，根据《行政强制法》第五十条的规定，行政机关可以代履行，即铁路监管部门或者地方人民政府应当依照有关法律的规定进行拆除。考虑到为保障铁路运输安全而拆除沿线既有的合法建筑物、构筑物，或者对他人在铁路线路安全保护区内已依法取得的采矿权等合法权利进行限制会对权利人的利益造成一定损害，因此《条例》引入了行政补偿的原则，规定在上述情况下，应当“采取必要的补救措施”或者“依法给予补偿”，但拆除非法建设的建筑物和构筑物的除外。

需要注意的是，《条例》对机动车驾驶员与铁路线路安全有关的行为也做了规定。依照《条例》规定，驾驶机动车通过下穿铁路桥梁、涵洞的道路时，应当遵守限高、限宽的规定，否则将由公安机关依照道路交通安全管理法律和行政法规的规定予以处罚。机动车或者非机动车如果在铁路道口内发生故障或者装载物掉落的，应当立即采取应对措施，包括立即将故障车辆或者掉落的装载物移至铁路道口停止线以外或者铁路线路最外侧钢轨 5 米以外的安全地点。无法立即移至安全地点的，应当通知铁路道口看守人员。在无人看守铁路道口，应当立即在道口两端采取措施拦停列车，并就近通知铁路车站或者公安机关。如果驾驶履带车辆等可能损坏铁路设施设备的车辆、物体通过铁路道口，应当提前通知铁路道口管理单位，在其协助和指导下通过，并采取相应的安全防护措施。违反上述规定的，由铁路监督管理机构责令改正，处 1000 元以上 5000 元以下的罚款。

(5)《条例》规定社会公众应承担的义务，以及没有履行法定义务应当承担哪些法律责任。

《条例》在铁路运营安全规范上比原来的《安保条例》有所扩充，主要为：规定了火车票实名购买、查验制度；对干扰铁路运用指挥调度无线电频率的行为做出了禁止性规定；增加了社会公众保护铁路运营安全的义务。

① 旅客和托运人的义务。

旅客应当凭有效身份证件购票乘车，对车票所记载身份信息与所持身份证件或者真实身份不符的持票人，铁路运输企业有权拒绝其进站乘车。火车票实名购买、查验制度是指公民在购买火车票和乘坐火车时，需要登记、核查个人真实身份的一种实名制度。实行这一制度的目的在于：加强列车治安隐患的排查，更加有效地监控和打击违法犯罪活动，保障旅客乘车安全和社会公共利益；为旅客便捷购票提供基础条件。

旅客禁止实施下列危害铁路安全的行为：从列车上抛扔杂物；在动车组列车上吸烟或者在其他列车的禁烟区域吸烟；强行登乘或者以拒绝下车等方式强占列车；冲击、堵塞、占用进出站通道或者候车区、站台。如果实施了上述行为，由公安机关责令改正，对单位处 1 万元以上 5 万元以下的罚款，对个人处 500 元以上 2000 元以下的罚款。

禁止在动车组列车上吸烟或者在其他列车的禁烟区域吸烟是《条例》新增加的内容。近年来，随着我国高速铁路的发展和车辆装备水平的提高，动车组列车的数量大大增加。动车组列车车辆密封性较好，对安全有特殊的要求，吸烟会触发烟雾传感器自动报警，使列车减速运行，甚至紧急停车，直接影响列车的正点运行，扰乱行车调度工作。在动车组列车上吸烟也会造成安全隐患，一旦引发火灾，后果不堪设想。因此，《条例》对此做出了明确的禁止性规定。在普通列车上，由于人员、行李较多，若放纵吸烟行为，不仅影响他人健康，也极易引发火灾，一般将车厢连接处、通风条件较好的区域划为吸烟区，这一区域以外均为禁烟区域，在禁烟区域吸烟的行为也被《条例》明令禁止。

旅客、托运人应当主动配合铁路运输企业依法对自身及随身携带、托运的行李物品进行安全检查，并履行《条例》规定的相关义务。

为了保障铁路运营安全，《条例》除了对铁路运营安全的责任主体——铁路运输企业做了相应规范外，还在第六十五条、第六十六条、第六十七条、第七十一条和第七十二条中规定旅客和托运人应承担的义务，并明确了违反相应规定所要承担的后果。具体如下：铁路运输企业应当依照法律、行政法规和国务院铁路行业监督管理部门的规定，对旅客及其随身携带、托运的行李物品进行安全检查，并有权拒绝不接受安全检查的旅客进站乘车和托运的行李物品进站；旅客应当接受并配合铁路运输企业在车站和列车上实施的安全检查行为，不得违法携带、夹带管制器具，不得违法携带、托运烟花爆竹、枪支弹药等危险物品或者其他违禁物品。如有违反，由公安机关依法给予治安管理处罚。托运人托运货物、行李、包裹时不得匿报、谎报货物品名、性质、重量，不得装车、装箱超过规定重量。如有违反，由铁路监督管理机构责令改正，可以处 2000 元以下的罚款；情节较重的，处 2000 元以上 2 万元以下的罚款。托运人将危险化学品谎报或者匿报为普通货物托运的，处 10 万元以上 20 万元以下的罚款。如果托运人在普通货物中夹带危险货物，或者在危险货物中夹带禁止配装的货物，则面临铁路监督管理机构责令改正，处 3 万元以上 20 万元以下罚款的处罚。

托运人在运输危险货物过程中，应当按照法律法规和国家其他有关规定使用专用的设施设备，配备必要的押运人员和应急处理器材、设备及防护用品，并使危险货物始终处于押运人员的监管之下。危险货物发生被盗、丢失、泄漏等情况时，应当按照国家有关规定及时向有关部门报告。托运人配备的押运人员应当掌握危险货物的性质、危害特性、包装容器的使用特性和发生意外的应急措施。

托运人应当按照操作规程包装、装卸、运输危险货物，防止危险货物泄漏、爆炸。托运人运输危险货物未配备必要的应急处理器材、设备、防护用品，或者未按照操作规程包装、装卸、运输危险货物的，由铁路监督管理机构责令改正，处 1 万元以上 5 万元以下的罚款。

托运人运输危险货物不按照规定配备必要的押运人员，或者发生危险货物被盗、丢失、泄漏等情况不按照规定及时报告的，由公安机关责令改正，处 1 万元以上 5 万元以下的罚款。托运人应当依照法律法规和国家其他有关规定包装、装载、押运特殊药品，防止特殊药品在运输过程中被盗、被劫或者发生丢失。

② 社会公众的义务。

铁路安全管理目标的实现不仅需要铁路监管部门和铁路运输企业依法作为，做出努力，更需要全体社会成员的关注并履行相应的义务。为此《条例》在全面总结我国铁路运输安全保护工作经验的基础上，针对近年来铁路沿线及铁路站车安全保护中存在的主要问题，规定了禁止社会公众实施危害铁路安全的如下行为：非法拦截列车、阻断铁路运输；扰乱铁路运输指挥调度机构，以及车站、列车的正常秩序；在铁路线路上放置、遗弃障碍物；击打列车；擅自移动铁路线路上的机车车辆，或者擅自开启列车车门、违规操纵列车紧急制动设备；拆盗、损毁或者擅自移动铁路设施设备、机车车辆配件、标桩、防护设施和安全标志；在铁路线路上行走、坐卧或者在未设道口、人行过道的铁路线路上通过；擅自进入铁路线路封闭区域或者在未设置行人通道的铁路桥梁、隧道通行；擅自开启、关闭列车的货车阀、盖或者破坏施封状态；擅自开启列车中的集装箱箱门，破坏箱体、阀、盖或者施封状态；擅自松动、拆解、移动列车里的货物装载加固材料、装置和设备；钻车、扒车、跳车；以强行登乘等方式强占列车；冲击、堵塞、占用进出站通道或者候车区、站台。对实施上述行为的单位和个人，由公安机关责令改正，对单位处 1 万元以上 5 万元以下的罚款，对个人处 500 元以上 2000 元以下的罚款。

4.2.2 铁路交通事故应急救援和调查处理条例

2007 年 7 月 11 日中华人民共和国国务院令第 501 号公布。

根据 2012 年 11 月 9 日《国务院关于修改和废止部分行政法规的决定》修订。

第一章 总则

第一条 为了加强铁路交通事故的应急救援工作，规范铁路交通事故调查处理，减少人员伤亡和财产损失，保障铁路运输安全和畅通，根据《中华人民共和国铁路法》和其他有关法律的规定，制定本条例。

第二条 铁路机车车辆在运行过程中与行人、机动车、非机动车、牲畜及其他障碍物相撞，或者铁路机车车辆发生冲突、脱轨、火灾、爆炸等影响铁路正常行车的铁路交通事故（以下简称事故）的应急救援和调查处理，适用本条例。

第三条 国务院铁路主管部门应当加强铁路运输安全监督管理，建立健全事故应急救援和调查处理的各项制度，按照国家规定的权限和程序，负责组织、指挥、协调事故的应急救援和调查处理工作。

第四条 铁路管理机构应当加强日常的铁路运输安全监督检查，指导、督促铁路运输企业落实事故应急救援的各项规定，按照规定的权限和程序，组织、参与、协调本辖区内事故的应急救援和调查处理工作。

第五条 国务院其他有关部门和有关地方人民政府应当按照各自的职责和分工，组织、参与事故的应急救援和调查处理工作。

第六条 铁路运输企业和其他有关单位、个人应当遵守铁路运输安全管理的各项规定，防止和避免事故的发生。

事故发生后，铁路运输企业和其他有关单位应当及时、准确地报告事故情况，积极开展应急救援工作，减少人员伤亡和财产损失，尽快恢复铁路正常行车。

第七条 任何单位和个人不得干扰、阻碍事故应急救援、铁路线路开通、列车运行和事故调查处理。

第二章 事故等级

第八条 根据事故造成的人员伤亡、直接经济损失、列车脱轨辆数、中断铁路行车时间等情形，事故等级分为特别重大事故、重大事故、较大事故和一般事故。

第九条 有下列情形之一的，为特别重大事故：

（一）造成 30 人以上死亡，或者 100 人以上重伤（包括急性工业中毒，下同），或者 1 亿元以上直接经济损失的；

（二）繁忙干线客运列车脱轨 18 辆以上并中断铁路行车 48 小时以上的；

（三）繁忙干线货运列车脱轨 60 辆以上并中断铁路行车 48 小时以上的。

第十条 有下列情形之一的，为重大事故：

（一）造成 10 人以上 30 人以下死亡，或者 50 人以上 100 人以下重伤，或者 5000 万元以上 1 亿元以下直接经济损失的；

（二）客运列车脱轨 18 辆以上的；

（三）货运列车脱轨 60 辆以上的；

（四）客运列车脱轨 2 辆以上 18 辆以下，并中断繁忙干线铁路行车 24 小时以上或者中断其他线路铁路行车 48 小时以上的；

（五）货运列车脱轨 6 辆以上 60 辆以下，并中断繁忙干线铁路行车 24 小时以上或者中断其他线路铁路行车 48 小时以上的。

第十一条　有下列情形之一的，为较大事故：

（一）造成 3 人以上 10 人以下死亡，或者 10 人以上 50 人以下重伤，或者 1000 万元以上 5000 万元以下直接经济损失的；

（二）客运列车脱轨 2 辆以上 18 辆以下的；

（三）货运列车脱轨 6 辆以上 60 辆以下的；

（四）中断繁忙干线铁路行车 6 小时以上的；

（五）中断其他线路铁路行车 10 小时以上的。

第十二条　造成 3 人以下死亡，或者 10 人以下重伤，或者 1000 万元以下直接经济损失的，为一般事故。

除前款规定外，国务院铁路主管部门可以对一般事故的其他情形作出补充规定。

第十三条　本章所称的“以上”包括本数，所称的“以下”不包括本数。

第三章　事故报告

第十四条　事故发生后，事故现场的铁路运输企业工作人员或者其他人员应当立即报告邻近铁路车站、列车调度员或者公安机关。有关单位和人员接到报告后，应当立即将事故情况报告事故发生地铁路管理机构。

第十五条　铁路管理机构接到事故报告，应当尽快核实有关情况，并立即报告国务院铁路主管部门；对特别重大事故、重大事故，国务院铁路主管部门应当立即报告国务院并通报国家安全生产监督管理等有关部门。

发生特别重大事故、重大事故、较大事故或者有人员伤亡的一般事故，铁路管理机构还应当通报事故发生地县级以上地方人民政府及其安全生产监督管理部门。

第十六条　事故报告应当包括下列内容：

（一）事故发生的时间、地点、区间（线名、公里、米）、事故相关单位和人员；

（二）发生事故的列车种类、车次、部位、计长、机车型号、牵引辆数、吨数；

（三）承运旅客人数或者货物品名、装载情况；

（四）人员伤亡情况，机车车辆、线路设施、道路车辆的损坏情况，对铁路行车的影响情况；

（五）事故原因的初步判断；

（六）事故发生后采取的措施及事故控制情况；

（七）具体救援请求。

事故报告后出现新情况的，应当及时补报。

第十七条　国务院铁路主管部门、铁路管理机构和铁路运输企业应当向社会公布事故报告值班电话，受理事故报告和举报。

第四章　事故应急救援

第十八条　事故发生后，列车司机或者运转车长应当立即停车，采取紧急处置措施；对无法处置的，应当立即报告邻近铁路车站、列车调度员进行处置。

为保障铁路旅客安全或者因特殊运输需要不宜停车的，可以不停车；但是，列车司机或者运转车长应当立即将事故情况报告邻近铁路车站、列车调度员，接到报告的邻近铁路车站、列车调度员应当立即进行处置。

第十九条　事故造成中断铁路行车的，铁路运输企业应当立即组织抢修，尽快恢复铁路正常行车；必要时，铁路运输调度指挥部门应当调整运输径路，减少事故影响。

第二十条　事故发生后，国务院铁路主管部门、铁路管理机构、事故发生地县级以上地方人民政府或者铁路运输企业应当根据事故等级启动相应的应急预案；必要时，成立现场应急救援机构。

第二十一条　现场应急救援机构根据事故应急救援工作的实际需要，可以借用有关单位和个人的设施、设备和其他物资。借用单位使用完毕应当及时归还，并支付适当费用；造成损失的，应当赔偿。

有关单位和个人应当积极支持、配合救援工作。

第二十二条　事故造成重大人员伤亡或者需要紧急转移、安置铁路旅客和沿线居民的，事故发生地县级以上地方人民政府应当及时组织开展救治和转移、安置工作。

第二十三条　国务院铁路主管部门、铁路管理机构或者事故发生地县级以上地方人民政府根据事故救援的实际需要，可以请求当地驻军、武装警察部队参与事故救援。

第二十四条　有关单位和个人应当妥善保护事故现场以及相关证据，并在事故调查组成立后将相关证据移交事故调查组。因事故救援、尽快恢复铁路正常行车需要改变事故现场的，应当做出标记、绘制现场示意图、制作现场视听资料，并做出书面记录。

任何单位和个人不得破坏事故现场，不得伪造、隐匿或者毁灭相关证据。

第二十五条　事故中死亡人员的尸体经法定机构鉴定后，应当及时通知死者家属认领；无法查找死者家属的，按照国家有关规定处理。

第五章　事故调查处理

第二十六条　特别重大事故由国务院或者国务院授权的部门组织事故调查组进行调查。

重大事故由国务院铁路主管部门组织事故调查组进行调查。

较大事故和一般事故由事故发生地铁路管理机构组织事故调查组进行调查；国务院铁路主管部门认为必要时，可以组织事故调查组对较大事故和一般事故进行调查。

根据事故的具体情况，事故调查组由有关人民政府、公安机关、安全生产监督管理部门、监察机关等单位派人组成，并应当邀请人民检察院派人参加。事故调查组认为必要时，可以聘请有关专家参与事故调查。

第二十七条　事故调查组应当按照国家有关规定开展事故调查，并在下列调查期限内向组织事故调查组的机关或者铁路管理机构提交事故调查报告：

（一）特别重大事故的调查期限为60日；

（二）重大事故的调查期限为30日；

（三）较大事故的调查期限为 20 日；

（四）一般事故的调查期限为 10 日。

事故调查期限自事故发生之日起计算。

第二十八条 事故调查处理，需要委托有关机构进行技术鉴定或者对铁路设备、设施及其他财产损失状况以及中断铁路行车造成的直接经济损失进行评估的，事故调查组应当委托具有国家规定资质的机构进行技术鉴定或者评估。技术鉴定或者评估所需时间不计入事故调查期限。

第二十九条 事故调查报告形成后，报经组织事故调查组的机关或者铁路管理机构同意，事故调查组工作即告结束。组织事故调查组的机关或者铁路管理机构应当自事故调查组工作结束之日起 15 日内，根据事故调查报告，制作事故认定书。

事故认定书是事故赔偿、事故处理以及事故责任追究的依据。

第三十条 事故责任单位和有关人员应当认真吸取事故教训，落实防范和整改措施，防止事故再次发生。

国务院铁路主管部门、铁路管理机构以及其他有关行政机关应当对事故责任单位和有关人员落实防范和整改措施的情况进行监督检查。

第三十一条 事故的处理情况，除依法应当保密的外，应当由组织事故调查组的机关或者铁路管理机构向社会公布。

第六章 事故赔偿

第三十二条 事故造成人身伤亡的，铁路运输企业应当承担赔偿责任；但是人身伤亡是不可抗力或者受害人自身原因造成的，铁路运输企业不承担赔偿责任。

违章通过平交道口或者人行过道，或者在铁路线路上行走、坐卧造成的人身伤亡，属于受害人自身的原因造成的人身伤亡。

第三十三条 事故造成铁路旅客人身伤亡和自带行李损失的，铁路运输企业对每名铁路旅客人身伤亡的赔偿责任限额为人民币 15 万元，对每名铁路旅客自带行李损失的赔偿责任限额为人民币 2000 元。

铁路运输企业与铁路旅客可以书面约定高于前款规定的赔偿责任限额。（第三十三条已于 2012 年 11 月 9 日删除）

第三十四条 事故造成铁路运输企业承运的货物、包裹、行李损失的，铁路运输企业应当依照《中华人民共和国铁路法》的规定承担赔偿责任。

第三十五条 除本条例第三十三条、第三十四条的规定外，事故造成其他人身伤亡或者财产损失的，依照国家有关法律、行政法规的规定赔偿。

第三十六条 事故当事人对事故损害赔偿有争议的，可以通过协商解决，或者请求组织事故调查组的机关或者铁路管理机构组织调解，也可以直接向人民法院提起民事诉讼。

第七章 法律责任

第三十七条 铁路运输企业及其职工违反法律、行政法规的规定，造成事故的，由国务院铁路主管部门或者铁路管理机构依法追究行政责任。

第三十八条 违反本条例的规定，铁路运输企业及其职工不立即组织救援，或者迟报、漏报、瞒报、谎报事故的，对单位，由国务院铁路主管部门或者铁路管理机构处10万元以上50万元以下的罚款；对个人，由国务院铁路主管部门或者铁路管理机构处4000元以上2万元以下的罚款；属于国家工作人员的，依法给予处分；构成犯罪的，依法追究刑事责任。

第三十九条 违反本条例的规定，国务院铁路主管部门、铁路管理机构以及其他行政机关未立即启动应急预案，或者迟报、漏报、瞒报、谎报事故的，对直接负责的主管人员和其他直接责任人员依法给予处分；构成犯罪的，依法追究刑事责任。

第四十条 违反本条例的规定，干扰、阻碍事故救援、铁路线路开通、列车运行和事故调查处理的，对单位，由国务院铁路主管部门或者铁路管理机构处4万元以上20万元以下的罚款；对个人，由国务院铁路主管部门或者铁路管理机构处2000元以上1万元以下的罚款；情节严重的，对单位，由国务院铁路主管部门或者铁路管理机构处20万元以上100万元以下的罚款；对个人，由国务院铁路主管部门或者铁路管理机构处1万元以上5万元以下的罚款；属于国家工作人员的，依法给予处分；构成违反治安管理行为的，由公安机关依法给予治安管理处罚；构成犯罪的，依法追究刑事责任。

第八章 附则

第四十一条 本条例于2007年9月1日起施行。1979年7月16日国务院批准发布的《火车与其他车辆碰撞和铁路路外人员伤亡事故处理暂行规定》和1994年8月13日国务院批准发布的《铁路旅客运输损害赔偿规定》同时废止。

4.2.3 广东省铁路安全管理条例

《广东省铁路安全管理条例》是国内第一部铁路安全管理地方性法规，该条例于 2018 年 9 月 30 日由广东省第十三届人民代表大会常务委员会第五次会议通过，于 2018 年 12 月 1 日起正式施行。

第一章　总则

第一条　为了加强铁路安全管理，保障铁路运输安全和畅通，预防安全事故发生，保护人民群众生命和财产安全，根据《中华人民共和国铁路法》《铁路安全管理条例》等法律法规，结合本省实际，制定本条例。

第二条　本条例适用于本省行政区域内的铁路安全管理活动。

第三条　铁路安全管理应当坚持安全第一、预防为主、综合治理的方针，建立健全铁路安全相关生产经营单位负责、政府监管、行业自律和社会监督的工作机制。

第四条　铁路沿线县级以上人民政府应当落实护路联防责任制，建立健全由本级人民政府相关职能部门和铁路监督管理机构、铁路运输企业参与的铁路沿线安全管理综合协调机制，统筹协调铁路沿线和车站地区安全管理的重大事项，依法处理铁路安全管理中遇到的重大问题。

第五条　任何单位和个人发现损坏或者非法占用铁路设施设备、铁路标志、铁路用地以及其他影响铁路安全的行为，有权告知铁路运输企业，或者向铁路监督管理机构、公安机关或者其他有关部门举报。

任何单位和个人发现铁路沿线各级人民政府和县级以上人民政府有关部门、铁路监督管理机构或者铁路运输企业未依法履行职责，影响铁路安全或者危害社会公共利益的，有权依法投诉、举报。

铁路运输企业、铁路监督管理机构以及其他有关部门应当公开投诉、举报电话，或者运用移动终端、互联网等现代信息技术手段，为公众投诉、举报提供便利。

第二章　铁路安全责任

第六条　铁路沿线各级人民政府应当将铁路沿线和车站地区的安全防范工作纳入本地区社会治安防控体系，建立健全涉及铁路安全的矛盾纠纷排查化解机制；将有关铁路安全的突发事件应对工作纳入本级人民政府突发事件应急预案，按照规定建立应急救援体系。

县级以上人民政府有关部门按照各自职责，加强保障铁路安全的教育，防范和制止危害铁路安全的行为，做好保障铁路安全的有关工作。

第七条　铁路监督管理机构依法履行铁路安全监督管理职责。

第八条　铁路公安机关、地方公安机关按照职责分工，共同维护车站、列车等铁路场所和铁路沿线的治安秩序。

铁路消防行政主管部门依法履行铁路消防监督检查职责，督促铁路运输企业落实消防安全主体责任。

第九条　交通运输部门负责地方铁路建设工程安全生产监管工作，指导或者监督实施地方铁路工程建设的有关政策、技术标准和风险评估。

第十条 海事管理机构负责铁路桥梁水域通航安全的监督管理工作，维护通航环境和通航秩序，组织协调影响铁路安全的水上交通事故的调查处理等工作。

桥梁管理单位应当完善并落实跨航道铁路桥梁的安全管理机制，发现铁路桥梁存在安全隐患时，应当立即采取应急处置措施，并向海事管理机构和航道主管部门报告。

第十一条 各级护路护线联防组织按照规定协调有关部门和单位做好治安整治、安全隐患排查治理等护路护线相关工作。

第十二条 铁路运输企业负责铁路运输、设备质量、铁路安全防护设施设备、运营食品的安全管理和铁路职工劳动安全管理，建立健全安全生产管理制度，落实企业安全生产主体责任，保障铁路旅客和货物运输安全。

铁路运输企业应当公开涉及铁路安全相关工程建设业务的办理渠道、流程和期限。

第十三条 在法定假日和传统节日等铁路运输高峰期或者恶劣气象条件下，铁路运输企业应当采取必要的安全应急管理措施，加强铁路运输安全检查和服务保障，协同当地人民政府有关部门做好站区综合治理、交通疏解等工作，确保铁路安全和畅通；铁路沿线各级人民政府应当根据需要启动应急协调机制，做好相关安全保障工作。

第十四条 铁路监督管理机构、铁路运输企业、县级以上人民政府安全生产行政主管部门、护路护线联防组织应当建立信息通报制度和运输安全生产协调机制。

县级以上人民政府有关部门发现铁路安全隐患，属于职责范围内的，应当依法责令有关单位或者个人立即排除；不属于职责范围内的，应当及时通报铁路运输企业或者铁路监督管理机构依法处理。

第十五条 铁路监督管理机构、铁路运输企业制定突发事件应急预案，应当与地方人民政府相关应急预案相衔接，并定期组织开展应急演练。

第十六条 铁路运输企业与自然资源、应急管理、生态环境、水利、气象等行政主管部门应当建立灾害信息互通机制，根据自然灾害警报和预警信息，及时启动相关应急预案，做好应急停运、隐患处置等安全防范工作。

第三章　铁路线路安全

第十七条 县级以上人民政府、铁路监督管理机构应当依照《铁路安全管理条例》的规定，组织划定铁路线路安全保护区并向社会公告。

高速铁路隧道上方中心线两侧各五十米、高速铁路地下车站结构外沿线外侧起向外五十米的区域，一并纳入铁路线路安全保护区范围。

第十八条 在铁路线路安全保护区内，禁止实施以下危及铁路安全的行为：

（一）排污、倾倒垃圾、堆放弃土或者放置其他危害铁路安全的物质；

（二）燃放烟花、焰火，烧荒或者焚烧草木、垃圾、祭品等容易排放烟雾、粉尘、火焰、废气的物质；

（三）放养牲畜、种植影响铁路线路安全和行车瞭望的树木等植物；

（四）法律法规禁止的其他危及铁路安全的行为。

第十九条 在铁路线路安全保护区内建造建筑物、构筑物等设施，取土、挖砂、挖沟、采空作业或者堆放、悬挂物品，应当征得铁路运输企业同意并签订安全协议；在铁路线路安全保护区的邻近区域采用彩钢瓦、铁皮、塑料薄膜等轻质材料搭建板房、彩钢棚、塑料大棚或者悬挂广告牌(匾)的，其产权人或者管理人应当加强管理，采取必要的安全防护措施，防止因掉落、脱落影响铁路运输安全。

在铁路线路安全保护区及其邻近区域建造建筑物、构筑物等设施，县级以上人民政府城乡规划主管部门在审批前应当征求铁路运输企业的意见，加强规划管理和安全管控。

第二十条 铁路线路安全保护区内既有建筑物、构筑物的产权人或者管理人，应当加强日常巡查维护，及时排除安全隐患，防止影响铁路运输安全。

铁路运输企业发现铁路线路安全保护区内既有建筑物、构筑物危及铁路运输安全的，应当及时告知其产权人或者管理人采取安全防护措施。产权人或者管理人拒绝采取安全防护措施或者采取安全防护措施后仍不能保证安全的，依照有关法律法规的规定处理。

第二十一条 在铁路线路路堤坡脚、路堑坡顶、铁路桥梁外侧起向外各一千米范围内，以及在铁路隧道上方中心线两侧各一千米范围内，确需从事露天采矿、采石或者爆破作业的，应当依法进行安全评估，与铁路运输企业协商一致，依照有关法律法规的规定报县级以上人民政府有关部门批准，并采取相应的安全防护措施。

第二十二条 在铁路线路安全保护区内，修建上跨、下穿、并行铁路的桥梁、涵洞、道路，铺设供水、油气输送等管道或者光(电)缆设施，架设电力、通信线路或者杆塔，或者开展地质钻探等建设施工作业的，应当征得铁路运输企业同意并签订安全协议。铁路运输企业应当派员对施工现场进行安全监督。

对危及铁路安全或者未征得铁路运输企业同意进行建设施工作业的，铁路运输企业应当立即制止并采取安全防护措施；无法制止的，应当及时向铁路监督管理机构、公安机关或者有关地方人民政府报告，铁路监督管理机构、公安机关或者有关地方人民政府应当及时依法处理。

第二十三条 对于产权不清、管理主体不明的上跨铁路桥梁、渡槽、管线和下穿铁路涵洞等穿越铁路的设施，由所在地县级以上人民政府组织有关部门与铁路运输企业协商，指定维护、管理单位，签订安全协议，落实安全管理责任。

第二十四条 在电气化铁路接触网及其支柱不得违反规定附挂通信、有线电视电缆等设施设备。

第二十五条 建设单位或者施工单位设置、拓宽铁路道口、铁路人行过道，应当征得铁路运输企业同意，并协商确定铁路道口或者铁路人行过道的安全管理责任及费用负担。

对于既有的铁路、道路平交道口，铁路运输企业应当依照相关法律法规规定及实际需要，与道路管理部门或者道路经营单位协商，采取封闭或者立交改造等措施处理。有关单位或者个人擅自设置的道口、人行过道、临时通道，由铁路运输企业会同当地政府有关部门或者使用单位依法拆除。

第二十六条 铁路沿线的地质灾害风险隐患，属于铁路地界以内的，由铁路运输企业负责整治；属于铁路地界以外因自然因素引发的，由所在地县级以上人民政府组织相关行业主管部门进行整治，因工程建设等人为活动引发的，由责任单位负责整治。

铁路隧道顶上的地质灾害风险隐患，由铁路运输企业协助当地人民政府进行整治。

第二十七条 驾驶机动车通过上跨铁路桥梁或者下穿铁路桥梁、涵洞的道路，应当遵守限载、限高、限宽、限长等规定。

第二十八条 禁止在铁路电力线路导线两侧各五百米范围内放飞鸟类、升放无人驾驶航空器或者风筝、气球、孔明灯等低空飘浮物体。确因现场勘查、施工作业需要飞行无人驾驶航空器的，应当按照规定获得批准，采取必要的安全防范措施，并提前通知铁路运输企业。

第四章 铁路建设与运营安全

第二十九条 从事铁路建设工程勘察、设计、施工、监理等业务的单位应当遵守法律法规关于建设工程质量和安全管理的规定，执行国家标准、行业标准和技术规范。没有国家标准、行业标准和技术规范的，铁路建设单位或者铁路运输企业应当与从业单位约定保障铁路建设工程质量和安全管理的具体措施及责任。

铁路建设工程设计应当兼顾道路、航道、河道、水利工程和供水、供气、供电、通信、索道等基础设施建设的需要，加强基础设施的共建共享。

第三十条 新建、改建铁路需要与道路、航道、渡槽、管线等设施交叉的，应当设置立体交叉设施及其附属安全设施，并优先选择铁路上跨方案；新建、改建道路、航道、渡槽、管线等设施需要与铁路交叉的，应当设置立体交叉设施及其附属安全设施，并优先选择下穿铁路的方案。立体交叉设施及其附属安全设施的建设标准、管理维护按照国家有关规定执行。

第三十一条 在道路与铁路并行路段，应当依照国家有关规定和标准、规范，在靠近铁路的道路路侧设置安全防撞等设施和警示标志。道路与高速铁路并行的，应当提高防撞等级设置防护设施。

道路与铁路同步建设的，安全防撞等设施和警示标志的设置、管理和维护，由道路管理部门或者道路经营单位与铁路建设单位或者铁路运输企业按照公平合理的原则协商确定；道路建设在后的，安全防撞等设施和警示标志由道路管理部门或者道路经营单位负责设置、管理和维护；铁路建设在后的，安全防撞等设施和警示标志由铁路建设单位或者铁路运输企业负责设置，并按照规定移交道路管理部门或者道路经营单位管理和维护。

第三十二条 铁路客运车站的规划和建设应当符合城市总体规划，适应地方发展需要，保障旅客出行安全、便利，与城市公共交通、道路客运等交通方式相衔接，形成多功能、立体化和共建共享、协调发展的客运枢纽中心和换乘中心。

客运车站地区的建设项目涉及铁路安全的，建设单位应当加强与铁路运输企业的沟通，执行施工安全管理规定。

第三十三条 铁路运输企业应当在列车、车站等场所公告旅客、列车工作人员以及其他进站人员遵守的安全管理规定，在列车晚点、停运时应当及时向旅客通报信息、说明情况并采取有效应对措施。

旅客及其他进站人员应当遵守有关安全管理规定，接受铁路运输企业在车站、列车实施的安全检查，配合铁路运输企业依法采取的处置措施，不得有打骂、侮辱车站和列车工作人员等行为。

第三十四条 铁路运输企业应当按照国家有关规定实行车票实名购买、查验制度，并公开纸质、电子车票的使用规则。

无有效车票、车票所记载身份信息与本人真实身份信息不符的，铁路运输企业有权拒绝其进站乘车。

旅客应当按照车票载明的座位乘车，不得强占他人座位。

第三十五条 铁路公安机关和地方公安机关应当建立健全铁路治安管理信息互通共享和预警防范、执勤联动、执法协作、应急处置等机制，依法制止、查处违反铁路治安管理的行为。

第三十六条 在车站和列车内，铁路工作人员发现旅客及其他人员可能危害人身、财产安全的，应当及时采取措施，报告公安机关，并配合公安机关依法处置。

第三十七条 铁路运输企业应当按照国家和省有关规定，在铁路沿线重要区域、铁路车站重点部位等场所和客运列车车厢内安装符合标准的安全技术防范系统，加强管理和维护，并与公安机关联网共享。

第三十八条 无线电管理机构应当加强铁路运营指挥调度无线电频率的协调和安全保障工作，及时发现并依法查处干扰铁路运营指挥调度无线电频率正常使用的行为。

第三十九条 铁路运营食品安全实行统一监管制度。

铁路食品安全监督管理机构承担铁路运营食品安全监督管理责任，并接受省人民政府市场监管部门的业务指导。

第四十条 禁止实施下列危害铁路安全的行为：

（一）围堵列车、阻碍发车，或者采取强行登乘、拒绝下车等方式影响列车运行；

（二）在铁路线路上放置、遗弃障碍物或者在铁路线路上飞行无人驾驶航空器；

（三）向运行中的列车抛掷影响行车安全的物品；

（四）在禁止吸烟的列车上、列车的禁烟区域内吸烟或者能够产生烟雾的香烟替代品；

（五）法律法规规定的其他禁止行为。

第四十一条 铁路运输企业应当按照规定建立健全铁路旅客信用信息管理制度，对扰乱铁路站车运输秩序且危及铁路安全、造成严重社会不良影响，以及严重违反铁路运输企业安全管理规章制度的失信行为进行记录，并按照规定推送全国和地方信用信息共享平台。

有关部门和铁路运输企业应当依法对失信行为实施联合惩戒。

第五章 法律责任

第四十二条 违反本条例第十八条规定，在铁路线路安全保护区内实施危及铁路安全的行为的，由铁路监督管理机构或者县级以上人民政府有关部门依照相关法律法规的规定进行处罚。

第四十三条 违反本条例第十九条第一款、第二十二条第一款规定，影响铁路安全的，由铁路监督管理机构依照《铁路安全管理条例》的有关规定处理。

铁路运输企业未派员对铁路线路安全保护区内施工现场进行安全监督的，由铁路监督管理机构依照《铁路安全管理条例》的有关规定处理。

第四十四条 违反本条例第二十一条规定，未经批准在铁路线路两侧各一千米范围内从事露天采矿、采石或者爆破作业的，由所在地县级以上人民政府有关部门依法处罚。

第四十五条 违反本条例第二十四条、第二十八条、第四十条规定的，由公安机关责令改正，对单位处一万元以上五万元以下的罚款，对个人处五百元以上二千元以下的罚款。

第四十六条 违反本条例第二十七条规定，驾驶机动车通过上跨铁路桥梁或者下穿铁路桥梁、涵洞的道路未遵守限载、限高、限宽、限长等规定的，由公安机关或者交通运输主管部门依法处罚。

第四十七条 铁路建设单位和从事铁路建设工程勘察、设计、施工、监理等业务的单位违反铁路建设质量安全管理规定的，由铁路监督管理机构依法处罚。

第四十八条 铁路运输企业未依法履行安全管理职责和企业安全生产主体责任的，由铁路监督管理机构责令改正；对直接负责的主管人员和其他直接责任人员依法给予处分。

第四十九条 铁路沿线各级人民政府、有关行政管理部门及其工作人员未按照本条例规定履行铁路安全管理职责，或者在铁路安全管理工作中玩忽职守、滥用职权、徇私舞弊的，由其上级机关责令改正；对直接负责的主管人员和其他直接责任人员依法给予处分。

铁路监督管理机构及其工作人员未依法履行铁路安全监督管理职责的，依照《铁路安全管理条例》的有关规定处理。

第六章　附则

第五十条 专用铁路、铁路专用线的安全管理参照本条例的规定执行。

第五十一条 铁路交通事故的应急救援和调查处理，依照国家有关规定执行。

第五十二条 本条例所称铁路监督管理机构，是指国务院铁路行业监督管理部门设立的负责本省行政区域内铁路监督管理工作的地区铁路监督管理机构。

第五十三条 本条例规定应当征得铁路运输企业同意方能从事的活动，铁路运输企业应当自收到申请之日起二十日内答复；依法需要安全评估或者专家论证的，安全评估或者专家论证的时间不计算在铁路运输企业的答复时限内，铁路运输企业应当书面告知评估论证所需时间。

第五十四条 本条例自 2018 年 12 月 1 日起施行。

4.3 铁路运输安全规章

4.3.1 铁路旅客运输安全检查管理办法

《铁路旅客运输安全检查管理办法》已于 2014 年 11 月 15 日经交通运输部第 12 次部务会议通过，自 2015 年 1 月 1 日起施行。

第一条 为了保障铁路运输安全和旅客生命财产安全，加强和规范铁路旅客运输安全检查工作，根据《中华人民共和国铁路法》、《铁路安全管理条例》等法律、行政法规和国家有关规定，制定本办法。

第二条 本办法所称铁路旅客运输安全检查是指铁路运输企业在车站、列车对旅客及其随身携带、托运的行李物品进行危险物品检查的活动。

前款所称危险物品是指易燃易爆物品、危险化学品、放射性物品和传染病病原体及枪支弹药、管制器具等可能危及生命财产安全的器械、物品。禁止或者限制携带物品的种类及其数量由国家铁路局会同公安部规定并发布。

第三条 铁路运输企业应当在车站和列车等服务场所内，通过多种方式公告禁止或者限制携带物品种类及其数量。

第四条 铁路运输企业是铁路旅客运输安全检查的责任主体，应当按照法律、行政法规、规章和国家铁路局有关规定，组织实施铁路旅客运输安全检查工作，制定安全检查管理制度，完善作业程序，落实作业标准，保障旅客运输安全。

第五条 铁路运输企业应当在铁路旅客车站和列车配备满足铁路运输安全检查需要的设备，并根据车站和列车的不同情况，制定并落实安全检查设备的配备标准，使用符合国家标准、行业标准和安全、环保等要求的安全检查设备，并加强设备维护检修，保障其性能稳定，运行安全。

第六条 铁路运输企业应当在铁路旅客车站和列车配备满足铁路运输安全检查需要的人员，并加强识别和处置危险物品等相关专业知识培训。从事安全检查的人员应当统一着装，佩戴安全检查标志，依法履行安全检查职责，爱惜被检查的物品。

第七条 旅客应当接受并配合铁路运输企业的安全检查工作。拒绝配合的，铁路运输企业应当拒绝其进站乘车和托运行李物品。

第八条 铁路运输企业可以采取多种方式检查旅客及其随身携带或者托运的物品。

对旅客进行人身检查时，应当依法保障旅客人身权利不受侵害；对女性旅客进行人身检查，应当由女性安全检查人员进行。

第九条 安全检查人员发现可疑物品时可以当场开包检查。开包检查时，旅客应当在场。

安全检查人员认为不适合当场开包检查或者旅客申明不宜公开检查的，可以根据实际情况，移至适当场合检查。

第十条 铁路运输企业应当采取有效措施，加强旅客车站安全管理，为安全检查提供必要的场地和作业条件，提供专门处置危险物品的场所。

第十一条 铁路运输企业应当制定并实施应对客流高峰、恶劣气象及设备故障等突发情况下的安全检查应急措施，保证安全检查通道畅通。

第十二条 铁路运输企业在旅客进站或托运人托运前查出的危险物品，或旅客携带禁止携带物品、超过规定数量的限制携带物品的，可由旅客或托运人选择交送行人员带回或自弃交车站处理。

第十三条 对怀疑为危险物品，但受客观条件限制又无法认定其性质的，旅客或托运人又不能提供该物品性质和可以经旅客列车运输的证明时，铁路运输企业有权拒绝其进站乘车或托运。

第十四条 安全检查中发现携带枪支弹药、管制器具、爆炸物品等危险物品，或者旅客声称本人随身携带枪支弹药、管制器具、爆炸物品等危险物品的，铁路运输企业应当交由公安机关处理，并采取必要的先期处置措施。

第十五条 列车上发现的危险物品应当妥善处置，并移交前方停车站。鞭炮、发令纸、摔炮、拉炮等易爆物品应当立即浸湿处理。

第十六条 铁路运输企业在安全检查过程中，对扰乱安全检查工作秩序、妨碍安全检查人员正常工作的，应当予以制止；不听劝阻的，交由公安机关处理。

第十七条 公安机关应当按照职责分工，维护车站、列车等铁路场所和铁路沿线的治安秩序。

旅客违法携带、夹带管制器具或者违法携带、托运烟花爆竹、枪支弹药等危险物品或者其他违禁物品的，由公安机关依法给予治安管理处罚；构成犯罪的，依法追究刑事责任。

第十八条 铁路监管部门应当对铁路运输企业落实旅客运输安全检查管理制度情况加强监督检查，依法查处违法违规行为。

第十九条 铁路运输企业及其工作人员违反有关安全检查管理规定的，铁路监管部门应当责令改正。

第二十条 铁路监管部门的工作人员对旅客运输安全检查情况实施监督检查、处理投诉举报时，应当恪尽职守，廉洁自律，秉公执法。对失职、渎职、滥用职权、玩忽职守的，依法给予行政处分；构成犯罪的，依法追究刑事责任。

第二十一条 随旅客列车运输的包裹的安全检查，参照本办法执行。

第二十二条 本办法自 2015 年 1 月 1 日起施行。

4.3.2 铁路进站乘车禁止和限制携带物品的公告

根据国务院颁布的《铁路安全管理条例》等国家法律、行政法规、规章等规定，为维护铁路公共安全，确保广大旅客安全旅行，现将铁路进站乘车禁止和限制携带物品公布如下：

（1）请勿携带以下枪支、子弹类（含主要零部件）：

手枪、步枪、冲锋枪、机枪、防暴枪等军用枪以及各类配用子弹（含空包弹、战斗弹、检验弹、教练弹）；气枪、猎枪、运动枪、麻醉注射枪等民用枪以及各类配用子弹；道具枪、仿真枪、发令枪、钢珠枪、消防灭火枪等其他枪支；上述物品的样品、仿制品。

军人、武警、公安人员、民兵、射击运动员等人员携带枪支子弹的，按照国家法律法规有关规定办理，并严格执行枪弹分离等有关枪支管理规定。

（2）请勿携带以下爆炸物品类：

炸弹、照明弹、燃烧弹、烟幕弹、信号弹、催泪弹、毒气弹、手雷、手榴弹等弹药；炸药、雷管、导火索、导爆索、爆破剂、发爆器等爆破器材；礼花弹、烟花、鞭炮、摔炮、拉炮、砸炮、发令纸等各类烟花爆竹以及黑火药、烟火药、引火线等烟火制品；上述物品的仿制品。

（3）请勿携带以下器具：

匕首、三棱刀（包括机械加工用的三棱刮刀）、带有自锁装置的弹簧刀以及其他类似的单刃、双刃刀等管制刀具；管制刀具以外的，可能危及旅客人身安全的菜刀、餐刀、屠宰刀、斧子等利器、钝器；警棍、催泪器、催泪枪、电击器、电击枪、射钉枪、防卫器、弓、弩等其他器具。

（4）请勿携带以下易燃易爆物品：

氢气、甲烷、乙烷、丁烷、天然气、乙烯、丙烯、乙炔（溶于介质的）、一氧化碳、液化石油气、氟利昂、氧气（供病人吸氧的袋装医用氧气除外）、水煤气等压缩气体和液化气体；汽油、煤油、柴油、苯、乙醇（酒精）、丙酮、乙醚、油漆、稀料、松香油及含易燃溶剂的制品等易燃液体；红磷、闪光粉、固体酒精、赛璐珞、发泡剂 H 等易燃固体；黄磷、白磷、硝化纤维（含胶片）、油纸及其制品等自燃物品；金属钾、钠、锂、碳化钙（电石）、镁铝粉等遇湿易燃物品；高锰酸钾、氯酸钾、过氧化钠、过氧化钾、过氧化铅、过醋酸、双氧水等氧化剂和有机过氧化物。

（5）请勿携带以下剧毒性、腐蚀性、放射性、传染性、危险性物品：

氰化物、砒霜、硒粉、苯酚等剧毒化学品以及毒鼠强等剧毒农药（含灭鼠药、杀虫药）；硫酸、盐酸、硝酸、氢氧化钠、氢氧化钾、蓄电池（含氢氧化钾固体、注有酸液或碱液的）、汞（水银）等腐蚀性物品；放射性同位素等放射性物品；乙肝病毒、炭疽杆菌、结核杆菌、艾滋病病毒等传染病病原体；《铁路危险货物品名表》所列除上述物品以外的其他危险物品以及不能判明性质可能具有危险性的物品。

（6）请勿携带以下危害列车运行安全或公共卫生的物品：

可能干扰列车信号的强磁化物，有强烈刺激性气味的物品，有恶臭等异味的物品，活动物（导盲犬除外），可能妨碍公共卫生的物品，能够损坏或者污染车站、列车服务设施、设备、备品的物品。

（7）限量携带以下物品：

不超过 20 毫升的指甲油、去光剂、染发剂；不超过 120 毫升的冷烫精、摩丝、发胶、杀虫剂、空气清新剂等自喷压力容器；安全火柴 2 小盒；普通打火机 2 个。

（8）其他禁止和限制旅客携带物品按照国家法律、行政法规、规章规定办理。

（9）违规携带上述物品，依照国家法律法规的规定处理。

本公告自 2016 年 1 月 10 日起实行。

4.3.3 铁路旅客车票实名制管理办法

《铁路旅客车票实名制管理办法》已于2014年11月15日经交通运输部第12次部务会议通过，自2015年1月1日起施行。

第一条 为了保障铁路旅客生命财产安全，维护旅客运输秩序，根据《铁路安全管理条例》，制定本办法。

第二条 在中华人民共和国境内实施铁路旅客车票（以下简称车票）实名购买、查验活动适用本办法。

本办法所称车票包括纸质车票、铁路电子客票、铁路乘车卡及其他符合规定的乘车凭证。车票实名购买是指购票人凭乘车人的有效身份证件购买车票或者铁路运输企业凭乘车人的有效身份证件销售车票。车票实名查验是指铁路运输企业对实行车票实名购买的车票记载的身份信息与乘车人及其有效身份证件原件（以下简称“票、人、证”）进行一致性核对的行为。

车票实名购买和实名查验统称为车票实名制管理。

第三条 快速及以上等级旅客列车和相关车站实行车票实名制管理，儿童票除外。其他旅客列车和车站需实行车票实名制管理的范围由铁路运输企业根据运输安全需要确定并公告。

第四条 铁路运输企业应当依法加强车票实名制管理工作，根据本办法制定车票实名制管理制度并在服务场所内公告相关规定，通过多种方式提前向社会公告实行车票实名制管理的车站及列车，完善作业程序，落实作业标准，保障运输安全。

第五条 实行实名购买车票的，购票人应当提供乘车人的有效身份证件原件或者复印件。

通过互联网、电话等方式实名购票的，购票人应当提供真实准确的乘车人有效身份证件信息；取票时，应当提供乘车人的有效身份证件原件或者复印件。

不能提供有效身份证件原件或者复印件的，铁路运输企业有权拒绝销售车票。

第六条 实行车票实名制管理的车站及列车，乘车人进站乘车时应当出示车票和本人有效身份证件原件。铁路运输企业应当对车票记载的身份信息、乘车人及其有效身份证件原件进行核对，对拒不提供本人有效身份证件原件或者票、人、证不一致的，以及使用铁路电子客票或者铁路乘车卡，人、证不一致的，铁路运输企业有权拒绝其进站乘车。

第七条 无法出示有效身份证件原件的旅客，应当到公安机关办理旅客进站乘车的临时身份证明。铁路运输企业应当为公安机关办理旅客临时身份证明提供场所及必要办公条件。

第八条 实行车票实名制管理所需的有效身份证件应当符合法律、行政法规和国家有关规定，具体种类由铁路运输企业向社会公布。

第九条 铁路运输企业应当为车票实名制管理提供必要的场地、作业条件和身份证件识读等设备，积极推进管理和技术创新，采取互联网、电话等新型售票方式，逐步配备自助售票、取票和自动检票、查验等设备，为旅客实名购票、乘车提供便利。

第十条 铁路运输企业登记、查验旅客身份信息，应当符合法律、行政法规和国家有关规定要求。

铁路运输企业及其工作人员对实施车票实名制管理所获得的旅客身份信息及乘车信息

应当予以保密。

第十一条 铁路运输企业应当加强车票实名制管理相关人员的培训和相关系统及设备的管理，确保人员培训到位，系统安全运行，设备正常使用。

第十二条 铁路运输企业应当针对客流高峰、恶劣气象及设备、系统、网络故障等特殊情况下车票实名制管理的特点，制定有效的应急预案。

第十三条 铁路运输企业在实行车票实名制管理过程中，发现扰乱站车秩序或者危及人身安全的行为，应当制止并报告公安机关。

第十四条 铁路监管部门应当对铁路运输企业落实车票实名制管理制度情况加强监督检查，依法查处违法违规行为。

第十五条 铁路运输企业及其工作人员违反有关车票实名制管理规定的，铁路监管部门应当责令改正。

第十六条 铁路运输企业工作人员窃取、泄露旅客身份信息的，由公安机关依法处罚；构成犯罪的，依法追究刑事责任。

第十七条 铁路监管部门的工作人员对实名制管理情况实施监督检查、处理投诉举报时，应当恪尽职守，廉洁自律，秉公执法。对失职、渎职、滥用职权、玩忽职守的，依法给予行政处分；构成犯罪的，依法追究刑事责任。

第十八条 本办法自 2015 年 1 月 1 日起施行。

4.3.4 铁路交通事故调查处理规则

第一章 总则

第一条 为及时准确调查处理铁路交通事故，严肃追究事故责任，防止和减少铁路交通事故的发生，根据《铁路交通事故应急救援和调查处理条例》（国务院令第 501 号，以下简称《条例》），制定本规则。

第二条 铁路机车车辆在运行过程中发生冲突、脱轨、火灾、爆炸等影响铁路正常行车的事故，包括影响铁路正常行车的相关作业过程中发生的事故；或者铁路机车车辆在运行过程中与行人、机动车、非机动车、牲畜及其他障碍物相撞的事故，均为铁路交通事故（以下简称事故）。

第三条 国家铁路、合资铁路、地方铁路以及专用铁路、铁路专用线等发生事故的调查处理，适用本规则。

第四条 铁道部、铁路安全监督管理办公室（以下简称安全监管办）要加强铁路运输安全监督管理，建立健全铁路交通事故调查处理工作制度，发生事故后应当按照法定的权限和程序，及时组织、参与事故的调查处理。

铁道部、安全监管办的安全监察部门负责铁路交通事故调查处理的日常工作。

铁道部、安全监管办派驻各地的安全监察机构，依据本规则的规定，分别承担铁道部、安全监管办指定的事故调查处理工作。

第五条 铁路运输企业及其他相关单位、个人应及时报告事故情况，如实提供相关证据，积极配合事故调查工作。

第六条 事故调查处理应坚持以事实为依据，以法律、法规、规章为准绳，认真调查分析，查明原因，认定损失，定性定责，追究责任，总结教训，提出整改措施。

第二章 事故等级

第七条 依据《条例》规定，事故分为特别重大事故、重大事故、较大事故和一般事故四个等级。

第八条 有下列情形之一的，为特别重大事故：

（一）造成 30 人以上死亡。

（二）造成 100 人以上重伤（包括急性工业中毒，下同）。

（三）造成 1 亿元以上直接经济损失。

（四）繁忙干线客运列车脱轨 18 辆以上并中断铁路行车 48 小时以上。

（五）繁忙干线货运列车脱轨 60 辆以上并中断铁路行车 48 小时以上。

第九条 有下列情形之一的，为重大事故：

（一）造成 10 人以上 30 人以下死亡。

（二）造成 50 人以上 100 人以下重伤。

（三）造成 5000 万元以上 1 亿元以下直接经济损失。

（四）客运列车脱轨 18 辆以上。

（五）货运列车脱轨 60 辆以上。

（六）客运列车脱轨 2 辆以上 18 辆以下，并中断繁忙干线铁路行车 24 小时以上或者中断其他线路铁路行车 48 小时以上。

（七）货运列车脱轨 6 辆以上 60 辆以下，并中断繁忙干线铁路行车 24 小时以上或者中断其他线路铁路行车 48 小时以上。

第十条 有下列情形之一的，为较大事故：

（一）造成 3 人以上 10 人以下死亡。

（二）造成 10 人以上 50 人以下重伤。

（三）造成 1000 万元以上 5000 万元以下直接经济损失。

（四）客运列车脱轨 2 辆以上 18 辆以下。

（五）货运列车脱轨 6 辆以上 60 辆以下。

（六）中断繁忙干线铁路行车 6 小时以上。

（七）中断其他线路铁路行车 10 小时以上。

第十一条 一般事故分为：一般 A 类事故、一般 B 类事故、一般 C 类事故、一般 D 类事故。

第十二条 有下列情形之一，未构成较大以上事故的，为一般 A 类事故：

A1. 造成 2 人死亡。

A2. 造成 5 人以上 10 人以下重伤。

A3. 造成 500 万元以上 1000 万元以下直接经济损失。

A4. 列车及调车作业中发生冲突、脱轨、火灾、爆炸、相撞，造成下列后果之一的：

A4.1 繁忙干线双线之一线或单线行车中断 3 小时以上 6 小时以下，双线行车中断 2 小时以上 6 小时以下。

A4.2 其他线路双线之一线或单线行车中断 6 小时以上 10 小时以下，双线行车中断 3 小时以上 10 小时以下。

A4.3 客运列车耽误本列 4 小时以上。

A4.4 客运列车脱轨 1 辆。

A4.5 客运列车中途摘车 2 辆以上。

A4.6 客车报废 1 辆或大破 2 辆以上。

A4.7 机车大破 1 台以上。

A4.8 动车组中破 1 辆以上。

A4.9 货运列车脱轨 4 辆以上 6 辆以下。

第十三条 有下列情形之一，未构成一般 A 类以上事故的，为一般 B 类事故：

B1. 造成 1 人死亡。

B2. 造成 5 人以下重伤。

B3. 造成 100 万元以上 500 万元以下直接经济损失。

B4. 列车及调车作业中发生冲突、脱轨、火灾、爆炸、相撞，造成下列后果之一的：

B4.1 繁忙干线行车中断 1 小时以上。

B4.2 其他线路行车中断 2 小时以上。

B4.3 客运列车耽误本列 1 小时以上。

B4.4 客运列车中途摘车 1 辆。

B4.5 客车大破 1 辆。

B4.6 机车中破 1 台。

B4.7 货运列车脱轨 2 辆以上 4 辆以下。

第十四条 有下列情形之一，未构成一般 B 类以上事故的，为一般 C 类事故：

C1. 列车冲突。

C2. 货运列车脱轨。

C3. 列车火灾。

C4. 列车爆炸。

C5. 列车相撞。

C6. 向占用区间发出列车。

C7. 向占用线接入列车。

C8. 未准备好进路接、发列车。

C9. 未办或错办闭塞发出列车。

C10. 列车冒进信号或越过警冲标。

C11. 机车车辆溜入区间或站内。

C12. 列车中机车车辆断轴，车轮崩裂，制动梁、下拉杆、交叉杆等部件脱落。

C13. 列车运行中碰撞轻型车辆、小车、施工机械、机具、防护栅栏等设备设施或路料、坍体、落石。

C14. 接触网接触线断线、倒杆或塌网。

C15. 关闭折角塞门发出列车或运行中关闭折角塞门。

C16. 列车运行中刮坏行车设备设施。

C17. 列车运行中设备设施、装载货物（包括行包、邮件）、装载加固材料（或装置）超限（含按超限货物办理超过电报批准尺寸的）或坠落。

C18. 装载超限货物的车辆按装载普通货物的车辆编入列车。

C19. 电力机车、动车组带电进入停电区。

C20. 错误向停电区段的接触网供电。

C21. 电气化区段攀爬车顶耽误列车。

C22. 客运列车分离。

C23. 发生冲突、脱轨的机车车辆未按规定检查鉴定编入列车。

C24. 无调度命令施工，超范围施工，超范围维修作业。

C25. 漏发、错发、漏传、错传调度命令导致列车超速运行。

第十五条 有下列情形之一，未构成一般 C 类以上事故的，为一般 D 类事故：

D1. 调车冲突。

D2. 调车脱轨。

D3. 挤道岔。

D4. 调车相撞。

D5. 错办或未及时办理信号致使列车停车。

D6. 错办行车凭证发车或耽误列车。

D7. 调车作业碰轧脱轨器、防护信号，或未撤防护信号动车。

D8. 货运列车分离。

D9. 施工、检修、清扫设备耽误列车。

D10. 作业人员违反劳动纪律、作业纪律耽误列车。

D11. 滥用紧急制动阀耽误列车。

D12. 擅自发车、开车、停车、错办通过或在区间乘降所错误通过。

D13. 列车拉铁鞋开车。

D14. 漏发、错发、漏传、错传调度命令耽误列车。

D15. 错误操纵、使用行车设备耽误列车。

D16. 使用轻型车辆、小车及施工机械耽误列车。

D17. 应安装列尾装置而未安装发出列车。

D18. 行包、邮件装卸作业耽误列车。

D19. 电力机车、动车组错误进入无接触网线路。

D20. 列车上工作人员往外抛掷物体造成人员伤害或设备损坏。

D21. 行车设备故障耽误本列客运列车 1 小时以上，或耽误本列货运列车 2 小时以上；固定设备故障延时影响正常行车 2 小时以上（仅指正线）。

第十六条 铁道部可对影响行车安全的其他情形，列入一般事故。

第十七条 因事故死亡、重伤人数 7 日内发生变化，导致事故等级变化的，相应改变事故等级。

第三章 事故报告

第十八条 事故发生后，事故现场的铁路运输企业工作人员或者其他人员应当立即向邻近铁路车站、列车调度员、公安机关或者相关单位负责人报告。有关单位和人员接到报告后，应立即将事故情况向企业负责人和事故发生地安全监管办安全监察值班人员报告，安全监管办安全监察值班人员按规定向安全监管办负责人报告。

第十九条 铁路运输企业列车调度员要认真填写《铁路交通事故（设备故障）概况表》（安监报 1），分别向事故发生地安全监管办安全监察值班人员、铁道部列车调度员报告。

事故发生地安全监管办安全监察值班人员接到“安监报 1”或现场事故报告后，要立即填写《铁路交通事故基本情况表》（安监报 3），并向铁道部安全监察司值班人员报告。报告后要进一步了解事故情况，及时补报“安监报 3”。

第二十条 涉及其他安全监管办辖区的事故，发生地安全监管办安全监察值班人员应及时将“安监报 3”传送至相关安全监管办的安全监察部门。

第二十一条 铁道部列车调度员接到事故报告后，应及时收取或填写“安监报 1”，并立即向值班处长和安全监察司值班人员报告；值班处长、安全监察司值班人员按规定分别向本部门负责人、铁道部办公厅部长办公室报告，由部门负责人向部领导报告。事故涉及其他部门时，由办公厅部长办公室通知相关部门负责人。

第二十二条 发生特别重大事故、重大事故，由铁道部办公厅负责向国务院办公厅报告，并通报国家安全生产监督管理总局等有关部门。

发生特别重大事故、重大事故、较大事故或者有人员伤亡的一般事故，安全监管办应向事故发生地县级以上地方人民政府及其安全生产监督管理部门通报。

第二十三条 事故报告的主要内容：

（一）事故发生的时间、地点、区间（线名、公里、米）、线路条件、事故相关单位和人员。

（二）发生事故的列车种类、车次、机车型号、部位、牵引辆数、吨数、计长及运行速度。

（三）旅客人数，伤亡人数、性别、年龄以及救助情况，是否涉及境外人员伤亡。

（四）货物品名、装载情况，易燃、易爆等危险货物情况。

（五）机车车辆脱轨辆数、线路设备损坏程度等情况。

（六）对铁路行车的影响情况。

（七）事故原因的初步判断，事故发生后采取的措施及事故控制情况。

（八）应当立即报告的其他情况。

第二十四条 事故报告后，人员伤亡、脱轨辆数、设备损坏等情况发生变化时，应及时补报。

第二十五条 事故现场通话按“117”立接制应急通话级别办理。

第二十六条 铁道部、安全监管办、铁路运输企业应向社会公布事故报告值班电话，受理事故报告和举报。

第四章 事故调查

第二十七条 特别重大事故按《条例》规定由国务院或国务院授权的部门组织事故调查组进行调查。

第二十八条 重大事故由铁道部组织事故调查组进行调查。调查组组长由铁道部负责人或指定人员担任，安全监察司、运输局、公安局等部门和铁道部派出机构、相关安全监管办等部门（单位）派员参加。

第二十九条 较大事故和一般事故由事故发生地安全监管办组织事故调查组进行调查。调查组组长由安全监管办负责人或指定人员担任，安全监管办安全监察部门、有关业务处室、公安机关等部门派员参加。

铁道部认为必要时，可以参与或直接组织对较大事故和一般事故进行调查。

第三十条 根据事故的具体情况，事故调查组还可由工会、监察机关有关人员以及有关地方人民政府、公安机关、安全生产监督管理部门等单位派人组成，并应当邀请人民检察院派人参加。事故调查组认为必要时，可以聘请有关专家参与事故调查。

第三十一条 发生一般B类以上、重大以下事故（不含相撞的事故），涉及其他安全监管办辖区时，事故发生地安全监管办应当在事故发生后12小时内发出电报通知相关安全监管办。相关安全监管办接到电报后，应当立即派员参加事故调查组。

第三十二条 自事故发生之日起7日内，因事故伤亡人数变化导致事故等级发生变化，依照《条例》规定由上级机关调查的，原事故调查组应当及时报告上级机关。

第三十三条 事故调查组履行下列职责：

（一）查明事故发生的经过、原因、人员伤亡情况及直接经济损失。

（二）认定事故的性质和事故责任。

（三）提出对事故责任者的处理建议。

（四）总结事故教训，提出防范和整改措施建议。

（五）提交事故调查报告。

第三十四条 事故调查组在事故发生后应当及时通知相关单位和人员；一般B类以上、重大以下的事故（不含相撞的事故）发生后，应当在12小时内通知相关单位，接受调查。

第三十五条 事故调查组到达现场前，组织事故调查组的机关可指定临时调查组组长，组成临时调查组，勘察现场，掌握人员伤亡、机车车辆脱轨、设备损坏等情况，保存痕迹和物证，查找事故线索及原因，做好调查记录，及时向事故调查组报告。

第三十六条 事故调查组到达后，发生事故的有关单位必须主动汇报事故现场真实情况，并为事故调查提供便利条件。事故发生单位的负责人和有关人员在事故调查期间应当随时接受事故调查组的询问，如实提供有关资料和物证。

事故调查组有权向有关单位和个人了解与事故有关的情况，并要求其提供相关文件、资料，有关单位和个人不得拒绝。

第三十七条 事故调查组根据需要，可组建若干专业小组，进行调查取证。

（一）搜集事故现场物证、痕迹，测量并按专业绘制事故现场示意图，标注现场设备、设施、遗留物的名称、尺寸、位置、特征等。

需要搬动伤亡者、移动现场物体的，应做出标记，妥善保存现场的重要痕迹、物证；暂时无法移动的，应予守护，并设明显标志。

（二）询问事故当事人及相关人员，收取口述、笔述、笔录、证照、档案，并复制、拍照。不能书写书面材料的，由事故调查组指定人员代笔记录并经本人签认。无见证人或者当事人、相关人员拒绝签字的，应当记录在案。

（三）对事故现场全貌、方位、有关建筑物、相关设备设施、配件、机动车、遗留物、致害物、痕迹、尸体、伤害部位等进行拍照、摄像。及时转储、收存安全监控、监测、录音、录像等设备的记录。

（四）收取伤亡人员伤害程度诊断报告、病理分析、病程救治记录、死亡证明、既往病历和健康档案资料等。

（五）对有涂改、灭失可能或以后难以取得的相关证据进行登记封存。

（六）查阅有关规章制度、技术文件、操作规程、调度命令、作业记录、台账、会议记录、安全教育培训记录、上岗证书、资质证书、承（发）包合同、营业执照、安全技术交底资料等，必要时将原件或复印件附在调查记录内。

（七）对有关设备、设施、配件、机动车、器具、起因物、致害物、痕迹、现场遗留物等进行技术分析、检测和试验，组织笔迹鉴定，必要时组织法医进行尸表检验或尸体解剖，并写出专题报告。

（八）脱轨事故发生后，在全面调查的基础上，必要时应对事故地点前后一定长度范围内的线路设备进行检查测量，并调阅近期内该段线路质量检测情况；对事故地点前方（列车运行相反方向）一定长度的线路范围内，有无机车车辆配件脱落、刮碰行车设备的痕迹等进行检查，对脱轨列车中有关的机车车辆进行检查测量，并调阅脱轨机车车辆近期内运行情况监测记录。

第三十八条 事故调查中需要对相关的铁路设备、设施进行技术鉴定或者对财产损失状况以及中断铁路行车造成的直接经济损失进行评估的，事故调查组应当委托具有国家规定资质的机构进行技术鉴定或者评估。技术鉴定或者评估所需时间不计入事故调查期限。

第三十九条 各专业小组应按调查组组长的要求，及时提交专业小组调查报告。调查组组长应组织审议专业小组调查报告，并研究形成《铁路交通事故调查报告》，由调查组所有成员签认。调查组成员意见不一致时，应在事故报告中分别进行表述，报组织调查的机关审议、裁定。

第四十条 事故调查中发现涉嫌犯罪的，事故调查组应当及时将有关证据、材料移交司法机关。

第四十一条 《铁路交通事故调查报告》应包括下列内容：

（一）事故概况。

（二）事故造成的人员伤亡和直接经济损失。

（三）事故发生的原因和事故性质。

（四）事故责任的认定以及对事故责任者的处理建议。

（五）事故防范和整改措施建议。

（六）与事故有关的证明材料。

第四十二条 事故调查组应在下列期限内向组织事故调查组的机关提交《铁路交通事故调查报告》：

（一）特别重大事故的调查期限为 60 日。

（二）重大事故的调查期限为 30 日。

（三）较大事故的调查期限为 20 日。

（四）一般事故的调查期限为 10 日。

事故调查期限自事故发生之日起计算。

第四十三条 事故调查组形成《铁路交通事故调查报告》，报组织事故调查的机关同意后，事故调查组的工作即告结束。铁道部、安全监管办的安全监察部门应在事故调查组工作结束后 15 日之内，根据事故报告，制作《铁路交通事故认定书》，经批准后，送达相关单位。

一般 B 类以上、重大以下事故（相撞事故为较大事故）的档案材料，应报铁道部备案（3 份）。

第四十四条 铁道部发现安全监管办对事故认定不准确时，应予以纠正。必要时，可另行组织调查。

第四十五条 事故调查组成员在事故调查工作中应诚信公正、恪尽职守，遵守事故调查组的纪律，保守事故调查的秘密。未经事故调查组组长允许，调查组成员不得擅自发布有关事故的调查信息。

第四十六条 调查事故应配备必要的调查设备和装备，保证调查工作顺利进行。调查设备和装备包括通信设备、摄影摄像设备、录音设备、绘图制图设备、便携电脑以及其他必要的装备。

第四十七条 《铁路交通事故认定书》是事故赔偿、事故处理以及事故责任追究的依据。

《铁路交通事故认定书》应按照铁道部规定的统一格式制作，内容包括：

（一）事故发生的原因和事故性质。

（二）事故造成的人员伤亡和直接经济损失。

（三）事故责任的认定。

（四）对有关责任单位及人员的处理决定或建议。

第四十八条 事故责任单位接到《铁路交通事故认定书》后，于 7 日内，填写《铁路交通事故处理报告表》（安监报 2），按规定报送《铁路交通事故认定书》制作机关，并存档。

第五章　事故责任判定和损失认定

第一节　事故责任判定

第四十九条 事故分为责任事故和非责任事故。

事故责任分为全部责任、主要责任、重要责任、次要责任和同等责任。

第五十条 铁路运输企业或相关单位发布的文电，违反法律法规、铁道部规章或铁路相关技术标准和作业标准等，直接导致事故发生的，定发文电单位责任。

第五十一条 因设备管理不善造成的事故，定设备管理单位责任。

第五十二条 因产品质量不良造成事故，属设计、制造、采购、检修等单位责任的，定相关单位责任；应采用经行政许可或强制认证的产品而采用其他产品的，追究采用单位责任；采购不合格或不达标产品的，追究采购单位责任。

第五十三条 自然灾害原因导致的事故，因防范措施不到位，定责任事故。确属不可抗力原因导致的事故，定非责任事故。

第五十四条 营业线施工中发生责任事故，属工程建设、设计、监理、施工等原因造成的，定上述相关单位责任；同时追究设备管理单位责任。

已经竣工验收的设备，因质量问题发生责任事故，确属工程建设、设计、施工、监理等单位责任的，定上述相关单位责任；属设备管理不善的，定设备管理单位责任。

第五十五条 涉嫌人为破坏造成的事故，在公安机关确认前，定发生单位责任事故；经公安机关确认属人为破坏原因造成的，定发生单位非责任事故。

第五十六条 机车车辆断轴造成事故，由于探测、监测工作人员违章违纪或设备不良、管理不善等原因造成漏报、误报或预报后未及时拦停列车的，定相关单位责任。由于货物超载、偏载造成车辆断轴事故，定装车站或作业站责任。

第五十七条 因列车折角塞门关闭造成事故，无法判明责任的定发生地铁路运输企业责任事故。

第五十八条 错误办理行车凭证发车或耽误列车事故的责任划分：司机起动列车，定车务、机务单位责任；司机发现未动车，定车务单位责任；通过列车司机未及时发现，定车务、机务单位责任；司机发现及时停车，定车务单位责任。

第五十九条 应停车的客运列车错办通过，定车站责任；在区间乘降所错误通过，定机务单位责任。

第六十条 因断钩导致列车分离事故，断口为新痕时定机务单位责任（司机未违反操作规程的除外），断口旧痕时定机车车辆配属或定检单位责任；机车车辆车钩出现超标的砂眼、夹渣或气孔等铸造缺陷定制造单位责任。

未断钩造成的列车分离事故根据具体情况进行分析定责。

第六十一条 因货物装载加固不良造成事故，定货物承运单位责任；属托运人自装货物的，定托运人责任，货物承运单位监督检查失职的，追究货物承运单位同等责任。因调车作业超速连挂和“禁溜车”溜放等造成货物装载加固状态破坏而引发的事故，定违章作业站责任；因押运人员在运输途中随意搬动货物和降低货物装载加固质量而引发的事故，定押运人员所在单位责任，货物承运单位管理失职的，追究同等责任；货检人员未认真履行职责的，追究货检人员所在单位同等责任。因卸车质量不良造成事故，定卸车单位责任，同时追究负责检查的单位责任。

第六十二条 自轮运转设备编入列车因质量不良发生事故时，定设备配属单位责任；过轨检查失职的，定检查单位责任；违规挂运的，定编入或同意放行的单位责任。

第六十三条 因临时租（借）用其他单位的设备设施、人员，发生事故，定使用单位责任。

产权单位委托其他单位维修设备设施，因维修质量不良造成事故，定维修单位责任；产权单位管理不善的，追究其同等责任。

第六十四条 凡经铁道部批准或铁路运输企业批准并报铁道部核备后的技术革新项目、科研项目在运营线上试验时，在限定的试验期限内确因试验项目本身原因发生事故，不定责任事故；但由于违反操作规程以及其他人为因素造成的事故，定责任事故。

第六十五条 事故发生后，因发生单位未如实提供情况，导致不能查明事故原因和判定责任的，定发生单位责任。

第六十六条 事故涉及两个以上单位管理的相关设备，设备质量均未超过临修或技术限度时，按事故因果关系进行推断，确定责任单位。

第六十七条 事故调查组未及时通知有关单位接受事故调查，不得定有关单位责任。有关单位接到通知后，应派员而未派员接受事故调查的，事故调查组可以直接定责。

第六十八条 铁路作业人员在从事与行车相关的作业过程中，不论作业人员是否在其本职岗位，由于违反操作规程、作业纪律，或铁路运输生产设备设施、劳动条件、作业环境不良，或安全管理不善等造成伤亡，定责任事故。具体情形按以下规定办理。

（一）乘务人员及其他作业人员在企业内候班室、外地公寓、客车宿营车等处候班、间休期间，因违章违纪、设备设施不良等造成伤亡，定有关单位责任。

（二）作业人员在疏导道口、引导或帮助旅客上下车、维持站车秩序过程中被列车撞轧而伤亡的，定作业人员所在单位责任。

（三）事故发生过程中，作业人员在避险或进行事故抢险时因违章作业再次发生伤亡，应按同一件事故定责；事故过程已终止，在事故救援、抢修、复旧及处理中又发生事故导致伤亡的，按另一件事故定责。

（四）铁路运输企业所属临管铁路发生的责任伤亡事故，定该企业责任事故。

（五）作业人员在工作或间歇时间擅自动用铁路运输设备设施、工具等导致伤亡的，定该作业人员所在单位责任事故，同时追究设备设施配属（或管理）单位的责任。

（六）作业人员因患有职业禁忌症而导致行为失控，造成伤亡的，定该作业人员所在单位责任。

（七）两个及以上铁路运输企业在交叉作业中发生伤亡，定主要责任单位事故；若各方责任均等，定伤亡人员所在单位责任，同时追究其他相关单位责任。若各方责任均等且均有人员伤亡，分别定责任事故。

第六十九条 作业人员发生伤亡，经二级以上医院、急救中心诊断或经法医检验、解剖，证明系因脑溢血、心肌梗塞、猝死等突发性疾病所致，并按事故处理权限得到事故调查组确认的，不定责任事故。医院等级不够的，须经法医进行尸表检验或尸体解剖鉴定。法医尸检或解剖鉴定报告结论不确定的，定责任事故。

第七十条 作业人员伤亡事故原因不清，或公安机关已立案但尚无明确结论的，定责任事故。暂时不能确定事故性质、责任的，按待定办理。若跨年度仍不能确定或处理时间超过法定期限的，定伤亡人员所在单位责任。在年度统计截止前，该事故已查清并作出与原处理决定相反结论的，可向原处理部门申请更正。

第七十一条 铁路机车车辆与行人、机动车、非机动车、牲畜及其他障碍物相撞造成事故，按以下规定判定责任。

（一）事故当事人违章通过平交道口或者人行过道，或者在铁路线路上行走、坐卧造成人身伤亡，定事故当事人责任。

（二）事故当事人逃逸或者有证据证明当事人故意破坏、伪造现场、毁坏证据，定事故当事人责任。

（三）事故当事人违反国家法律法规，有明显过失的，按过错的严重程度，分别承担责任。

第七十二条 铁道部、安全监管办有关部门及其人员未能依法履行职责，发生下列情形之一的，应当追究其行政责任。涉嫌犯罪的，移送司法机关处理。

（一）违反国家公布的技术标准或铁道部颁布的规章、技术管理规程和作业标准，擅自公布部门技术标准，导致事故发生的，追究相关部门及其人员的责任。

（二）在实施行政许可、强制认证、技术审查或鉴定，以及产品设备验收等监督管理职责的过程中，违反法定权限、法定程序和有关规定，或对相关产品设备等监督检查不力，造成不合格、不达标产品设备等投入运用，导致事故发生的，追究相关部门及其人员的责任。

第二节 事故损失认定

第七十三条 事故相关单位要如实统计、申报事故直接经济损失，制作明细表，经事故调查组确认后，在《铁路交通事故认定书》中认定。

第七十四条 下列费用列入事故直接经济损失：

（一）铁路机车车辆、线路、桥隧、通信、信号、供电、信息、安全、给水等设备设施的损失费用。报废设备按报废设备账面净值计算，或按照市场重置价计算；破损设备设施按修复费用计算。

（二）铁路运输企业承运的行包、货物的损失费用。

（三）事故中死亡和受伤人员的处理、处置、医治等费用（不含人身保险赔偿费用）。

（四）被撞机动车、非机动车、牲畜等财产物资，造成的报废或修复费用。

（五）行车中断的损失费用。

（六）事故应急处置和救援费用。

（七）其他与事故直接有关的费用。

第七十五条 有作业人员伤亡的，直接经济损失统计范围、计算方法等按《企业职工伤亡事故经济损失统计标准》（GB 6721—1986）执行。

第七十六条 负有事故全部责任的，承担事故直接经济损失费用的 100%；负有主要责任的，承担损失费用的 50%以上；负有重要责任的，承担损失费用的 30%以上、50%以下；负有次要责任的，承担损失费用的 30%以下。

有同等责任、涉及多家责任单位承担损失费用时，由事故调查组根据责任程度依次确定损失承担比例。

负同等责任的单位，承担相同比例的损失费用。

第六章 事故统计、分析

第七十七条 铁道部、安全监管办、铁路运输企业及基层单位应按照本规则规定，建立事故统计分析制度，健全统计分析资料，并按规定及时报送。

各级安全监察部门负责事故统计分析报告的日常工作，并负责监督指导有关部门（单位）做好事故统计分析报告工作。

第七十八条 事故的统计报告应当坚持及时、准确、真实、完整的原则。

第七十九条 事故的统计应按照事故类别、等级、性质、原因、部门、责任等项目分别进行统计。

第八十条 每日事故的统计时间，由上一日 18 时至当日 18 时止。但填报事故发生时间时，应以实际时间为准，即以零点改变日期。

第八十一条 责任事故件数统计在负全部责任、主要责任的单位，非责任事故和待定责事故件数统计在发生单位，相撞事故统计在发生单位。

负同等责任或追究同等责任的，在总数中不重复统计件数。

第八十二条 一起事故同时符合两个以上事故等级的，以最高事故等级进行统计。

第八十三条 发生人员伤亡的事故应按以下规定统计：

（一）人员在事故中失踪，至事故结案时仍未找到的，按死亡统计。

（二）事故受伤人员因正常手术治疗而加重伤害程度的，按手术后的伤害程度统计。

（三）事故受伤人员经救治无效，在 7 日内死亡，按死亡统计；经医疗事故鉴定委员会确认为医疗事故的，或 7 日后死亡的，按原伤害程度统计。

（四）事故受伤人员在 7 日内由轻伤发展成重伤的，按重伤统计。

（五）未经医疗事故鉴定委员会确认为医疗事故的伤亡，按责任事故统计。

（六）相撞事故发生后，经调查确认为自杀、他杀的，不在伤亡人数中统计。

第八十四条 铁路各级安全监察部门应建立《铁路交通事故登记簿》（安监统 1）、《铁路交通事故统计簿》（安监统 2）、《铁路运输企业安全天数登记簿》（安监统 3）、《铁路作业人员伤亡登记簿》（安监统 4）和《铁路交通事故分析会记录簿》。

铁路运输企业专业部门、各基层站段应分别填记《铁路交通事故登记簿》（安监统 1），并建立《铁路交通事故分析会记录簿》。

以上台账长期保存。

第八十五条 有关部门、单位应按以下规定填写、传送、管理各种事故表报。

（一）各级安全监察部门须建立《铁路交通事故（设备故障）概况表》（安监报 1）和《铁路交通事故基本情况表》（安监报 3）的管理制度，规范统计、分析、总结、报送及保管工作。要及时补充填记“安监报 3”各项内容，事故结案后，必须准确填写。

铁路运输企业调度部门应当及时、如实填写《铁路交通事故（设备故障）概况表》（安监报 1），建立登记簿，进行统计分析，并制定管理制度。

铁路运输企业的专业部门应当建立“安监报 1”登记簿，认真统计分析。

（二）安全监管办须建立《铁路交通事故处理报告表》（安监报 2）管理制度。基层单位按要求做好填记上报。“安监报 2”保管 3 年。

（三）安全监管办于月、半年、年度后次月 5 日前填写《铁路交通事故报告表》（安监报 4），报铁道部。“安监报 4”长期保存。

（四）安全监管办于月、半年、年度后次月 5 日前填写《铁路交通事故路外伤亡统计分析表》（安监报 5），报铁道部。“安监报 5”长期保存。

（五）有从业人员伤亡的事故，事故发生单位填写《铁路作业人员伤亡概况表》（安监报 6-1），上报安全监管办；一般 B 类以上事故，安全监管办填写《铁路作业人员伤亡概况表》（安监报 6-1），上报铁道部。

安全监管办于次月 5 日前（次年 1 月 10 日前），填写《铁路作业人员伤亡统计报表》（安监报 6-2），报铁道部。

第八十六条 铁道部所属铁路运输企业每月 27 日前将本月安全分析总结报铁道部安全监察司。企业内部各业务部门须按月、半年、年度，对本系统事故进行分析总结，向上级主管部门报告，并抄送安全监管办安全监察部门。

合资铁路、地方铁路、专用铁路须按月、半年、年度，对本单位事故进行分析，并报安全监管办。

第七章 罚 则

第八十七条 铁路运输企业及其职工违反法律、行政法规的规定，造成事故的，由铁道部或者安全监管办依法追究行政责任。构成犯罪的，依法追究刑事责任。

第八十八条 铁路运输企业及其职工迟报、漏报、瞒报、谎报事故的，对单位，由铁道部或安全监管办处 10 万元以上 50 万元以下的罚款；对个人，由铁道部或安全监管办处 4000 元以上 2 万元以下的罚款；属于国家工作人员的，依法给予处分；构成犯罪的，依法追究刑事责任。

第八十九条 安全监管办迟报、漏报、瞒报、谎报事故的，由铁道部对直接负责的主管人员和其他直接责任人员依法给予处分；构成犯罪的，依法追究刑事责任。

第九十条 干扰、阻碍事故调查处理的，对单位，由铁道部或安全监管办处 4 万元以上 20 万元以下的罚款；对个人，由铁道部或安全监管办处 2000 元以上 1 万元以下的罚款；情节严重的，对单位，由铁道部或安全监管办处 20 万元以上 100 万元以下的罚款；对个人，由铁道部或安全监管办处 1 万元以上 5 万元以下的罚款；属于国家工作人员的，依法给予处分；构成违反治安管理行为的，由公安机关依法给予治安管理处罚；构成犯罪的，依法追究刑事责任。

第九十一条 在事故调查中，调查人员索贿受贿、借机打击报复或不负责任，致使调查工作有重大疏漏的，由组成事故调查组的机关给予处分，构成犯罪的，依法追究刑事责任。

第八章　附则

第九十二条　本规则中所称的“以上”包括本数，所称的“以下”不包括本数。

第九十三条　本规则附件与本规则具有同等效力。本规则所规定的文书格式由铁道部统一制定。

第九十四条　本规则由铁道部负责解释。

第九十五条　本规则自 2007 年 9 月 1 日起施行。《铁路行车事故处理规则》（铁道部令第 3 号）、《铁路企业伤亡事故处理规则》（铁道部令第 7 号）、铁道部《关于重新修订〈铁路路外伤亡事故报告、处理、统计办法〉的通知》（铁安监字〔79〕2056 号）同时废止。前发有关文电与本规则相抵触的一律以本规则为准。

4.3.5 铁路交通事故应急救援规则

第一章　总则

第一条　为了规范和加强铁路交通事故（以下简称事故）的应急救援工作，最大限度地减少人员伤亡和财产损失，尽快恢复铁路运输秩序，依据《铁路交通事故应急救援和调查处理条例》（国务院令第501号）及国家有关规定，制定本规则。

第二条　国家铁路、合资铁路、地方铁路、专用铁路和铁路专用线发生事故，造成人员伤亡、财产损失、中断行车及其他影响铁路正常行车，需要实施应急救援的，适用本规则。

第三条　事故应急救援工作应当遵循“以人为本、逐级负责、应急有备、处置高效”的原则。

第四条　铁道部成立事故应急救援领导小组并设工作机构，建立健全工作制度，制定和完善事故应急救援预案，按照国家规定的权限和程序，组织、指挥、协调事故应急救援工作。

各铁路安全监督管理办公室（以下简称安全监管办）应当指导、督促铁路运输企业落实事故应急救援的各项规定，依法组织、指挥、协调本辖区内的事故应急救援工作。

第五条　铁路运输企业应当相应成立事故应急救援领导小组并设工作机构，建立健全工作制度，制定和完善事故应急救援预案，加强救援队、救援列车的建设，负责事故应急救援的人员培训、装备配置、物资储备、预案演练等基础工作，积极开展事故应急救援。

第六条　公安机关应当参与事故应急救援，负责保护事故现场，维护现场治安秩序，进行现场勘察和调查取证，依法查处违法犯罪嫌疑人，协助抢救遇险人员。

第七条　事故应急救援工作必要时，由铁道部、安全监管办协调请求国务院其他有关部门、有关地方人民政府、当地驻军、武装警察部队给予支持帮助。

第二章　救援报告

第八条　事故应急救援实行逐级报告制度。铁道部、安全监管办和铁路运输企业应当明确报告程序、方式和时限，公布接受报告的各级事故应急救援部门及电话。事故发生后，有关单位、部门应当按规定程序向上级单位和部门报告。

第九条　事故发生后，现场铁路工作人员或者其他有关人员应当立即向邻近铁路车站、列车调度员、公安机关或者相关单位负责人报告。接到报告的单位、部门应当根据需要立即通知救援队和救援列车。

遇有人员伤亡或者发生火灾、爆炸、危险货物泄漏等事故时，接到报告的单位、部门应当根据需要采取防护措施，并立即通知当地急救、医疗卫生部门或者公安消防、环境保护等部门。

第十条　铁路运输企业列车调度员接到事故报告后，应当立即按规定程序报告本企业负责人，并向本区域的安全监管办和铁道部列车调度员报告。

第十一条　铁道部列车调度员接到事故报告后，应当立即按规定程序上报。

发生特别重大事故时，铁道部应当立即向国务院报告。

第十二条 救援报告的主要内容：

（一）事故发生的时间、地点（站名）、区间（线名、公里、米）、线路条件、事故相关单位和人员。

（二）发生事故的列车种类、车次、机车型号、部位、牵引辆数、吨数、计长及运行速度。

（三）旅客人数，伤亡人数、性别、年龄以及救助情况，是否涉及境外人员伤亡。

（四）货物品名、装载情况，易燃、易爆等危险货物情况。

（五）机车车辆脱轨数量及型号、线路设备损坏程度等情况。

（六）对铁路行车的影响情况。

（七）事故原因的初步判断，事故发生后采取的措施及事故控制情况。

（八）需要应急救援的其他事项。

第十三条 事故应急救援过程中，人员伤亡、脱轨辆数、设备损坏等情况发生变化时，应及时补报。

第十四条 事故应急救援情况需要向社会通报时，由铁道部、安全监管办的宣传部门统一负责。

第三章 紧急处置

第十五条 事故发生后，列车司机或者运转车长等现场铁路工作人员应当立即采取停车措施，并按规定对列车进行安全防护。遇有人员伤亡时，应当向邻近车站或者列车调度员请求施救，并将伤亡人员移出线路、做好标记，有能力的应当对伤员进行紧急施救。

为保障铁路旅客安全或者因特殊运输需要不宜停车的，可以不停车。但是，列车司机或者运转车长等现场铁路工作人员应当立即将事故情况报告邻近车站、列车调度员，接到报告的邻近车站、列车调度员应当立即组织处置。

第十六条 客运列车发生事故造成车内人员伤亡或者危及人员安全时，列车长应当立即组织车上人员进行紧急施救，稳定人员情绪，维护现场秩序，并向邻近车站或者列车调度员请求施救。

第十七条 救援队接到事故救援通知后，救援队长应当召集救援队员以最快速度赶赴事故现场。到达事故现场后，应当立即组织紧急抢救伤员，利用既有设备起复脱轨的机车车辆，清除各种障碍，搭设必要的设备设施，为进一步实施救援创造条件。

第十八条 发生列车火灾、爆炸、危险货物泄漏等事故时，现场铁路工作人员应当尽快组织疏散现场人员并采取必要的防护措施。

第十九条 事故发生后影响本线或者邻线行车安全时，现场铁路工作人员应当立即按规定采取紧急防护措施。

第四章 救援响应

第二十条 接到事故救援报告后，应当根据事故严重程度和影响范围，按特别重大、重大、较大、一般四个等级由相应单位、部门作出应急救援响应，启动应急预案。

第二十一条 特别重大事故的应急救援，由铁道部报请国务院启动，或者由国务院授权的部门启动。铁道部在国务院事故应急救援领导小组的领导下开展工作，开通与国务院有关部门、事发地省级事故应急救援指挥机构以及现场事故救援指挥部的应急通信系统，征求有关专家建议以及国务院有关部门意见提出事故应急救援方案，经国务院事故应急救援领导小组确定后组织实施，并派出专家和有关人员赶赴现场参加救援。

第二十二条 重大事故的应急救援，由铁道部启动。铁道部事故应急救援工作机构应当组建现场事故应急救援指挥部（以下简称现场指挥部），并根据事故具体情况设立医疗救护、事故起复、后勤保障、应急调度、治安保卫、善后处理等工作组，开通与事发地铁路运输企业和现场指挥部的应急通信系统，咨询有关专家，确定事故应急救援具体实施方案，立即派出有关人员赶赴现场，调集各种应急救援资源，组织指挥应急救援工作。必要时，协调请求事发地人民政府、当地驻军、武装警察部队提供支援。遇有超出本级应急救援处置能力时，及时向国务院报告。

第二十三条 较大事故、一般事故的应急救援，由安全监管办启动或者督促铁路运输企业事故应急救援工作机构启动，组织成立现场指挥部，并根据事故具体情况设立医疗救护、事故起复、后勤保障、应急调度、治安保卫、善后处理等工作组，开通与现场指挥部的应急通信系统，咨询有关专家，确定事故应急救援具体实施方案。有关负责人和专业人员应当立即赶赴现场，调集各种应急救援资源，组织指挥应急救援工作。必要时，由安全监管办协调事发地人民政府、当地驻军、武装警察部队提供支援。遇有超出本级应急救援处置能力时，及时向铁道部报告。

第五章 现场救援

第二十四条 现场救援工作实行总指挥负责制，按照事故应急救援响应等级，由相应负责人担任总指挥，或者视情况由上级事故应急救援工作机构指定人员担任临时总指挥，统一指挥现场救援工作。各工作组及参加事故应急救援的单位、部门应当确定负责人。救援列车进行起复作业时，由救援列车负责人或者指定人员单一指挥。

现场总指挥以及参加事故应急救援的各工作组负责人、各单位和部门负责人、作业人员应当区别佩戴明显标志。

第二十五条 现场指挥部应当在全面了解人员伤亡以及机车车辆、线路、接触网、通信信号等行车设备损坏、地形环境等情况后，确定人员施救、现场保护、调查配合、货物处置、救援保障、起复救援、设备抢修等应急救援方案，并迅速组织实施。

在实施救援过程中，各单位、部门应当严格执行作业规范和标准，防止衍生事故。

第二十六条 事故发生后，运输调度部门应当根据需要及时发布各类救援调度命令。重点安排救援列车出动和救援物资运输。需要其他铁路运输企业出动救援列车时，由铁道部发布调度命令。

造成列车大量晚点时，应当尽快采取措施恢复行车秩序。预计不能在短时间内恢复行车时，应当尽量将客运列车安排停靠在较大车站，并组织向站车滞留旅客提供必要的食品、饮用水等服务。

第二十七条 事故造成人员伤亡时，现场指挥部应当立即组织协调对现场伤员进行救治，紧急调集有关药品器械，迅速将伤员转移至安全地带或者转移救治，采取必要的卫生防疫措施。

遇有重大人员伤亡或者需要大规模紧急转移、安置铁路旅客和沿线居民的，应当及时通知事发地人民政府组织开展救治和转移、安置工作，必要时可以由铁道部或者安全监管办进行协调。

第二十八条 现场指挥部应当根据需要迅速调集装备设施、物资材料、交通工具、食宿用品、药品器械等救援物资。铁路运输企业各单位、部门必须无条件支持配合，不得以各种理由推诿拒绝，延误救援工作。

物资调用超出铁路运输企业自身能力时，可以向有关单位、部门或者个人借用。

第二十九条 事故涉及货运列车时，货运部门应当迅速了解事故货车及相关货车的货物装载情况，组织调集装卸人员和机具清理事故货车及相关货车装载的货物，处置事故列车挂运的危险、鲜活易腐等货物，编制货运记录。

第三十条 事故应急救援需要出动救援列车时，救援列车应当在接到出动命令后30分钟内出动，到达事故现场后，救援列车负责人应当迅速确定具体的起复作业方案，经现场总指挥批准后立即开展起复作业。救援列车在桥梁或坡道等特殊地段作业时，应当连挂机车。两列及以上救援列车分头作业时的指挥，由现场总指挥协调分工后各自负责。两列及以上救援列车在同一个作业面集中作业或者联动作业时，由负责本区段救援任务的救援列车或者由现场总指挥指定人员负责指挥。救援列车在电气化区段实施救援作业时，应当在确认接触网工区接到停电命令并做好接地防护后方准进行。起复动车组、新型机车车辆等，应当使用专用吊索具。

第三十一条 事故应急救援需要通信保障时，通信部门应当在接到通知后根据需要立即启用“117”应急通信人工话务台，组织开通应急通信系统。事故发生在站内，应当在30分钟内开通电话、1小时内开通图像传输设备。事故发生在区间，应当在1小时内开通电话、2小时内开通图像传输设备。并指定专人值守，保证事故现场音频、视频和数据信息的实时传输，任何人不得干扰、阻碍事故信息采集和传输。

第三十二条 事故造成铁路设备设施损坏时，有关专业部门应当立即组织抢修，根据实际情况及时切断事故现场电源，拆除、拨移和恢复接触网，及时架设所需照明，调集足够的救援队伍、材料和机具，积极组织抢修损坏的线路、通信信号等行车设备设施，协助事故机车车辆的起复。对可以运行的受损机车车辆进行检查确认，符合挂运条件的方准移动，必要时派人护送。起复作业完毕后，应当迅速做好开通线路的各项准备。

第三十三条 事故遇有装载危险货物车辆时，现场指挥部应当在采取确保人身安全和作业安全措施后，方可开展救援。危险货物车辆需卸车、移动或者起复时，应当在专业人员指导下作业，及时清除有害残留物或者将其控制在安全范围内。必要时，由安全监管办协调环保监测部门及时检测有害物质的危害程度，采取防控措施。

第三十四条 公安机关应当组织解救和疏散遇险人员，设置现场警戒区域，阻止未经批准人员进入现场，指定专人进行现场勘查取证，必要时实施现场交通管制，负责事故现场旅客、货物及沿线滞留列车的安全保卫工作。

第三十五条 事故应急救援过程中，有关单位和个人应当妥善保护事故现场以及相关证据，并及时移交事故调查组。因应急救援需要改变事故现场时，应当做出标记、绘制现场示意图、制作现场视听资料，并做出书面记录。任何单位和个人不得破坏事故现场，不得伪造、隐匿或者毁灭相关证据。

第三十六条 事故救援完毕后，现场指挥部应当组织救援人员对现场进行全面检查清理，进一步确认无伤亡人员遗留，拆除、回收、移送救援设备设施，清除障碍物，确认具备开通条件后，立即通知有关人员按规定办理手续，由列车调度员发布调度命令开通线路，尽快恢复正常行车。

第六章　善后处理

第三十七条　事故善后处理工作组应当依法进行事故的善后处理，组织妥善做好现场遇险滞留人员食宿、转移和旅客改签、退票等服务工作，以及伤亡人员亲属的通知、接待以及抚恤丧葬、经济补偿等处置工作。负责收取伤亡人员医疗档案资料，核定救治费用。

第三十八条　对事故造成的伤亡人员，现场指挥部应当在积极组织施救的同时，负责协调落实伤亡人员的救治、丧葬等临时费用，待事故责任认定后，由事故责任方承担。

第三十九条　事故造成人员死亡的，应当由急救、医疗卫生部门或者法医出具死亡证明，尸体由其家属或者铁路运输企业存放于殡葬服务单位，或者存放于有条件的急救、医疗卫生部门。尸体检验完成后，由事故善后处理工作组通知死者家属在 10 日内办理丧葬事宜。对未知名尸体，由法医检验后填写《未知名尸体信息登记表》。经核查无法确认死者身份的，经事故善后处理工作组负责人批准，刊登认尸启事，刊登后 10 日无人认领的，由县级或者相当于县级以上的公安机关批准处理尸体。

第四十条　事故造成境外来华人员死亡的，事故善后处理工作组应当通知死者亲属或者所属国家驻华使（领）馆，尸体处置事宜按照我国有关规定办理。

第四十一条　对事故现场遗留的财物，事故善后处理工作组或者公安部门应当进行清点、登记并妥善保管。

第四十二条　对事故造成的人员伤亡、财产损失以及事故应急救援费用等应当进行统计。借用有关单位和个人的设备设施和其他物资，使用完毕后应当及时归还并适当支付费用，丢失或者损坏的应当合理赔偿。

第四十三条　对事故造成的人员伤亡和财产损失，按照国家有关法律、法规和《铁路交通事故应急救援和调查处理条例》有关规定给予赔偿。

事故当事人对损害赔偿有争议时，可以协商解决，或者请求组织事故调查组的机构进行调解，也可以直接提起民事诉讼。

第四十四条　属于肇事方责任给铁路运输企业造成损失的，应当按照事故认定书由肇事方赔偿。

第四十五条　因设备质量或者施工质量造成事故损失的，铁路运输企业有权依据事故认定书向有关责任方追偿损失。

第四十六条　事故应急救援工作结束后，现场指挥部应当对事故应急救援工作进行总结，于 5 日内形成书面报告，并附事故应急救援有关证据材料，按事故等级报铁道部事故应急救援领导小组或者安全监管办备案。由铁道部事故应急救援领导小组或者安全监管办组织进行全面总结分析，对事故应急救援的组织工作进行评价认定，总结经验教训，制定整改措施，修改完善应急预案及有关制度办法。

第七章 罚则

第四十七条 铁路运输企业及其职工违反本规则规定，不立即组织事故应急救援或者迟报、漏报、瞒报、谎报事故等延误救援的，由铁道部或者安全监管办对责任单位处 10 万元以上 50 万元以下的罚款，对责任人处 4000 元以上 2 万元以下的罚款。

第四十八条 铁道部、安全监管办等国家工作人员以及其他人员违反本规则规定，未立即启动应急预案或者迟报、漏报、瞒报、谎报事故等延误救援的，对主管负责人和其他直接责任人依法给予行政处分。涉嫌犯罪的，依照有关规定移送司法机关处理。

第四十九条 违反本规则规定，干扰、阻碍事故应急救援的，由铁道部或者安全监管办对责任单位处 4 万元以上 20 万元以下的罚款，对责任人处 2000 元以上 1 万元以下的罚款。情节严重的，对责任单位处 20 万元以上 100 万元以下的罚款，对责任人处 1 万元以上 5 万元以下的罚款。属于国家工作人员的，依法给予行政处分。违反治安管理规定的，由公安机关依法给予治安管理处罚。涉嫌犯罪的，依照有关规定移送司法机关处理。

第八章 附则

第五十条 本规则由铁道部负责解释。

第五十一条 本规则自 2007 年 9 月 1 日起施行，铁道部原发《铁路行车事故救援规则》（铁运〔1999〕118 号）同时废止。

4.3.6 违反《铁路安全管理条例》行政处罚实施办法

第一章 总则

第一条 为规范铁路安全行政处罚行为，维护当事人的合法权益，根据《中华人民共和国行政处罚法》、《铁路安全管理条例》（以下简称《条例》）、《建设工程质量管理条例》等法律、行政法规，制定本办法。

第二条 国家铁路局和地区铁路监督管理局（以下统称铁路监管部门）对违反《条例》的行为实施行政处罚适用本办法。

第三条 铁路监管部门实施行政处罚，遵循合法、公正、公开的原则，坚持处罚与教育相结合。

实施行政处罚应当按照法定职责和法定程序，以事实为依据，与违法行为的性质、情节以及对铁路安全的危害程度相当。

第四条 铁路行政执法人员实施行政处罚时，应当出示执法证件。

第五条 公民、法人或者其他组织对铁路监管部门给予的行政处罚，享有陈述权、申辩权。

第六条 公民、法人或者其他组织因违法受到行政处罚，其违法行为对他人造成损害的，应当依法承担民事责任。

违法行为构成犯罪的，应当依法追究刑事责任，不得以行政处罚代替刑事处罚。

第二章 行政处罚的管辖与适用

第七条 《条例》规定由铁路监管部门处罚的事项，一般由地区铁路监督管理局实施。对案情复杂、性质严重、社会影响较大、跨区域的案件以及国家铁路局认为有必要的，由国家铁路局实施处罚。直接向国家铁路局举报、控告的案件由国家铁路局依法决定管辖机关。

铁路行政处罚由地区铁路监督管理局实施的，一般由违法行为发生地的地区铁路监督管理局管辖。地区铁路监督管理局之间对管辖权有争议的，应当报请国家铁路局指定管辖。

第八条 对当事人的同一个违法行为，不得给予两次以上罚款的行政处罚。

第九条 当事人有下列情形之一的，应当依法从轻或者减轻处罚：

（一）主动消除或者减轻违法行为危害后果的；

（二）受他人胁迫实施铁路安全违法行为的；

（三）配合铁路监管部门查处危害铁路安全行为有立功表现的；

（四）其他依法应予从轻或者减轻处罚的。

违法行为轻微并及时纠正，没有造成危害后果的，不予处罚。

第十条 违法行为在 2 年内未被发现的，不再给予行政处罚。法律另有规定的除外。

前款规定的期限，从违法行为发生之日起计算。违法行为有连续或者继续状态的，从行为终了之日起计算。

第三章 对违法行为的行政处罚

第十一条 违反《条例》第八条规定，铁路建设工程勘察、设计、施工、监理以及建设物资、设备的采购未依法进行招标的，由地区铁路监督管理局依照《中华人民共和国招标投标法》、《中华人民共和国招标投标法实施条例》等法律、行政法规的规定实施处罚。

第十二条 违反《条例》第九条规定，从事铁路建设工程勘察、设计、施工、监理活动的单位超越本单位资质等级承揽工程的，由地区铁路监督管理局依照《建设工程质量管理条例》第六十条规定，责令停止违法行为并处以相应罚款，有违法所得的，予以没收：

（一）尚未实质性开展工程建设活动的，对勘察、设计单位或者监理单位处合同约定的勘察费、设计费或者监理酬金 1 倍的罚款，对施工单位处工程合同价款 2%的罚款；

（二）已实质性开展工程建设活动，未造成铁路建设工程质量事故的，对勘察、设计单位或监理单位处合同约定的勘察费、设计费或者监理酬金 1 倍以上 1.5 倍以下的罚款，对施工单位处工程合同价款 2%以上 3%以下的罚款；

（三）造成铁路建设工程质量事故的，对勘察、设计单位或监理单位处合同约定的勘察费、设计费或者监理酬金 1.5 倍以上 2 倍以下的罚款，对施工单位处工程合同价款 3%以上 4%以下的罚款。

未取得资质证书承揽工程的，予以取缔，依照前款规定处以罚款；有违法所得的，予以没收。

以欺骗手段取得资质证书承揽工程的，依照本条第一款规定处以罚款；有违法所得的，予以没收。

第十三条 违反《条例》第十条规定，建设单位选择不具备相应资质等级的勘察、设计、施工、监理单位进行工程建设的，由地区铁路监督管理局依照《建设工程质量管理条例》第五十四条规定，责令改正，处以相应罚款：

（一）单项工程合同价款超出施工资质等级允许规模 1 倍以内的，或者选择超越 1 个资质等级的勘察、设计、施工、监理单位进行工程建设的，每一起处 50 万元以上 70 万元以下的罚款；

（二）单项工程合同价款超出施工资质等级允许规模 1 倍以上 2 倍以内的，或选择超越 2 个及以上资质等级的勘察、设计、施工、监理单位进行工程建设的，每一起处 70 万元以上 90 万元以下的罚款；

（三）单项工程合同价款超出施工资质等级允许规模 2 倍以上的，或者选择没有资质的勘察、设计、施工、监理单位进行工程建设的，每一起处 90 万元以上 100 万元以下的罚款。

第十四条 违反《条例》第十一条规定，高速铁路和地质构造复杂的铁路建设工程未实行工程地质勘察监理制度的，由地区铁路监督管理局依照《条例》第八十四条规定，责令改正，对建设单位处以相应罚款：

（一）未造成铁路建设工程质量事故的，处 10 万元以上 20 万元以下的罚款；

（二）造成铁路建设工程质量一般事故的，处 20 万元以上 30 万元以下的罚款；

（三）造成铁路建设工程质量较大及以上等级事故的，处 30 万元以上 50 万元以下的罚款。

第十五条 违反《条例》第十三条规定，施工单位使用不合格的建筑材料、建筑构配件和设备的，由地区铁路监督管理局依照《建设工程质量管理条例》第六十四条规定，责令改正，处以相应罚款：

（一）未造成铁路建设工程质量事故的，处工程合同价款2%的罚款；

（二）造成铁路建设工程质量一般事故的，处工程合同价款2%以上3%以下的罚款；

（三）造成铁路建设工程质量较大及以上等级事故的，处工程合同价款3%以上4%以下的罚款。

第十六条 违反《条例》第十三条规定，建设单位明示或者暗示施工单位使用不合格的建筑材料、建筑构配件和设备的，由地区铁路监督管理局依照《建设工程质量管理条例》第五十六条规定责令改正，对建设单位处以相应罚款：

（一）未造成铁路建设工程质量事故的，处20万元以上30万元以下的罚款；

（二）造成铁路建设工程质量一般事故的，处30万元以上40万元以下的罚款；

（三）造成铁路建设工程质量较大及以上等级事故的，处40万元以上50万元以下的罚款。

第十七条 违反《条例》第十四条规定，建设单位违规要求设计、施工单位压缩建设工期的，由地区铁路监督管理局依照《建设工程质量管理条例》第五十六条规定，责令改正，视情节处以相应罚款：

（一）未造成铁路建设工程质量事故的，处20万元以上30万元以下的罚款；

（二）造成铁路建设工程质量一般事故的，处30万元以上40万元以下的罚款；

（三）造成铁路建设工程质量较大及以上等级事故的，处40万元以上50万元以下的罚款。

第十八条 违反《条例》第十五条规定，建设单位未组织铁路建设工程竣工验收，擅自交付使用；或验收不合格，擅自交付使用；或对不合格的建设工程按照合格工程验收的，由地区铁路监督管理局依照《建设工程质量管理条例》第五十八条规定，责令改正，视情节处以相应罚款：

（一）未对铁路运营安全造成影响的，处工程合同价款2%的罚款；

（二）影响铁路运营安全的，处工程合同价款2%以上3%以下的罚款；

（三）造成铁路交通事故的，处工程合同价款3%以上4%以下的罚款。

第十九条 违反《条例》第十六条规定，铁路建设单位在铁路线路及其邻近区域进行铁路建设工程施工不执行铁路营业线施工安全管理规定，影响铁路运营安全的，由地区铁路监督管理局依照《条例》第八十四条规定，责令改正，视情节处以相应罚款：

（一）违法情节较轻的，处10万元以上20万以下的罚款；

（二）违法情节较重的，处20万元以上30万元以下的罚款；

（三）造成铁路交通事故的，处30万元以上50万元以下的罚款。

第二十条 违反《条例》第二十五条规定，用于铁路运输的安全检测、监控、防护设施设备，集装箱和集装化用具等运输器具、专用装卸机械、索具、篷布、装载加固材料或者装置、运输包装、货物装载加固等，不符合国家标准、行业标准和技术规范的，由地区铁路监督管理局依照《条例》第八十七条规定责令改正，视情节处以相应罚款：

（一）违法情节较轻的，处2万元以上5万元以下的罚款；

（二）违法情节较重的，处5万元以上7万元以下的罚款；

（三）违法情节严重的，处 7 万元以上 10 万元以下的罚款。

第二十一条 违反《条例》第二十六条规定，铁路机车车辆以及其他专用设备制造者未按规定召回缺陷产品，采取措施消除缺陷的，由国家铁路局依照《条例》第八十六条规定，责令改正；拒不改正的，处缺陷产品货值金额 1%以上 5%以下的罚款；拒不改正且造成铁路交通事故的，处缺陷产品货值金额 5%以上 10%以下的罚款；情节严重的，吊销相应的许可证件。

第二十二条 违反《条例》第二十七条规定，新建、改建铁路的铁路建设单位或者铁路运输企业未依法根据铁路线路安全保护区平面图设立标桩的，由地区铁路监督管理局依照《条例》第八十七条规定责令改正，视情节处以相应罚款：

（一）违法情节较轻的，处 2 万元以上 5 万以下的罚款；

（二）违法情节较重的，处 5 万元以上 7 万元以下的罚款；

（三）违法情节严重的，处 7 万元以上 10 万元以下的罚款。

第二十三条 违反《条例》第二十八条规定，设计开行时速 120 公里以上列车的铁路未按照国家有关规定和标准设置、维护铁路封闭设施、安全防护设施的，由地区铁路监督管理局依照《条例》第八十七条规定责令改正，视情节处以相应罚款：

（一）违法情节较轻的，处 2 万元以上 5 万元以下的罚款；

（二）违法情节较重的，处 5 万元以上 7 万元以下的罚款；

（三）违法情节严重的，处 7 万元以上 10 万元以下的罚款。

第二十四条 违反《条例》第二十九条规定，在铁路线路安全保护区内烧荒、放养牲畜、种植影响铁路线路安全和行车瞭望的树木等植物，或者向铁路线路安全保护区排污、倾倒垃圾以及其他危害铁路安全的物质的，由地区铁路监督管理局依照《条例》第八十八条规定责令改正，视情节可以处以相应罚款：

（一）违法情节较轻的，对单位可以处 1 万元以下的罚款，对个人可以处 500 元以下的罚款；

（二）违法情节较重的，对单位可以处 1 万元以上 3 万元以下的罚款，对个人可以处 500 元以上 1000 元以下的罚款；

（三）违法情节严重的，对单位可以处 3 万元以上 5 万元以下的罚款，对个人可以处 1000 元以上 2000 元以下的罚款。

第二十五条 违反《条例》第三十条规定，未经铁路运输企业同意并签订安全协议，在铁路线路安全保护区内建造建筑物、构筑物，铺设、架设各类管线、缆线、渡槽等设施，取土、挖砂、挖沟、采空作业或者堆放、悬挂物品，或者违反保证铁路安全的国家标准、行业标准和施工安全规范，影响铁路运输安全的，由地区铁路监督管理局依照《条例》第八十九条规定责令改正，视情节可以处以相应罚款：

（一）违法情节较轻的，可以处 5 万元以下的罚款；

（二）违法情节较重的，可以处 5 万元以上 10 万元以下的罚款。

铁路运输企业未派员对铁路线路安全保护区内施工现场进行安全监督的，可以处 3 万元以下的罚款。

第二十六条 违反《条例》第三十二条规定，在铁路线路安全保护区及其邻近区域建造或者设置的建筑物、构筑物、设备等进入国家规定的铁路建筑限界的，由地区铁路监督管理局依照《条例》第九十条规定责令改正，视情节处以相应罚款：

（一）违法情节较轻的，对单位处5万元以上10万元以下的罚款，对个人处1万元以上2万元以下的罚款；

（二）违法情节较重的，对单位处10万元以上15万元以下的罚款，对个人处2万元以上3万元以下的罚款；

（三）违法情节严重的，对单位处15万元以上20万元以下的罚款，对个人处3万元以上5万元以下的罚款。

第二十七条 违反《条例》第三十三条规定，在铁路线路两侧建造、设立生产、加工、储存或者销售易燃、易爆或者放射性物品等危险物品的场所、仓库不符合国家标准、行业标准规定的安全防护距离的，由地区铁路监督管理局依照《条例》第九十条规定责令改正，视情节处以相应罚款：

（一）违法情节较轻的，对单位处5万元以上10万元以下的罚款，对个人处1万元以上2万元以下的罚款；

（二）违法情节较重的，对单位处10万元以上15万元以下的罚款，对个人处2万元以上3万元以下的罚款；

（三）违法情节严重的，对单位处15万元以上20万元以下的罚款，对个人处3万元以上5万元以下的罚款。

第二十八条 违反《条例》第四十三条规定，未按规定设置、维护下穿铁路桥梁、涵洞的道路限高防护架的，由地区铁路监督管理局依照《条例》第八十七条规定责令改正，视情形处以相应罚款：

（一）未按规定维护的，处2万元以上3万以下的罚款；

（二）未按规定设置的，处3万元以上5万元以下的罚款；

（三）因未按规定设置或维护，造成后果的，处5万元以上10万元以下的罚款。

第二十九条 违反《条例》第四十四条规定，铁路线路安全保护区内的道路和铁路线路路堑上的道路、跨越铁路线路的道路桥梁，未按照国家有关规定和标准设置、维护、管理防止车辆以及其他物体进入、坠入铁路线路的安全防护设施和警示标志的，由地区铁路监督管理局依照《条例》第八十七条规定责令改正，视情节处以相应罚款：

（一）违法情节较轻的，处2万元以上5万元以下的罚款；

（二）违法情节较重的，处5万元以上7万元以下的罚款；

（三）违法情节严重的，处7万元以上10万元以下的罚款。

第三十条 违反《条例》第四十五条规定，架设、铺设铁路信号和通信线路、杆塔不符合国家标准、行业标准和铁路安全防护要求，或者未对铁路信号和通信线路、杆塔进行维护和管理的，由地区铁路监督管理局依照《条例》第八十七条规定责令改正，视情节处以相应罚款：

（一）违法情节较轻的，处2万元以上5万元以下的罚款；

（二）违法情节较重的，处5万元以上7万元以下的罚款；

（三）违法情节严重的，处7万元以上10万元以下的罚款。

第三十一条 违反《条例》第四十七条规定，铁路与道路交叉的无人看守道口未按照国家标准设置、维护警示标志；有人看守道口未设置、维护移动栏杆、列车接近报警装置、警示灯、警示标志、铁路道口路段标线等安全防护设施的，由地区铁路监督管理局依照《条例》第八十七条规定责令改正，视情节处以相应罚款：

（一）违法情节较轻的，处 2 万元以上 5 万元以下的罚款；

（二）违法情节较重的，处 5 万元以上 7 万元以下的罚款；

（三）违法情节严重的，处 7 万元以上 10 万元以下的罚款。

第三十二条 违反《条例》第四十八条规定，机动车或者非机动车在铁路道口内发生故障或者装载物掉落，未立即将故障车辆或者掉落的装载物移至安全地点，或者未立即报告铁路道口看守人员的；在无人看守道口，未立即在道口两端采取措施拦停列车，并就近通知铁路车站或者公安机关的，由地区铁路监督管理局依照《条例》第九十四条规定责令改正，处 1000 元以上 5000 元以下的罚款。

第三十三条 违反《条例》第四十九条规定，履带车辆等可能损坏铁路设施设备的车辆、物体通过铁路道口，未提前通知铁路道口管理单位，并采取相应的安全防护措施的，由地区铁路监督管理局依照《条例》第九十四条规定责令改正，处 1000 元以上 5000 元以下的罚款。

第三十四条 违反《条例》第五十条规定，铁路运输企业未在铁路桥梁、隧道的两端，铁路信号、通信光（电）缆的埋设、铺设地点，电气化铁路接触网、自动闭塞供电线路和电力贯通线路等电力设施附近易发生危险的地点按照国家标准、行业标准设置易于识别的警示、保护标志的，由地区铁路监督管理局依照《条例》第八十七条规定责令改正，视情节处以相应罚款：

（一）违法情节较轻的，处 2 万元以上 5 万元以下的罚款；

（二）违法情节较重的，处 5 万元以上 7 万元以下的罚款；

（三）违法情节严重的，处 7 万元以上 10 万元以下的罚款。

第三十五条 违反《条例》第五十五条规定，铁路运输企业未对铁路线路、铁路防护设施和警示标志进行经常性巡查和维护的，由地区铁路监督管理局依照《条例》第八十七条规定责令改正，视情节处以相应罚款：

（一）违法情节较轻的，处 2 万元以上 5 万元以下的罚款；

（二）违法情节较重的，处 5 万元以上 7 万元以下的罚款；

（三）违法情节严重的，处 7 万元以上 10 万元以下的罚款。

第三十六条 违反《条例》第五十七条规定，铁路机车车辆的驾驶人员持过期或者失效驾驶证件执业的，由地区铁路监督管理局责令改正，可以处 1000 元以下的罚款。

第三十七条 违反《条例》第五十九条规定，铁路运输企业使用的运输工具、装载加固设备以及其他专用设施设备不符合国家标准、行业标准和安全要求的，由地区铁路监督管理局依照《条例》第八十七条规定责令改正，视情节处以相应罚款：

（一）违法情节较轻的，处 2 万元以上 5 万元以下的罚款；

（二）违法情节较重的，处 5 万元以上 7 万元以下的罚款；

（三）违法情节严重的，处 7 万元以上 10 万元以下的罚款。

第三十八条 违反《条例》第六十七条规定，铁路运输托运人托运货物、行李、包裹时匿报、谎报货物品名、性质、重量，或者装车、装箱超过规定重量以及在普通货物中夹带危险货物，或者在危险货物中夹带禁止配装货物的，由地区铁路监督管理局依照《条例》

第九十六条规定责令改正，视情形处以相应罚款：

（一）托运货物、行李、包裹时匿报、谎报货物品名、性质、重量，或者装车、装箱超过规定重量，情节较轻的，可处2000元以下的罚款；情节较重的，处2000元以上1万元以下的罚款；情节严重的，处1万元以上2万元以下的罚款；

（二）将危险化学品谎报或者匿报为普通货物托运，处10万元以上15万元以下的罚款；违法情节严重的，处15万元以上20万元以下的罚款；

（三）在普通货物中夹带危险货物，在危险货物中夹带禁止配装的货物，处3万元以上10万元以下的罚款；违法情节严重的，处10万元以上20万元以下的罚款。

第三十九条 违反《条例》第六十八条规定，铁路运输企业在非危险货物办理站办理危险货物承运手续，承运未接受安全检查的货物，承运不符合安全规定、可能危害铁路运输安全的货物的，由地区铁路监督管理局依照《条例》第一百条规定责令改正，视情节处以相应罚款：

（一）违法情节较轻的，处2万元以上5万元以下的罚款；

（二）违法情节较重的，处5万元以上7万元以下的罚款；

（三）违法情节严重的，处7万元以上10万元以下的罚款。

第四十条 违反《条例》第六十九条规定，铁路运输企业和托运人未依照法律法规和国家其他有关规定使用专用的设施设备运输危险货物的，由地区铁路监督管理局依照《条例》第八十七条规定责令改正，视情节处以相应罚款：

（一）违法情节较轻的，处2万元以上5万元以下的罚款；

（二）违法情节较重的，处5万元以上7万元以下的罚款；

（三）违法情节严重的，处7万元以上10万元以下的罚款。

第四十一条 违反《条例》第六十九条规定，铁路运输托运人运输危险货物未配备必要的应急处理器材、设备以及防护用品的，由地区铁路监督管理局依照《条例》第九十七条规定责令改正，视情节处以相应罚款：

（一）违法情节较轻的，处1万元以上2万元以下的罚款；

（二）违法情节较重的，处2万元以上3万元以下的罚款；

（三）违法情节严重的，处3万元以上5万元以下的罚款。

第四十二条 违反《条例》第七十一条规定，铁路运输企业未按照操作规程包装、装卸、运输危险货物，防止危险货物泄漏、爆炸的，由地区铁路监督管理局依照《条例》第一百条规定责令改正，视情节处以相应罚款：

（一）违法情节较轻的，处2万元以上5万元以下的罚款；

（二）违法情节较重的，处5万元以上7万元以下的罚款；

（三）违法情节严重的，处7万元以上10万元以下的罚款。

第四十三条 违反《条例》第七十一条规定，铁路运输托运人未按照操作规程包装、装卸、运输危险货物，防止危险货物泄漏、爆炸的，由地区铁路监督管理局依照《条例》第九十七条规定责令改正，视情节处以相应罚款：

（一）违法情节较轻的，处1万元以上2万元以下的罚款；

（二）违法情节较重的，处2万元以上3万元以下的罚款；

（三）违法情节严重的，处3万元以上5万元以下的罚款。

第四十四条 违反《条例》第七十二条规定，铁路运输企业和托运人未依照法律法规和国家其他有关规定包装、装载、押运麻醉药品和精神药品等特殊药品，造成特殊药品在运输过程中被盗、被劫或者发生丢失的，由地区铁路监督管理局依照《麻醉药品和精神药品管理条例》等相关法律、行政法规规定处罚。

第四十五条 违反《条例》规定，本办法未规定行政处罚、其他法律法规另有规定的，依照其规定执行。

第四十六条 铁路监管部门发现违反《条例》规定的行为，但本部门无权处理的，应当及时移送或者通报有权处理的部门。

第四章 行政处罚程序

第四十七条 铁路监管部门发现违反《条例》的事实和行为，依法应当给予行政处罚的，应当按照本办法规定的管辖范围予以受案。

第四十八条 铁路监管部门对已受案的违法行为，应当全面、客观、公正地调查，收集有关证据。

第四十九条 铁路行政执法人员在调查、收集证据时，应当遵守下列规定：

（一）不得少于 2 人；

（二）询问证人和当事人，应当分别进行，并告知其作伪证的法律责任；《询问笔录》须经被询问人阅核后，由询问人和被询问人签名，被询问人拒绝签名的，由询问人在询问笔录上注明情况；

（三）对与案件有关的物品或者现场进行勘验检查时，应当通知当事人到场，制作《检查（勘验）笔录》，当事人拒不到场的，可请在场的其他人员见证；

（四）对需要采取抽样取证的，应当制作《抽样取证物品清单》，并妥善保管，需要退回的应当退回；

（五）对涉及专业性较强问题的，应当聘请有专业知识和技术能力的部门、人员进行鉴定；

（六）在证据可能灭失或者以后难以取得的情况下，经行政机关负责人批准，可以先行登记保存，制作《先行登记保存证据清单》，并应当在 7 日内对先行登记保存的证据作出处理决定。

第五十条 当事人认为执法人员与本案有利害关系或者有其他关系可能影响公正执法的，有权申请执法人员回避。

执法人员认为自己与本案有利害关系或者有其他关系的，应当申请回避。

执法人员的回避由执法部门负责人决定，执法部门负责人的回避由所在机构负责人决定。

第五十一条 案件调查终结后，执法人员认为案件事实清楚，主要证据齐全，应当制作《案件调查报告》，对案件提出处理意见，报执法部门负责人审查。涉及多部门管理事项的，应当分送有关部门联审。涉及行政许可事项的，应当送行政许可审查部门审查。对重大、疑难案件调查情况，应向国家铁路局有关部门报告。

因案情性质发生变化或者客观原因导致调查工作不需要或无法继续开展的，可以作出《终止调查决定书》，并送达相关当事人和举报人、控告人。

第五十二条 《案件调查报告》经执法部门负责人审查后，认为应当给予行政处罚的，执法人员应制作《行政处罚告知书》，送达被告知人，告知拟作出行政处罚决定的事实、理由及依据。并告知其享有陈述、申辩及依法要求举行听证的权利。逾期未提出听证的，视为放弃。

第五十三条 执法部门在作出较大数额罚款、吊销许可证件等行政处罚决定之前，应当告知当事人有要求举行听证的权利；当事人要求听证的，案件办理人员应当向铁路监管部门主管负责人报告，由法制工作部门组织听证。听证程序按有关法律、行政法规的规定执行。

第五十四条 铁路监管部门根据案件的不同情况，分别作出如下处理决定：

（一）确有违法行为，应当给予行政处罚的，根据情节和危害后果的轻重，作出行政处罚决定；

（二）违法行为轻微，依法可以不予行政处罚的，不予行政处罚；

（三）违法事实不成立的，不得给予行政处罚；

（四）违法行为涉嫌犯罪的，移送司法机关。

第五十五条 铁路监管部门依据本办法制作《行政处罚决定书》。《行政处罚决定书》应当载明下列事项：

（一）当事人的姓名或名称、住址或地址；

（二）违反法律、法规或者规章的事实和证据；

（三）行政处罚的种类和依据；

（四）行政处罚的履行方式和期限；

（五）不服行政处罚决定，申请行政复议或者行政诉讼的途径和期限；

（六）作出行政处罚决定的铁路监管部门名称和作出决定的日期。

行政处罚决定书应当加盖作出行政处罚决定的铁路监管部门的行政处罚专用印章。

第五十六条 执法部门负责送达行政处罚决定书。行政处罚决定书应当在宣告后当场交付当事人，当事人拒绝签收的，送达人员应当在送达回证上注明；当事人不在场的，应当在 7 日内依照民事诉讼法的规定，采取留置送达、邮寄送达、公告送达等方式送达。

当事人在收到行政处罚决定书后，应在行政处罚决定书送达回证上注明收到日期、签名或盖章。

第五十七条 行政执法人员收缴罚款后，应当出具由财政部统一制作的罚款收据。处罚和罚款收缴应当分离，罚款所得的款项，必须按照有关规定上缴，任何单位和个人不得截留、私分或者变相私分。

第五十八条 行政处罚案件自受案之日起，一般应当在 30 日内办理完毕；由于客观原因不能完成的，经执法部门负责人同意，可以延长，但不得超过 60 日；特殊情况需进一步延长的，应当经铁路监管部门负责人批准，可延长至 90 日。

第五十九条 行政处罚决定作出后，当事人应当在行政处罚决定的期限内履行。

当事人对行政处罚决定不服，申请行政复议或者提起行政诉讼的，行政处罚不停止执行，法律、行政法规另有规定的除外。

第六十条 当事人逾期不履行行政处罚决定的，铁路监管部门可以采取下列措施：

（一）到期不缴纳罚款的，每日按罚款数额的 3%加处罚款，加处罚款不得超出原处罚决定金钱给付义务的数额；

（二）在法定期限内不申请行政复议或者提起行政诉讼，又不履行行政处罚决定的，执法部门可以自期限届满之日起3个月内申请人民法院强制执行。

第六十一条 铁路监管部门申请人民法院强制执行前，应当催告当事人履行义务。催告书送达10日后当事人仍未履行义务的，可以向所在地有管辖权的人民法院申请强制执行；执行对象是不动产的，向不动产所在地有管辖权的人民法院申请强制执行。

第六十二条 向人民法院申请强制执行，应当提供下列材料：

（一）强制执行申请书；

（二）行政处罚决定书及作出决定的事实、理由和依据；

（三）当事人的意见及行政机关催告情况；

（四）申请强制执行标的情况；

（五）法律、行政法规规定的其他材料。

强制执行申请书应当由铁路监管部门负责人签名，加盖行政机关铁路监管部门的印章，并注明日期。

第六十三条 因情况紧急，为保障公共安全，铁路监管部门可以申请人民法院立即执行。

第六十四条 铁路监管部门对人民法院不予受理的裁定有异议的，可以自收到裁定之日起15日内向上一级人民法院申请复议。

第六十五条 当事人确有经济困难，需要延期或者分期缴纳罚款的，由当事人提出申请并经铁路监管部门批准，可以暂缓或者分期缴纳。

第六十六条 地区铁路监督管理局对当事人作出较大数额罚款行政处罚决定的，应当自作出行政处罚决定书之日起7日内报国家铁路局备案。

第六十七条 行政处罚决定执行完毕后，应当将下列案件材料立卷归档：

（一）受案登记表；

（二）案件调查报告；

（三）证据材料；

（四）行政处罚告知书、行政处罚决定书、送达回证；

（五）罚款收据复印件；

（六）在办理案件中形成的其他材料。

第六十八条 依照本办法给予单处责令改正或者对公民处以50元以下、对法人或其他组织处以1000元以下罚款的，可以适用《中华人民共和国行政处罚法》规定的简易程序，行政处罚决定书应当当场交付当事人。

第五章 执法监督

第六十九条 铁路监管部门应当建立行政处罚责任追究制度，对违法实施行政处罚的责任人实行责任追究。

第七十条 监察机关负责对执法部门和执法人员实施行政处罚情况进行监督检查，受理对执法部门和执法人员违反行政纪律的行为的控告、检举，并依法进行调查处理。

法制工作部门负责对执法部门和执法人员执行法律法规情况进行监督检查。安全监察部门、人事部门负责执法人员日常管理和培训，对不符合执法资格的人员应当停止其执法工作，收缴其执法证件。

第七十一条 公民、法人或者其他组织认为铁路监管部门的行政处罚侵害其合法权益，有权依照《中华人民共和国行政复议法》申请行政复议。国家铁路局法制工作部门、安全监察部门对地区铁路监督管理局违法或者不适当的行政处罚有权予以纠正。

第七十二条 公民、法人或者其他组织认为铁路监管部门的行政处罚侵害其合法权益，有权依照《中华人民共和国行政诉讼法》，向人民法院提起行政诉讼。

第七十三条 铁路监管部门违法实施行政处罚，给公民人身或财产造成损害、给单位造成财产损失的，应当依照《中华人民共和国国家赔偿法》予以赔偿。

第六章　附则

第七十四条 铁路监管部门依照法律、法规、规章，可以在法定权限内委托符合法定条件的组织实施行政处罚。

第七十五条 依据《条例》第一百零六条规定，对专用铁路、铁路专用线的行政处罚参照本办法的规定执行。

第七十六条 本办法所称“较大数额罚款”，是指对个人处以 1 万元以上的罚款，对单位处以 10 万元以上的罚款。

本办法“以上”含本数、“以下”不含本数。

第七十七条 本办法所规定的法律文书格式，由国家铁路局统一制定。

第七十八条 本办法自 2014 年 1 月 1 日起施行。2006 年 1 月 4 日原铁道部发布的《违反〈铁路运输安全保护条例〉行政处罚实施办法》（铁道部令第 27 号）同时废止。

思政课堂

加大铁路交通法制建设成为确保铁路安全的重中之重

2014年3月17日，一个小小的塑料风筝缠住接触网使得火车改道。

2015年4月13日，一位男子放飞的孔明灯与铁路接触网碰触，导致供电线路跳闸，火车被逼停30分钟。

2016年7月2日，因杭深线铁路接触网悬挂异物导致跳闸，从而造成福州、厦门两地列车大面积晚点。

2022年2月26日，湖南岳阳中学生玩弹弓击碎行驶中高铁列车的车窗。

加大路外安全环境整治已经成为确保全国列车安全运行的重中之重。

随着铁路网的大范围建设，铁路在拉动地方经济、促进地方发展中的作用将越来越大。铁路部门应携手地方政府和社会各界人士共同为铁路安全运输做贡献。

铁路部门与社会各界，应以《中华人民共和国铁路法》《铁路安全管理条例》等法律法规及铁路路外安全常识等为主要内容，通过发放安全宣传品、宣传册（单）及路外安全咨询等形式，广泛开展路外安全宣传教育活动，深入铁路线路附近村镇、社区、学校、厂矿开展现场宣传活动，以进一步加强铁路外部安全环境管理，及时整治和消除影响运输安全的各类安全隐患，有效防止和减少铁路外部安全环境隐患引发的铁路安全事故的发生，依法打击危害铁路运输安全的违法行为，确保人民生命财产和铁路运输安全。

5

铁路运输法律法规案例

5.1 铁路运输经营法律法规案例

5.1.1 “丢票补全票”争议

丢失火车票后，向列车乘务员出示了 12306 网站购票信息、购票成功的通知短信、身份证等，仍被要求全价补票，为此，浙江大学一名女学生将昆明铁路局告上法庭。此案于 2015 年 11 月上旬开庭。

乘客实名制购买火车票，检票进站后发现车票遗失，此时是否应该掏钱全额补票？

2014 年 4 月，陈伟（化名）通过铁路客户服务中心 12306 网站购票，并正常检票进站乘车。出站检票时，车票不见了，陈伟认为车站在核实本人身份证和 12306 网站发送至个人邮箱的购票通知后应放行，但杭州火车站坚持认为根据规定，车票遗失必须全额补票才能予以放行。经交涉未果，陈伟不得已全额补票后才被放行。

之后，陈伟向浙江消保委投诉此事。因浙江消保委陆续接到类似投诉，于是向上海铁路局提起公益诉讼。

案例分析：

通过这两起诉讼案件可以发现，涉事旅客不满补票的原因在于：既然已经实施了实名制购票，铁路部门完全可以通过购票系统查询到相关信息。铁路部门坚持补票的原因在于：《铁路旅客运输规程》第四十三条规定，旅客丢失车票应另行购票。在列车上应自丢失站起（不能判明时从列车始发站起）补收票价，核收手续费。旅客补票后又找到原票时，列车长应编制客运记录交给旅客，作为在到站出站前向到站要求退还后补票价的依据，退票核收退票费。

于是，社会关注的目光转移到《铁路旅客运输规程》。

1997 年，原铁道部出台的《铁路旅客运输规程》是在旅客购票尚未实行实名制的背景下制定的，在当时，纸质车票丢失，乘客无法举证自己已经购票的情况下，要求另行购票有其合理性。在实行实名制的情况下，铁路运输部门已可查证旅客是否购票，仍把另行购票作为对消费者遗失车票的唯一处理措施，是对《铁路旅客运输规程》第四十三条的断章取义和片面理解。这说明这份运输规程已经严重滞后于社会发展的实际情况，需要进行修改。

根据12306网站公开的信息，《铁路旅客运输规程》被列入“法律规章”中，其法律效力应属于部门规章。这部自1997年开始实行的部门规章，曾在2010年有过一次修改。不过，在全面实行铁路购票实名制后，这部规章并没有作出相应调整。

部门规章应根据社会发展需要及时作出调整，与时俱进地“立改废”，才能体现法治规则。

浙江大学生起诉昆明铁路局一案最后庭外和解，但其起到了推动铁路部门进一步完善遗失票挂失办法的作用。2017年1月1日，铁路部门完善了实名制车票挂失补办法，旅客若在列车上、出站检票前丢失实名制火车票，可找列车长或到车站出站口办理挂失补办手续。该办法的实施，避免了旅客损失，方便了旅客购票出行。

5.1.2 “该不该涨价”争议

国家计委依据铁道部报送的《关于报批部分旅客列车政府指导价实施方案的函》(铁财函〔2000〕253号),于2000年11月下发了《关于部分旅客列车票价实行政府指导价有关问题的批复》(计价格〔2000〕1960号),批准对铁路部分旅客列车运价实行政府指导价,允许客流较大线路和春运、暑运、“五一”、“十一”等主要节假日期间,客运繁忙线路的铁路旅客列车票价适当上浮;允许部分与高速公路平行、竞争激烈及其他客流较少线路列车票价常年下浮,对团体购票旅客、提前购票旅客等实行票价下浮政策,同时规定了浮动幅度、审批权限等。并在2000年12月同意由铁道部颁发铁路旅客票价表,作为旅客列车实行浮动票价的中准价。

铁道部依据上述《批复》,发出《关于2001年春运期间部分旅客列车实行票价上浮的通知》(以下简称《通知》),《通知》规定:节前(1月13日至22日)自广州(集团)公司、北京铁路局、上海铁路局始发、节后(1月26日至2月17日)自成都铁路局、郑州铁路局、南昌铁路局、上海铁路局始发的部分直通客车票价上浮,其中新型空调列车上浮20%,其他列车上浮30%。除夕、正月初一、初二不上浮。儿童、学生、现役军人、革命伤残军人票价不上浮。

河北省石家庄市居民乔占祥购买了2001年1月1日2069次列车从石家庄到磁县的车票,2001年1月22日2069次列车从石家庄到邯郸的车票。第一张车票比涨价前多支出了5元,第二张车票比涨价前多支出了4元。据此,乔占祥认为铁道部关于2001年部分旅客列车涨价的通知侵害了其合法权益,于2001年1月18日根据行政复议法的规定,就不服铁道部的《通知》向铁道部申请行政复议,申请撤销铁道部于2001年1月4日公布的2001年春运期间部分旅客列车实行票价上浮的行政行为,而后,在铁道部作出维持涨价通知的复议决定后,向北京市第一中级人民法院提起行政诉讼,法院受理此案,并作出判决;乔占祥对一审判决不服又向北京市高级人民法院提出上诉,二审法院作出了维持原判判决。

案例分析:

铁路列车旅客票价直接关系群众的切身利益,依照《中华人民共和国价格法》第18条的规定,政府在必要时可以实行政府指导价或者政府定价。根据《中华人民共和国铁路法》第二十五条“铁路的旅客票价率和货物、行李的运价率实行政府指导价或者政府定价”的规定,铁路列车旅客票价调整属于铁道部的法定职责。铁道部上报的实施方案所依据的文件已经国务院批准,其所作《通知》是在经过市场调查的基础上又召开了价格咨询会,在向有权机关上报了具体的实施方案,并得到了批准的情况下作出的,应视为履行了必要的正当程序。虽然,《中华人民共和国价格法》第二十三条规定,“制定关系群众切身利益的公用事业价格、公益性服务价格、自然垄断经营的商品价格等政府指导价、政府定价,应当建立听证会制度。”但由于在铁道部制定《通知》时,国家尚未建立和制定规范的价格听证制度,要求铁道部申请价格听证缺乏具体的法规和规章依据。据此,上诉人乔占祥请求认定被上诉人铁道部所作《通知》程序违法并撤销该具体行政行为理由不足。

5.2 铁路运输安全法律法规案例

5.2.1 放置障碍物危害铁路安全

确保行车安全是“铁路永恒的主题”。在铁路运输过程中，如有事故发生，不但可能造成重大的人员伤亡和财产损失，而且还会对整个国家的社会稳定、经济发展、国际形象等产生一系列不利影响。由于铁路交通运输系统点多、线长、面广，在警力有限的情况下，容易形成安全防范的盲区和死角，破坏铁路交通设施的案件不断发生。仅在2014年4月到12月，全国铁路检察机关共受理破坏铁路交通设施犯罪案件18件，审查23人，同比分别上升39%和44%。

2015年7月3日晚，由上海发往深圳的D2283次列车，在福建云霄县东厦镇塘美村线路上发生异响后停车。随后，南昌铁路局厦门工务段在该村庄附近铁路的道心上发现一台重约23公斤的虎钳，警方当晚介入调查。7月5日，公安机关发布公告，悬赏10万元征集案件线索，并于7月8日将犯罪嫌疑人抓获归案。

案例分析：

随着铁路运输技术的发展，列车速度不断提高、行车密度不断加大，这对行车安全也提出了越来越高的要求，在铁路线路上放置障碍物对铁路运输的威胁也越来越大，轻则造成列车被迫停车和中断行车，重则造成列车倾覆及铁路设施的毁坏，理应严惩。

根据《中华人民共和国治安管理处罚法》第三十五条的规定，有下列行为之一的，处五日以上十日以下拘留，可以并处五百元以下罚款；情节较轻的，处五日以下拘留或者五百元以下罚款：①盗窃、损毁或者擅自移动铁路设施、设备、机车车辆配件或者安全标志的；②在铁路线路上放置障碍物，或者故意向列车投掷物品的；③在铁路线路、桥梁、涵洞处挖掘坑穴、采石取沙的；④在铁路线路上私设道口或者平交过道的。

同时，《中华人民共和国刑法》第一百一十七条规定，破坏轨道、桥梁、隧道、公路、机场、航道、灯塔、标志或者进行其他破坏活动，足以使火车、汽车、电车、船只、航空器发生倾覆、毁坏危险，尚未造成严重后果的，处三年以上十年以下有期徒刑。第一百一十九条规定，破坏交通工具、交通设施、电力设备、燃气设备、易燃易爆设备，造成严重后果的，处十年以上有期徒刑、无期徒刑或者死刑。

在铁路线路上放置障碍物构成破坏交通设施罪或者一般违法行为的关键在于，放置障碍物的行为是否足以使交通工具发生倾覆、毁坏危险，是否危害交通运输安全。如果其放置障碍物的行为已经造成或者足以造成交通工具倾覆或毁坏，应以犯罪论处；如果破坏行为只是可能影响交通运输安全，尚未达到足以使交通工具发生倾覆、毁坏危险的严重程度，则属于破坏交通设备的违法行为。

5.2.2 携带违禁品乘车

2018年12月10日，一名女旅客在大连金州火车站过安检时被拦了下来，安检仪上显示她的行李箱里藏有四把刀。

2018年12月10日下午2时，民警在安检岗位执勤的时候，安检员报告民警，发现一名旅客的包裹中有可疑物品，民警随即将该包裹拿到安检台上开包检查，在其包裹的夹层中发现了四把刀具，这四把刀具的刀身长度均超过15厘米，全都藏在袜子里。

民警随后将这名女旅客带到车站派出所，经询问，女旅客姓徐，今年41岁，家住黑龙江五大连池。几年前和丈夫来到金普新区打工，去年她的丈夫去世，留下了这四把刀，当天她坐火车回黑龙江老家，想把这四把刀带回去保存。刀是以前女旅客的丈夫在工厂干活的时候做的，一直在家里面放着，女旅客当天就是想把这四把刀带回黑龙江老家。

徐某表示自己没想那么多，不过为了顺利将刀带回家，她还是对随身携带的这四把刀进行了隐藏，用袜子套上后放在箱子底层，并用物品覆盖上。

案例分析：

徐某带四把刀进站乘车，一旦带上列车将会对其他旅客形成不安全因素，安检员依据《铁路旅客运输安全检查管理办法》，阻止徐某进站，并向公安机关报告；大连铁路警方依据《中华人民共和国治安管理处罚法》规定，对非法携带枪支、弹药或者弩、匕首等国家规定的管制器具，进入公共场所或者公共交通工具的徐某，给予行政拘留惩罚。

5.2.3 “座霸”

1. “座霸”案例一

2018年8月21日，在从济南西站开往北京的G334次高速动车组列车上，一孙姓男子霸占别人的座位，还对前来劝阻的乘务员耍出各种无赖，视频发到网上后，引起了全国人民的愤慨。从而被人称为“霸座男”。

2018年8月22日，该男子通过媒体向公众致歉，但网友们似乎并不买账。

2018年8月24日，从中国铁路济南局集团有限公司获悉，孙某被处治安罚款200元，并在一定期限内被限制乘坐火车。

案例分析：

济南铁路公安处依据《中华人民共和国治安管理处罚法》第二十三条第一款第三项之规定，给予孙某治安罚款200元的处罚。铁路客运部门依据《关于在一定期限内适当限制特定严重失信人乘坐火车推动社会信用体系建设的意见》《限制铁路旅客运输领域严重失信人购买车票管理办法》的规定，在铁路征信体系中记录该旅客信息，并在一定期限内限制其购票乘坐火车。2018年9月3日的消息显示，在国家公共信用信息中心公布的8月新增失信联合惩戒对象名单中，高铁“霸座男”在列，其被限制乘坐所有火车席别。

2. “座霸”案例二

2018年9月19日，网上传出一段永州至深圳北G6078次列车上一女旅客“霸座”视频。视频中女旅客所购车票是靠过道的座位，其却执意坐在靠窗的座位上，列车工作人员与其反复沟通，请她坐回车票对应的座位，但女旅客拒绝并称自己没有坐错座位。

案例分析：

2018年9月20日，衡阳铁路公安处发布通报称，根据《中华人民共和国治安管理处罚法》第二十三条第一款第三项之规定，对19日发生的高铁“霸座”事件中的女旅客周某某处以罚款200元的行政处罚。广州铁路部门也发布通报，将在铁路征信体系中记录9月19日G6078次列车旅客周某某的信息，并在180天内限制其购票乘坐火车。

3. “座霸”案例三

2018年12月3日14时09分，包头至大连的K56次列车苏家屯站开车后，乘警接到列车长报告，1号车厢有旅客“霸座”。经了解，女旅客刘某从沈阳站上车后没有按自己购买的车票标明的座位就座，而是坐在64号其他旅客座位上。苏家屯站开车后，该座旅客祝某持1车64号车票要求刘某让出座位，刘某拒不配合，声称“谁先坐就是谁的”。乘务员过来劝说无效后，报告了乘警。对刘某的无理行为，乘警多次告知其行为已扰乱了列车秩序，涉嫌违反《中华人民共和国治安管理处罚法》，并对其多次提出警告，要求刘某将座位让出来，均遭到刘某拒绝且其态度恶劣，辱骂乘警和周围旅客。为了维持列车正常秩序，乘警在对其多次警告无果后，将其强制带离现场，并制作了相关法律文书交大石桥站派出所处理。

案例分析：

该女旅客不仅霸占他人座位、拒绝让座，还对列车乘警进行辱骂，危害了公共安全。在这种情况下，对她采取强制措施是必要的。惩戒“霸座”不文明行为，除了要加大惩戒力度，还要加强相关法律法规的宣传教育，例如在火车票的背面印一些铁路的条例规定，或是在旅客候车时进行普法宣传。

200 元的治安管理处罚其实对大部分“霸男霸女”来说只是“不痛不痒”的处罚。针对此类过轻的处罚，早已引发了人们的不满，许多网友调侃“以后买一张站票也可以坐商务座、一等座了，反正不犯法”。《广东省铁路安全管理条例》自 2018 年 12 月 1 日起施行，该条例规定：旅客应当按照车票载明的座位乘车，不得强占他人座位。对乘车行为加以规范和约束，不仅关系到交通出行秩序，也关系到整个社会文明水准的提升。有关部门应对相关法律法规进行修订，将“霸座”等行为列入失信名单，倒逼“霸座者”对规则产生敬畏。

《中华人民共和国民法典》规定：旅客应当按照有效客票记载的时间、班次和座位号乘坐，“无票乘坐、超程乘坐、越级乘坐或者持不符合减价条件的优惠客票乘坐的，应当补交票款，承运人可以按照规定加收票款；旅客不支付票款的，承运人可以拒绝运输”。根据《铁路旅客信用记录管理办法（试行）》《关于限制铁路旅客运输领域严重失信人购买车票的管理办法》等规定，“霸座”行为还将被纳入“黑名单”。

考虑到此类违法行为带有耍无赖的性质，一些地方会在治安处罚中将其归入寻衅滋事一类。根据《中华人民共和国治安管理处罚法》规定，公安机关可对违法者“处 5 日以上 10 日以下的拘留，可以并处 500 元以下罚款”，“情节较重的，处 10 日以上 15 日以下拘留，可以并处 1 000 元以下罚款”。个别情况下，“霸座者”甚至可能被追究刑事责任。一旦构成寻衅滋事犯罪，违法者可能面临 5 年以下有期徒刑、拘役或者管制，在司法实践中亦有判刑案例。

不过，即便已有相关法律，上述规制性法律还是缺了重要的一环，那就是执法机关与铁路系统之间的联动机制。在现实中，火车上发生“霸座”问题后，列车长、安全员、乘务员等工作人员会首先出面，但他们明显缺乏必要的强制手段。根据 2021 年公布的《铁路旅客运输规程（征求意见稿）》，面对“霸座者”的无赖之举，列车工作人员“应当及时通知公安机关”，由此实现了铁路部门与公安部门应对处理的有机衔接，打出了一套组合拳。

对于突破底线的不文明行为，除了道德谴责，也要有法律规制。从治安处罚到纳入征信黑名单，从拒绝运输到“应当及时通知公安机关”，立法回应民众呼声，规范越来越全面，措施越来越有力。公众对违法失德者束手无策的一页，已经彻底翻过。对于铁路和公安部门，有了法律规范撑腰，处理“霸座”等不文明行为将更加得心应手，这也有利于维护运输秩序和运行安全，让广大公众受益。

5.2.4 吸烟引发高铁烟雾报警

近日，旅客柴某乘坐由辽宁丹东至上海虹桥的G1230次列车，前往山海关。列车还没到站，他的烟瘾发作，从厕所出来后，点上一根烟吸了起来。吸烟引发列车烟雾报警系统报警。乘警立即到达现场，将柴某当场查获，随后将他移交山海关站派出所处理。

案例分析：

在高铁列车运行过程中，车内任何位置都严禁吸烟。吸烟会造成列车烟感报警系统自动报警，造成列车降速和停车，危及行车安全，更严重的是吸烟有可能会引发火灾。根据《铁路安全管理条例》的有关规定，在动车组列车上吸烟的旅客，不仅面临行政处罚，更会被纳入失信人员名单，在180天内限制（其）购票乘车。

依据《铁路安全管理条例》的有关规定，柴某被处以500元的行政罚款并被列入铁路失信人员名单。

5.2.5 散布铁路事故谣言

2017年2月9日，深圳网警接网民举报，某微信公众号发布《今天凌晨，胶济铁路动车相撞，这么大的事故竟然报道伤亡不详，又要掩埋事实吗？转发曝光!》的虚假信息，文章将2008年胶济铁路事故报道的视频和2011年甬温线事故现场图片拼凑在一起编造虚假信息，相关谣言在网上引发恐慌，造成恶劣社会影响。

2017年2月10日，深圳网警联合龙华公安分局在龙华区大浪街道某大厦内查获涉嫌编造、故意传播虚假信息，转发牟利的深圳泓宇网络科技公司法人代表练某洁（女，24岁），公司主管吴某（男，31岁），员工罗某（女，25岁），以上三人均对故意传播虚假信息的行为供认不讳。

案例分析：

犯罪嫌疑人练某洁因涉嫌编造、故意传播虚假信息罪被警方依法刑事拘留。针对吴某和罗某虚构事实扰乱公共秩序的违法行为，依据《中华人民共和国治安管理处罚法》第二十五条的规定（散布谣言，谎报险情、疫情、警情或者以其他方法故意扰乱公共秩序的，处五日以上十日以下拘留，可以并处五百元以下罚款；情节较轻的，处五日以下拘留或者五百元以下罚款），警方对二人分别采取行政拘留10日和罚款500元的处罚。

5.2.6 阻拦高铁关门

2018年1月5日下午，由蚌埠南开往广州南站的G1747次列车在合肥站停靠时，旅客罗某以等待在验票口的老公为由，用身体强行阻碍车门关闭，经铁路方面劝告无果，最终造成列车延迟发车。事后，公安机关对此事进行了调查取证。合肥铁路公安在调查取证的基础上，对旅客罗某作出了责令改正错误，罚款2000元的处罚。

案例分析：

阻碍列车关门，一般来说是不构成刑事犯罪的，只有危害到公共安全，才能以《中华人民共和国刑法》中的危害公共安全罪论处，但这并不意味着该行为就没有触犯法律法规。《铁路安全管理条例》明文规定，禁止实施“非法拦截列车、阻断铁路运输”的行为，违反规定的，由公安机关责令改正并处以相应罚金。旅客罗某以私人原因非法阻碍高速铁路列车发车，看似只延误了高速铁路列车几分钟，好像“无关紧要”，但须知我国的高速铁路调度系统精密复杂，“牵一发而动全身”，有些位于交通枢纽上的大站，可能一天就发出上百辆高速铁路列车，发车间隔时间也不过几分钟而已。一辆高速铁路列车的延误，很可能扩散到铁路网络上，打乱一定范围内的交通运输秩序，这不仅大大增加了相关人员的工作量，也可能影响其他旅客的正常出行。考虑到该行为所引发的不良社会反响，相关部门最终给罗某罚款2000元的“顶格处罚”。

本案例涉及的相关法律法规如下。

（1）《铁路安全管理条例》第七十七条——禁止实施下列危害铁路安全的行为：①非法拦截列车、阻断铁路运输；……

第九十五条——违反本条例第五十一条、第五十二条、第五十三条、第七十七条规定的，由公安机关责令改正，对单位处1万元以上5万元以下的罚款，对个人处500元以上2000元以下的罚款。

（2）《中华人民共和国治安管理处罚法》第二十三条第一款第四项——非法拦截或者强登、扒乘机动车、船舶、航空器及其他交通工具，影响交通工具正常行驶的，处警告或者200元以下罚款；情节较重的，处5日以上10日以下拘留，可以并处500元以下罚款。

5.2.7 铁路旅客人身损害赔偿的民事责任

2018 年 8 月 21 日，朱某（系未成年人）与父、母、姐、弟五人持票乘坐由中国铁路某局集团有限公司（以下简称“铁路某局”）运营的某次列车出行。一起同行的还有朱某的同学及其母林某。七人未按购票信息就座，朱某和同学相邻就座。其间，林某用保温杯接了开水放置于朱某座位前的桌板上，但未盖杯盖。列车途经某站时，赵某上车就座于朱某正前方的座位。赵某在向后调整椅背的过程中碰倒了朱某座前桌板上的水杯，致朱某全身多处烫伤。朱某以共同侵权为由提起诉讼，请求判令铁路某局、林某和赵某对其损害后果承担连带赔偿责任。

案例分析：

法院经审理认为，林某将未盖杯盖的保温杯放置于朱某座位的桌板上，赵某调整椅背时未注意后排情况使桌板上的水杯翻倒，两人均未尽安全注意义务。两人行为的结合是造成朱某烫伤的直接原因，两人应当就其损害首先承担赔偿责任；朱某的父母作为监护人，乘车时疏于照顾随行的未成年子女，对损害的发生也有过错，可以减轻侵权人的责任。鉴于其他当事人不认可铁路某局提供的安全警示广播音频，且该音频不能证明列车在始发站和经停站启动时均播放了语音提示，其在管理上存在疏漏，具有一定的过错，但该行为并不会直接导致原告被烫伤的结果，应在其对损害发生的可控程度范围内承担相应的补充责任。遂判决朱某自行对全部损失承担 30%的责任、赵某和林某各承担 35%的赔偿责任、铁路某局承担 20%的补充赔偿责任。

本案中，原告在列车车厢内烫伤系由多个原因造成。法院依据事实和法律对各涉事方责任进行判定，有助于进一步规范公共场所中各方主体的行为。被告林某未妥善放置保温杯和被告赵某疏于观察后座情况便调整椅背及原告父母监护不力是造成损害后果的直接原因，根据《中华人民共和国民法典》第一千一百七十二条的规定，三方对此应当承担按份责任。被告铁路某局未播放安全警示广播音频，与损害结果有间接的因果关系，故应承担补充赔偿责任。《中华人民共和国民法典》第一千一百九十八条规定了公共场所管理人违反安全保障义务的侵权责任。《铁路旅客运输服务质量规范》3.7 规定，动车组应采用广播、视频、图形标志、服务指南等方式，宣传安全常识和车辆设备设施的使用方法，提示旅客遵守安全乘车规定。铁路运输企业作为铁路运营区域的管理方，应当根据法律规定、行业规范、合同约定及善良管理人要求等在力所能及的范围内做好安全提示、安保配置、事故救援等工作。当然，做好该项工作不仅要求其及时采取相关安保措施，还要求其在条件允许的情形下留存工作日志。就诉讼而言，在受害方有证据证明特定场所确实存在危险因素的情形下，若铁路运输企业未能有效证明其已充分履行安全保障义务，则应承担不利后果。

5.2.8 横向穿越非封闭铁路的民事责任

2018年4月24日，周某头戴耳机、玩手机，步行经过供铁路工作人员上下线路使用的作业通道，横向穿越非封闭铁路线路时，与正在运行中的列车相撞，当场死亡。涉事作业通道处无禁止非工作人员进入等警示标志。距事故现场477米处有一公路下穿立交桥，可供行人通行。事故发生前，涉案列车频繁地鸣笛警示。事发后，周某父、母、妻、子四人共同提起诉讼，请求判令铁路某局承担35%的损害赔偿责任。

案例分析：

法院经审理认为，铁路运输属高度危险作业，因铁路运输造成人身损害的，铁路运输企业应当承担侵权责任，但受害人对损害的发生有过失的，可以减轻铁路运输企业的赔偿责任。事发的铁路线路属于非封闭线路。周某作为完全民事行为能力人，在明知进入铁路线路具有危险性的情况下，为走捷径选择穿越铁路线路，不但不注意瞭望，且穿越时头戴耳机、玩手机，其漠视自身安全系损害发生的主要原因。而铁路某局对设置于居民区附近的作业通道未采取充分、有效的安全防护、警示等措施，存在安全隐患，对事故的发生亦有一定过错，遂判决铁路某局承担20%的赔偿责任。

《铁路安全管理条例》第七十七条第七项明文禁止行人以在未设道口、人行过道的铁路线路上通过的方式危害铁路安全。《中华人民共和国铁路法》等法律法规规定了铁路运输企业负有在铁路沿线做好安全防护、警示等义务。《最高人民法院关于审理铁路运输人身损害赔偿纠纷案件适用法律若干问题的解释》第七条第一款规定，受害人横向穿越未封闭的铁路线路时存在过错，造成人身损害的，未充分履行安全防护、警示等义务的铁路运输企业应当在全部损失的百分之八十至百分之二十之间承担赔偿责任。本案中，涉案通道是专供铁路工作人员上下线使用的作业通道，行人不得擅自通行。周某是涉案路段周边居民，理应知道附近有可供行人通行的公路下穿立交桥，却为图便捷穿越该作业通道造成行车事故，主观上对损害后果的发生具有重大过错，应承担主要责任。铁路运输企业作为铁路线路的运营方和管理方，应在职责和能力范围内做好铁路沿线区域安全防护、警示等工作。例如，应当根据沿线客观环境、人流密度，以及事故发生频率等因素采取减速鸣笛、设置警示标志、安装铁路防护栏等保护性措施，避免铁路行车事故的发生。被告未能根据实际需要采取充分、有效的安全防护、警示等措施制止行人进入涉案作业通道，对损害后果的发生也应承担一定的责任。综合以上因素，法院依法确定双方各自的责任。

5.2.9 盗窃和破坏铁路交通设施的刑事责任

被告人王某甲至某铁路A线下行某处，用石块砸开准备安装于铁路线路上的变压器箱，再用随身携带的固定扳手将扼流变压器螺丝拧开，从该箱内窃得BE1-800/25型区间扼流变压器一只，而后销赃获赃款300元，经鉴定，该变压器价值人民币2 090元。后被告人王某甲、王某乙又共同多次在铁路A线上、下行线，B线上、下行线等处，通过相同的犯罪方式，共从已投入使用的变压器箱内窃得变压器七只。此行为足以产生列车追尾、区间瘫痪等危险，但尚未造成严重后果。经公安机关侦查，两被告人被抓获归案，到案后均如实供述了上述犯罪事实，检察机关以被告人王某甲犯盗窃罪、破坏交通设施罪，被告人王某乙犯破坏交通设施罪，向上海铁路运输法院提起公诉。

案例分析：

法院经审理认为，被告人王某甲以非法占有为目的，秘密窃取准备施工安装的扼流变压器，数额较大，其行为已构成盗窃罪；被告人王某甲、王某乙共同或者单独破坏正在使用中的铁路设施，足以产生列车追尾、区间瘫痪等危险，但尚未造成严重后果，两被告人的行为均已构成破坏交通设施罪。鉴于被告人归案后能如实供述罪行，坦白态度较好，可从轻处罚。遂对被告人王某甲犯盗窃罪，判处有期徒刑九个月，并处罚金人民币一千元，犯破坏交通设施罪，判处有期徒刑四年，数罪并罚，决定执行有期徒刑四年六个月，并处罚金人民币一千元；被告人王某乙犯破坏交通设施罪，判处有期徒刑五年。

盗窃罪是一项传统的刑事犯罪，人民群众对此罪的认知程度较高，被告人通过砸开变压器箱盗窃准备施工安装于铁路线路上的扼流变压器，是典型的盗窃行为。而破坏交通设施罪这一罪名，公众了解并不多，普遍认为偷东西就应该是盗窃罪，却不知此盗窃手段破坏了正在使用中的铁路设施，可能会造成列车事故。铁路作为国民经济的大动脉，其重要性不言而喻。为一己私利利用盗窃的手段破坏铁路沿线正在使用中的扼流变压器等铁路设施，可能会导致列车运行中出现列车追尾、脱轨、区间瘫痪等严重后果，是一种危害公共安全的行为，因此刑法对其规定的法定刑也比盗窃罪重，即使被告人的行为尚未造成严重后果，只要有造成严重后果的可能性，就应承担刑事责任。

5.2.10 暴力袭击执法民警构成袭警罪

2021年3月26日16时30分许，被告人张某携带一把水果刀通过铁路某站二楼安检口进站时，被安检员发现，其拒绝将携带的水果刀拿出配合安全检查。安检员遂报警，某铁路公安局民警金某接报后赶至现场，对被告人张某携带的行李物品进行开包检查。检查期间，被告人张某突然上前抢夺自己的被检物品，试图离开，并对上前阻拦的民警进行攻击，多次扑咬民警大腿未果后，又多次使用携带的行李箱包砸向民警腿部，造成民警右小腿外侧损伤。张某随即被民警当场控制后带至公安机关接受调查，并对上述犯罪事实供认不讳。公安机关侦查终结后移送审查起诉，后检察机关以张某犯袭警罪向上海铁路运输法院提起公诉。

案例分析：

法院经审理认为，被告人张某暴力袭击正在执行职务的人民警察，其行为触犯了《中华人民共和国刑法》第二百七十七条第五款之规定，犯罪事实清楚，证据确实、充分，应当以袭警罪追究其刑事责任。被告人张某到案后能够如实供述自己的罪行，且自愿认罪认罚，可以依法从轻处罚。遂判决被告人张某拘役四个月。

铁路民警担负着铁路沿线及车站货场等与铁路有关场所的治安管理工作，其执法的复杂性和承担的风险相对较大。为充分保障人民警察人身权益，根据《中华人民共和国刑法（修正案十一）》的最新规定，暴力袭击正在依法执行职务的人民警察的构成袭警罪，本案是《中华人民共和国刑法（修正案十一）》实施后上海铁路运输法院审理的首例发生在铁路进站处的袭警罪案件。本案例提醒广大铁路旅客，乘坐列车要依法接受安检，如查出可疑物品要自觉上交，自觉遵纪守法，不要与依法执行职务的铁路民警发生言语、肢体冲突。

6

铁路运输纠纷与铁路运输法院认知

6.1 铁路运输纠纷认知

6.1.1 铁路运输纠纷基础知识

1. 法律责任

1）法律责任的概念

法律责任，有广、狭两义。广义的法律责任指任何组织和个人均所负有的遵守法律，自觉地维护法律的尊严的义务。狭义的法律责任指违法者对违法行为所应承担的具有强制性的法律上的责任。

本书讨论的法律责任为狭义的法律责任，其同违法行为紧密相连，实施违法行为的人（包括法人），承担相应的法律责任。

2）法律责任的特点

（1）在法律上有明确具体的规定。

（2）由国家授权的机关依法追究法律责任，实施法律制裁，其他组织和个人无权行使此项权力。

3）法律责任的分类

根据违法行为所违反的法律的性质，法律责任分为：刑事法律责任（简称刑事责任）、民事法律责任（简称民事责任）、行政法律责任（简称行政责任）、经济法律责任、违宪法律责任。

（1）刑事责任指行为人因其犯罪行为所必须承受的，由司法机关代表国家所确定的否定性法律后果。刑事责任包括主刑和附加刑。其中，主刑包括管制、拘役、有期徒刑、无期徒刑、死刑；附加刑包括罚金、剥夺政治权利、没收财产、驱逐出境。

（2）民事责任指由于违反民事法律、违约或者由于民法规定所应承担的一种法律责任。

（3）行政责任指因违反行政法规定或因行政法规定而应承担的法律责任。

（4）违宪责任是指由于有关国家机关制定的某种法律、法规、规章与宪法相抵触，或有关国家机关、社会组织或公民从事了与宪法规定相抵触的活动而产生的法律责任。

（5）国家赔偿责任是指在国家机关行使公权力时由于国家机关及其工作人员违法行使职权所引起的由国家作为承担主体的赔偿责任。

根据主观过错在法律责任中的地位，法律责任分为过错责任、无过错责任和公平责任。

根据行为主体的名义，法律责任分为职务责任和个人责任。

根据责任承担的内容，法律责任分为财产责任和非财产责任。

2. 纠纷

从字面上看，纠纷指争执不下的事情、不易解决的问题。法律上，纠纷是当事人就具体的事由产生了误会或者一方刻意隐瞒事实，导致双方协商无果的情形。

1）刑事纠纷

刑事纠纷就是涉及刑事案件的纠纷，大多属于公诉案件，一般不可以调解。刑事案件是指犯罪嫌疑人或者被告人被控涉嫌侵犯了刑法所保护的社会关系，国家追究犯罪嫌疑人或者被告人的刑事责任而进行的刑事立案侦查、审判活动，刑事案件审判后，一般会被判处有期徒刑、死刑、剥夺政治权利等。其是一种比较严重的犯罪行为。

2）民事纠纷

民事纠纷是指平等主体之间发生的，以民事权利义务为内容的社会纠纷，是处理平等主体间人身关系和财产关系的法律规范的总和，所以所有违反这一概念的行为就会引起民事纠纷。民事纠纷分为两大类，一类是财产关系方面的民事纠纷，另一类是人身关系方面的民事纠纷。涉及民事案件的纠纷，一般“不告不理”，民事纠纷是可以调解的。法律纠纷以民事纠纷最为常见。

《中华人民共和国民法典》第十条规定，处理民事纠纷，应当依照法律；法律没有规定的，可以适用习惯，但是不得违背公序良俗。

3）行政纠纷

行政纠纷是指各级行政机关在履行职责过程中与公民、法人或者其他组织之间发生的行政争议和纠纷，包括土地、山林、水利、资源权属、医疗卫生、治安管理、城市管理等行政行为引发的争议和纠纷。

4）涉法涉诉纠纷

涉法涉诉纠纷是指当事人对刑事执法、行政执法等权力部门对案件或问题处理不满而引发的矛盾纠纷。

3. 铁路运输纠纷

铁路运输纠纷是指铁路运输法律关系的主体之间因经济权利和经济义务的实现而产生的争议。在铁路运输合同履行过程中，当事人各方由于政治、经济、法律、利益甚至自然条件等不同因素的差异及其影响，加上运输活动本身的复杂多变，难免会发生运输费用、损害赔偿等方面的纠纷。

6.1.2 铁路运输经济纠纷的解决途径

在我国，解决民事纠纷的方式有下列四种：和解、调解、仲裁、诉讼。

1. 和解

和解即当事人自行协商解决。当事人是民事纠纷的主体，他们对争议的事项享有充分的处分权能。是否行使处分权能、何时行使处分权能，以及以何种方式行使处分权能概由当事人自行决定。

2. 调解

纠纷当事人之外的第三者依据一定的社会规范（习惯、道德、法律等），在纠纷主体之间沟通信息，摆事实，讲道理，促成纠纷主体相互谅解、妥协，从而达成最终解决纠纷的合意。

我国现阶段的调解，主要是指人民调解委员会调解民事主体之间的纠纷。

3. 仲裁

所谓仲裁是指在仲裁庭的主持下，在民事纠纷双方当事人的参与下，依法对民事纠纷居中审理并制作一定法律文书平息冲突的方法。仲裁属民间性质。仲裁的基础是当事人的合意。也就是说，提交仲裁必须以双方当事人同意为前提，否则，仲裁程序不能启动。在通常情形下，仲裁庭成员也由当事人选任。仲裁的最大特点是快速、简便。随着国家法制的日益健全，仲裁正越来越受到人们的青睐。

4. 诉讼

民事诉讼即所谓的“打民事官司”。相对于人民调解、当事人自我平息、单位处理和仲裁机制而言，民事诉讼是典型的公力救济形式。这种公力救济的最大特点是具有特殊的法律强制性。民事诉讼还是国家处理民事纠纷的最有效也是最后的手段，因此，国家往往要对诉讼的主体、程序、制度等做出严格的规定。

6.2 铁路运输法院认知

6.2.1 铁路运输法院基础知识

1. 铁路运输法院的基本情况

铁路运输法院初建于 1954 年 3 月，当时称为“铁路沿线专门法院”。1957 年 9 月根据国务院《关于撤销铁路、水上运输法院的决定》，铁路运输法院予以撤销。

随着改革开放和经济建设全面启动，1980 年 7 月 25 日，司法部、铁道部联合发布了《关于筹建各级铁路运输法院有关编制问题的通知》，在北京设立铁路运输高级法院（1987 年 5 月撤销），在铁路局所在地设立铁路运输中级法院，在铁路分局所在地设立铁路运输法院。全国铁路运输法院从 1982 年 5 月 1 日开始正式办案。

2009 年 7 月 8 日，中央下发关于铁路公检法管理体制改革的文件，要求铁路公检法整体纳入国家司法体系，铁路法院整体移交驻在地省（自治区、直辖市）高级人民法院管理。截至 2012 年 6 月底，全国铁路运输法院完成管理体制改革。

目前，中华人民共和国的铁路运输法院分铁路运输中级法院、铁路运输基层法院两级。

2. 铁路运输法院案件管辖范围

2012 年 7 月 2 日，最高人民法院根据铁路法院管理体制改革变化，出台了《最高人民法院关于铁路运输法院案件管辖范围的若干规定》，对铁路运输法院案件管辖范围进行了规定。

（1）下列刑事公诉案件，由犯罪地的铁路运输法院管辖。

①车站、货场、运输指挥机构等铁路工作区域发生的犯罪；

②针对铁路线路、机车车辆、通信、电力等铁路设备、设施的犯罪；

③铁路运输企业职工在执行职务中发生的犯罪。

在列车上的犯罪，由犯罪发生后该列车最初停靠的车站所在地或者目的地的铁路运输法院管辖；但在国际列车上的犯罪，按照我国与相关国家签订的有关管辖协定确定管辖，没有协定的，由犯罪发生后该列车最初停靠的中国车站所在地或者目的地的铁路运输法院管辖。

（2）下列涉及铁路运输、铁路安全、铁路财产的民事诉讼，由铁路运输法院管辖：

①铁路旅客和行李、包裹运输合同纠纷；

②铁路货物运输合同和铁路货物运输保险合同纠纷；

③国际铁路联运合同和铁路运输企业作为经营人的多式联运合同纠纷；

④代办托运、包装整理、仓储保管、接取送达等铁路运输延伸服务合同纠纷；

⑤铁路运输企业在装卸作业、线路维修等方面发生的委外劳务、承包等合同纠纷；

⑥与铁路及其附属设施的建设施工有关的合同纠纷；

⑦铁路设备、设施的采购、安装、加工承揽、维护、服务等合同纠纷；

⑧铁路行车事故及其他铁路运营事故造成的人身、财产损害赔偿纠纷；

⑨违反铁路安全保护法律、法规，造成铁路线路、机车车辆、安全保障设施及其他财产损害的侵权纠纷；

⑩因铁路建设及铁路运输引起的环境污染侵权纠纷；

⑪对铁路运输企业财产权属发生争议的纠纷。

6.2.2 铁路运输法院的审判程序

以下介绍铁路运输法院民事诉讼的审判程序。

1. 第一审程序

一审程序包括普通程序和简易程序。普通程序是《中华人民共和国民事诉讼法》规定的民事诉讼当事人进行第一审民事诉讼和人民法院审理第一审民事案件所通常适用的诉讼程序。

适用普通程序审理的案件，根据《中华人民共和国民事诉讼法》的规定，应当在立案之日起 6 个月内审结。有特殊情况需要延长的，由审理法院院长批准，可以延长 6 个月；还需要延长的，须报请上级法院批准。

1）起诉

《中华人民共和国民事诉讼法》规定，起诉必须符合下列条件。

（1）原告是与本案有直接利害关系的公民、法人和其他组织。

（2）有明确的被告。

（3）有具体的诉讼请求、事实和理由。

（4）属于人民法院受理民事诉讼的范围和受诉人民法院管辖。

起诉方式，应当以书面起诉为原则，口头起诉为例外。在实践中，基本都是采用书面起诉方式。《中华人民共和国民事诉讼法》规定，起诉应当向人民法院提交起诉状，并按照被告人数提出副本。

起诉状应当记明下列事项。

（1）当事人的姓名、性别、年龄、民族、职业、工作单位和住所，法人或者其他组织的名称、住所和法定代表人或者主要负责人的姓名、职务。

（2）诉讼请求和所根据的事实和理由。

（3）证据和证据来源，证人姓名和住所。

民事案件案由是民事诉讼案件的名称，反映案件所涉及的民事法律关系的性质，是法院将诉讼争议所包含的法律关系进行的概括。

2）受理

《中华人民共和国民事诉讼法》规定，法院收到起诉状，经审查，认为符合起诉条件的，应当在 7 日内立案并通知当事人。认为不符合起诉条件的，应当在 7 日内裁定不予受理。原告对裁定不服的，可以提起上诉。

审理前的主要准备工作如下。

（1）送达起诉状副本和提出答辩状。

诉讼文书送达方式有 6 种：①直接送达，这是最常用的一种送达方式。②留置送达，这是指在向受送达人或有资格接受送达的人送交需送达的法律文书时，受送达人或有资格接受送达的人拒绝签收，送达人将诉讼文书依法留放在受送达人住所的送达方式。③委托送达，这是指受诉法院直接送达确有困难，委托其他法院将需要送达的法律文书送交受送达人的送达方式。④邮寄送达，根据《最高人民法院关于以法院专递方式邮寄送达民事诉讼文书的若干规定》，签收人是受送达人本人或者是受送达人的法定代表人、主要负责人、法定代理人、诉讼代理人的，签收人应当当场核对邮件内容。签收人发现邮件内容与回执上的文书名称不一致的，应当当场向邮政机构的投递员提出，由投递员在回执上记明情况后将邮件退回人民法院；签收人是受送达人办公室、收发室和值班室的工作人员或者是与受送达人同住成年家属，受送达人发现邮件内容与回执上的文书名称不一致的，应当在收到邮件后的 3 日内将该邮件退回人民法院，并以书面方式说明退回的理由。⑤转变送达，适用转交送达的受送达人是军人、被监禁人员、被劳动教养人员，由该受送达人所在单位转交送达。⑥公告送达，根据《最高人民法院关于依据原告起诉时提供的被告住址无法送达应如何处理问题的批复》，法院依据原告起诉时所提供的被告住址无法直接送达或者留置送达，应当要求原告补充材料。原告因客观原因不能补充或者依据原告补充的材料仍不能确定被告住址的，法院应当依法向被告公告送达诉讼文书。

《中华人民共和国民事诉讼法》规定，人民法院应当在立案之日起 5 日内将起诉状副本发送被告，被告在收到之日起 15 日内提出答辩状。被告提出答辩状的，人民法院应当在收到之日起 5 日内将答辩状副本发送原告。被告不提出答辩状的，不影响人民法院审理。

（2）告知当事人诉讼权利义务及组成合议庭。

人民法院对决定受理的案件，应当在受理案件通知书和应诉通知书中向当事人告知有关的权利和义务，或口头告知。

普通程序的审判组织应当采用合议制。合议庭组成人员确定后，应当在 3 日内告知当事人。

3）开庭审理

（1）法庭调查。

法庭调查，是在法庭上出示与案件有关的全部证据，对案件事实进行全面调查并有当事人进行质证的程序。

法庭调查按照下列程序进行：①当事人陈述；②告知证人的权利义务，证人作证，宣读到庭的证人证言；③出示书证、物证和视听资料；④宣读鉴定结论；⑤宣读勘验笔录。

（2）法庭辩论。

法庭辩论，是当事人及其诉讼代理人在法庭上行使辩论权，针对有争议的事实和法律问题进行辩论的程序。法庭辩论的目的，是通过当事人及其诉讼代理人的辩论，对有争议的问题逐一进行审查和核实，借此查明案件的真实情况和正确适用法律。

（3）法庭笔录。

书记员应当将法庭审理的全部活动记为笔录，由审判人员和书记员签名。

法庭笔录应当当庭宣读，也可以告知当事人和其他诉讼参与人当庭或者在 5 日内阅读。当事人和其他诉讼参与人认为对自己的陈述记录有遗漏或者差错的，有权申请补正。如果不予补正，应当将申请记录在案。法庭笔录由当事人和其他诉讼参与人签名或者盖章。

（4）宣判。

法庭辩论终结，应当依法作出判决。根据《中华人民共和国民事诉讼法》的规定，判决前能够调解的，还可以进行调解。调解书经双方当事人签收后，即具有法律效力。调解不成的，如调解未达成协议或者调解书送达前一方反悔的，法院应当及时判决。

原告经传票传唤，无正当理由拒不到庭的，或者未经法庭许可中途退庭的，可以按撤诉处理；被告反诉的，可以缺席判决。被告经传票传唤，无正当理由拒不到庭的，或者未经法庭许可中途退庭的，可以缺席判决。

法院一律公开宣告判决，同时必须告知当事人上诉权利、上诉期限和上诉的法院。最高人民法院的判决、裁定，以及超过上诉期没有上诉的判决、裁定，是发生法律效力的判决、裁定。

2. 第二审程序

第二审程序（又称上诉程序或终审程序），是指由于民事诉讼当事人不服地方各级人民法院尚未生效的第一审判决或裁定，在法定上诉期间内，向上一级人民法院提起上诉而引起的诉讼程序。由于我国实行两审终审制，上诉案件经二审法院审理后作出的判决、裁定为终审的判决、裁定，诉讼程序即告终结。

1）上诉期间

当事人不服地方人民法院第一审判决的，有权在判决书送达之日起 15 日内向上一级人民法院提起上诉；不服地方人民法院第一审裁定的，有权在裁定书送达之日起 10 日内向上一级人民法院提起上诉。

2）上诉状

当事人提起上诉，应当递交上诉状。上诉状应当通过原审法院提出，并按照对方当事人的人数提出副本。

3）二审法院对上诉案件的处理

第二审人民法院对上诉案件，经过审理，按照下列情形，分别处理。

（1）原判决认定事实清楚，适用法律正确的，判决驳回上诉，维持原判。

（2）原判决适用法律错误的，依法改判。

（3）原判决认定事实错误，或者原判决认定事实不清，证据不足，裁定撤销原判决，发回原审人民法院重审，或者查清事实后改判。

（4）原判决违反法定程序，可能影响案件正确判决的，裁定撤销原判决，发回原审人民法院重审。

第二审法院作出的具有给付内容的判决，具有强制执行力。如果有履行义务的当事人拒不履行，对方当事人有权向法院申请强制执行。

对于发回原审法院重审的案件，原审法院仍将按照一审程序进行审理。因此，当事人对重审案件的判决、裁定，仍然可以上诉。

3. 审判监督程序

1）审判监督程序的概念

审判监督程序即再审程序，是指由有审判监督权的法定机关和人员提起，或由当事人申请，由人民法院对发生法律效力的判决、裁定、调解书再次审理的程序。

2）审判监督程序的提起

（1）人民法院提起再审的程序

人民法院提起再审，必须是已经发生法律效力的判决、裁定确有错误。其程序为：各级人民法院院长对本院已经发生法律效力的判决、裁定，发现确有错误，认为需要再审的，应当提交审判委员会讨论决定。最高人民法院对地方各级人民法院已经生效的判决、裁定，上级人民法院对下级人民法院已生效的判决、裁定，发现确有错误的，有权提审或指令下级人民法院再审。按照审判监督程序决定再审的案件，裁定中止原判决的执行。

人民法院按照审判监督程序再审的案件，发生法律效力的判决、裁定是由第一审法院作出的，按照第一审程序审理，对所作的判决、裁定，当事人可以上诉；发生法律效力的判决、裁定是由第二审法院作出的，按照第二审程序审理，所作的判决、裁定是发生法律效力的判决、裁定；上级人民法院按照审判监督程序提审的，按照第二审程序审理，所作的判决、裁定是发生法律效力的判决、裁定。《最高人民法院关于适用〈中华人民共和国民事诉讼法〉审判监督程序若干问题的解释》中规定，人民法院审理再审案件应当开庭审理。但按照第二审程序审理的，双方当事人已经其他方式充分表达意见，且书面同意不开庭审理的除外。

（2）当事人申请再审的程序

当事人申请不一定引起审判监督程序，只有在同时符合下列条件的前提下，由人民法院依法决定，才可以启动再审程序。

①当事人申请再审的条件。

当事人对已经发生法律效力的判决、裁定，认为有错误的，可以向上一级人民法院申请再审，但不停止判决、裁定的执行。当事人的申请符合下列情形之一的，人民法院应当再审：有新的证据，足以推翻原判决、裁定的；原判决、裁定认定的基本事实缺乏证据证明的；原判决、裁定认定事实的主要证据是伪造的；原判决、裁定认定事实的主要证据未经质证的；对审理案件需要的主要证据，当事人因客观原因不能自行收集，书面申请人民法院调查收集，人民法院未调查收集的；原判决、裁定适用法律确有错误的；审判组织的组成不合法或者依法应当回避的审判人员没有回避的；无诉讼行为能力人未经法定代理人代为诉讼或者应当参加诉讼的当事人，因不能归责于本人或者其诉讼代理人的事由，未参加诉讼的；违反法律规定，剥夺当事人辩论权利的；未经传票传唤，缺席判决的；原判决、裁定遗漏或者超出诉讼请求的；据以作出原判决、裁定的法律文书被撤销或者变更的；审判人员在审理该案件时有贪污受贿，徇私舞弊，枉法裁判行为的。

②当事人可以申请再审的时间。

当事人申请再审，应当在判决、裁定发生法律效力后六个月内提出。

（3）人民检察院的抗诉

抗诉是指人民检察院对人民法院发生法律效力的判决、裁定，发现有提起抗诉的法定情形，提请人民法院对案件重新审理。

最高人民检察院对各级人民法院已经发生法律效力的判决、裁定，上级人民检察院对下级人民法院已经发生法律效力的判决、裁定，发现有符合当事人可以申请再审情形之一的，应当按照审判监督程序提起抗诉。地方各级人民检察院对同级人民法院已经发生法律效力的判决、裁定，发现有符合当事人可以申请再审情形之一的，应当提请上级人民检察院向同级人民法院提出抗诉。

附录 A

中华人民共和国铁路法

1990 年 9 月 7 日第七届全国人民代表大会常务委员会第十五次会议通过。

根据 2009 年 8 月 27 日第十一届全国人民代表大会常务委员会第十次会议《关于修改部分法律的决定》第一次修正。

根据 2015 年 4 月 24 日第十二届全国人民代表大会常务委员会第十四次会议《关于修改〈中华人民共和国义务教育法〉等五部法律的决定》第二次修正。

第一章　总则

第一条　为了保障铁路运输和铁路建设的顺利进行，适应社会主义现代化建设和人民生活的需要，制定本法。

第二条　本法所称铁路，包括国家铁路、地方铁路、专用铁路和铁路专用线。

国家铁路是指由国务院铁路主管部门管理的铁路。

地方铁路是指由地方人民政府管理的铁路。

专用铁路是指由企业或者其他单位管理，专为本企业或者本单位内部提供运输服务的铁路。

铁路专用线是指由企业或者其他单位管理的与国家铁路或者其他铁路线路接轨的岔线。

第三条　国务院铁路主管部门主管全国铁路工作，对国家铁路实行高度集中、统一指挥的运输管理体制，对地方铁路、专用铁路和铁路专用线进行指导、协调、监督和帮助。

国家铁路运输企业行使法律、行政法规授予的行政管理职能。

第四条　国家重点发展国家铁路，大力扶持地方铁路的发展。

第五条　铁路运输企业必须坚持社会主义经营方向和为人民服务的宗旨，改善经营管理，切实改进路风，提高运输服务质量。

第六条　公民有爱护铁路设施的义务。禁止任何人破坏铁路设施，扰乱铁路运输的正常秩序。

第七条　铁路沿线各级地方人民政府应当协助铁路运输企业保证铁路运输安全畅通，车站、列车秩序良好，铁路设施完好和铁路建设顺利进行。

第八条　国家铁路的技术管理规程，由国务院铁路主管部门制定，地方铁路、专用铁路的技术管理办法，参照国家铁路的技术管理规程制定。

第九条　国家鼓励铁路科学技术研究，提高铁路科学技术水平。对在铁路科学技术研究中有显著成绩的单位和个人给予奖励。

第二章 铁路运输营业

第十条 铁路运输企业应当保证旅客和货物运输的安全，做到列车正点到达。

第十一条 铁路运输合同是明确铁路运输企业与旅客、托运人之间权利义务关系的协议。

旅客车票、行李票、包裹票和货物运单是合同或者合同的组成部分。

第十二条 铁路运输企业应当保证旅客按车票载明的日期、车次乘车，并到达目的站。因铁路运输企业的责任造成旅客不能按车票载明的日期、车次乘车的，铁路运输企业应当按照旅客的要求，退还全部票款或者安排改乘到达相同目的站的其他列车。

第十三条 铁路运输企业应当采取有效措施做到旅客运输服务工作，做到文明礼貌、热情周到，保持车站和车厢内的清洁卫生，提供饮用开水，做好列车上的饮食供应工作。

铁路运输企业应当采取措施，防止对铁路沿线环境的污染。

第十四条 旅客乘车应当持有效车票。对无票乘车或者持失效车票乘车的，应当补收票款，并按照规定加收票款；拒不交付的，铁路运输企业可以责令下车。

第十五条 国家铁路和地方铁路根据发展生产、搞活流通的原则，安排货物运输计划。

对抢险救灾物资和国家规定需要优先运输的其他物资，应予优先运输。

地方铁路运输的物资需要经由国家铁路运输的，其运输计划应当纳入国家铁路的运输计划。

第十六条 铁路运输企业应当按照全国约定的期限或者国务院铁路主管部门规定的期限，将货物、包裹、行李运到目的站；逾期运到的，铁路运输企业应当支付违约金。

铁路运输企业逾期三十日仍未将货物、包裹、行李交付收货人或者旅客的，托运人、收货人或者旅客有权按货物、包裹、行李灭失向铁路运输企业要求赔偿。

第十七条 铁路运输企业应当对承运的货物、包裹、行李自接受承运时起到交付时止发生的灭失、短少、变质、污染或者损坏，承担赔偿责任：

（一）托运人或者旅客根据自愿申请办理保价运输的，按照实际损失赔偿，但最高不超过保价额。

（二）未按保价运输承运的，按照实际损失赔偿，但最高不超过国务院铁路主管部门规定的赔偿限额；如果损失是由于铁路运输企业的故意或者重大过失造成的，不适用赔偿限额的规定，按照实际损失赔偿。

托运人或者旅客根据自愿可以向保险公司办理货物运输保险，保险公司按照保险合同的约定承担赔偿责任。

托运人或者旅客根据自愿，可以办理保价运输，也可以办理货物运输保险；还可以既不办理保价运输，也不办理货物运输保险。不得以任何方式强迫办理保价运输或者货物运输保险。

第十八条 由于下列原因造成的货物、包裹、行李损失的，铁路运输企业不承担赔偿责任：

（一）不可抗力。

（二）货物或者包裹、行李中的物品本身的自然属性，或者合理损耗。

（三）托运人、收货人或者旅客的过错。

第十九条 托运人应当如实填报托运单，铁路运输企业有权对填报的货物和包裹的品名、重量、数量进行检查。经检查，申报与实际不符的，检查费用由托运人承担；申报与实际相符的，检查费用由铁路运输企业承担，因检查对货物和包裹中的物品造成的损坏由铁路运输企业赔偿。

托运人因申报不实而少交的运费和其他费用应当补交，铁路运输企业按照国务院铁路主管部门的规定加收运费和其他费用。

第二十条 托运货物需要包装的，托运人应当按照国家包装标准或者行业包装标准包装；没有国家包装标准或者行业包装标准的，应当妥善包装，使货物在运输途中不因包装原因而受损坏。

铁路运输企业对承运的容易腐烂变质的货物和活动物，应当按照国务院铁路主管部门的规定和合同的约定，采取有效的保护措施。

第二十一条 货物、包裹、行李到站后，收货人或者旅客应当按照国务院铁路主管部门规定的期限及时领取，并支付托运人未付或者少付的运费和其他费用；逾期领取的，收货人或者旅客应当按照规定交付保管费。

第二十二条 自铁路运输企业发出领取货物通知之日起满三十日仍无人领取的货物，或者收货人书面通知铁路运输企业拒绝领取的货物，铁路运输企业应当通知托运人，托运人自接到通知之日起满三十日未作答复的，由铁路运输企业变卖；所得价款在扣除保管等费用后尚有余款的，应当退还托运人，无法退还、自变卖之日起一百八十日内托运人又未领回的，上缴国库。

自铁路运输企业发出领取通知之日起满九十日仍无人领取的包裹或者到站后满九十日仍无人领取的行李，铁路运输企业应当公告，公告满九十日仍无人领取的，可以变卖；所得价款在扣除保管等费用后尚有余款的，托运人、收货人或者旅客可以自变卖之日起一百八十日内领回，逾期不领回的，上缴国库。

对危险物品和规定限制运输的物品，应当移交公安机关或者有关部门处理，不得自行变卖。

对不宜长期保存的物品，可以按照国务院铁路主管部门的规定缩短处理期限。

第二十三条 因旅客、托运人或者收货人的责任给铁路运输企业造成财产损失的，由旅客、托运人或者收货人承担赔偿责任。

第二十四条 国家鼓励专用铁路兼办公共旅客、货物运输营业；提倡铁路专用线与有关单位按照协议共用。

专用铁路兼办公共旅客、货物运输营业的，应当报经省、自治区、直辖市人民政府批准。

专用铁路兼办公共旅客、货物运输营业的，适用本法关于铁路运输企业的规定。

第二十五条 铁路的旅客票价率和货物、行李的运价率实行政府指导价或者政府定价，竞争性领域实行市场调节价。政府指导价、政府定价的定价权限和具体适用范围以中央政府和地方政府的定价目录为依据。铁路旅客、货物运输杂费的收费项目和收费标准，以及铁路包裹运价率由铁路运输企业自主制定。

第二十六条 铁路的旅客票价，货物、包裹、行李的运价，旅客和货物运输杂费的收费项目和收费标准，必须公告；未公告的不得实施。

第二十七条 国家铁路、地方铁路和专用铁路印制使用的旅客、货物运输票证，禁止伪造和变造。

禁止倒卖旅客车票和其他铁路运输票证。

第二十八条 托运、承运货物、包裹、行李，必须遵守国家关于禁止或者限制运输物品的规定。

第二十九条 铁路运输企业与公路、航空或者水上运输企业相互间实行国内旅客、货物联运，依照国家有关规定办理；国家没有规定的，依照有关各方的协议办理。

第三十条 国家铁路、地方铁路参加国际联运，必须经国务院批准。

第三十一条 铁路军事运输依照国家有关规定办理。

第三十二条 发生铁路运输合同争议的，铁路运输企业和托运人、收货人或者旅客可以通过调解解决；不愿意调解解决或者调解不成的，可以依据合同中的仲裁条款或者事后达成的书面仲裁协议，向国家规定的仲裁机构申请仲裁。

当事人一方在规定的期限内不履行仲裁机构的仲裁决定的，另一方可以申请人民法院强制执行。

当事人没有在合同中订立仲裁条款，事后又没有达成书面仲裁协议的，可以向人民法院起诉。

第三章　铁路建设

第三十三条 铁路发展规划应当依据国民经济和社会发展以及国防建设的需要制定，并与其他方式的交通运输发展规划相协调。

第三十四条 地方铁路、专用铁路、铁路专用线的建设计划必须符合全国铁路发展规划，并征得国务院铁路主管部门或者国务院铁路主管部门授权的机构的同意。

第三十五条 在城市规划区范围内，铁路的线路、车站、枢纽以及其他有关设施的规划，应当纳入所在城市的总体规划。

铁路建设用地规划，应当纳入土地利用总体规划。为远期扩建、新建铁路需要的土地，由县级以上人民政府在土地利用总体规划中安排。

第三十六条 铁路建设用地，依照有关法律、行政法规的规定办理。

有关地方人民政府应当支持铁路建设，协助铁路运输企业做好铁路建设征收土地工作和拆迁安置工作。

第三十七条 已经取得使用权的铁路建设用地，应当依照批准的用途使用，不得擅自改作他用；其他单位或者个人不得侵占。

侵占铁路建设用地的，由县级以上地方人民政府土地管理部门责令停止侵占、赔偿损失。

第三十八条 铁路的标准轨距为1435毫米。新建国家铁路必须采用标准轨距。

窄轨铁路的轨距为762毫米或者1000毫米。

新建和改建铁路的其他技术要求应当符合国家标准或者行业标准。

第三十九条 铁路建成后，必须依照国家基本建设程序的规定，经验收合格，方能交付正式运行。

第四十条 铁路与道路交叉处，应当优先考虑设置立体交叉；未设立体交叉的，可以根据国家有关规定设置平交道口或者人行过道。在城市规划区内设置平交道口或者人行过道，由铁路运输企业或者建有专用铁路、铁路专用线的企业或者其他单位和城市规划主管部门共同决定。

拆除已经设置的平交道口或者人行过道，由铁路运输企业或者建有专用铁路、铁路专用线的企业或者其他单位和当地人民政府商定。

第四十一条 修建跨越河流的铁路桥梁，应当符合国家规定的防洪、通航和水流的要求。

第四章 铁路安全与保护

第四十二条 铁路运输企业必须加强对铁路的管理和保护，定期检查、维修铁路运输设施，保证铁路运输设施完好，保障旅客和货物运输安全。

第四十三条 铁路公安机关和地方公安机关分工负责共同维护铁路治安秩序。车站和列车内的治安秩序，由铁路公安机关负责维护；铁路沿线的治安秩序，由地方公安机关和铁路公安机关共同负责维护，以地方公安机关为主。

第四十四条 电力主管部门应当保证铁路牵引用电以及铁路运营用电中重要负荷的电力供应。铁路运营用电中重要负荷的供应范围由国务院铁路主管部门和国务院电力主管部门商定。

第四十五条 铁路线路两侧地界以外的山坡地由当地人民政府作为水土保持的重点进行整治。铁路隧道顶上的山坡地由铁路运输企业协助当地人民政府进行整治。铁路地界以内的山坡地由铁路运输企业进行整治。

第四十六条 在铁路线路和铁路桥梁、涵洞两侧一定距离内，修建山塘、水库、堤坝，开挖河道、干渠，采石挖砂，打井取水，影响铁路路基稳定或者危害铁路桥梁、涵洞安全的，由县级以上地方人民政府责令停止建设或者采挖、打井等活动，限期恢复原状或者责令采取必要的安全防护措施。

在铁路线路上架设电力、通讯线路，埋置电缆、管道设施，穿凿通过铁路路基的地下坑道，必须经铁路运输企业同意，并采取安全防护措施。

在铁路弯道内侧、平交道口和人行过道附近，不得修建妨碍行车瞭望的建筑物和种植妨碍行车瞭望的树木。修建妨碍行车瞭望的建筑物的，由县级以上地方人民政府责令限期拆除。种植妨碍行车瞭望的树木的，由县级以上地方人民政府责令有关单位或者个人限期迁移或者修剪、砍伐。

违反前三款的规定，给铁路运输企业造成损失的单位或者个人，应当赔偿损失。

第四十七条 禁止擅自在铁路线路上铺设平交道口和人行过道。

平交道口和人行过道必须按照规定设置必要的标志和防护设施。

行人和车辆通过铁路平交道口和人行过道时，必须遵守有关通行的规定。

第四十八条 运输危险品必须按照国务院铁路主管部门的规定办理，禁止以非危险品品名托运危险品。

禁止旅客携带危险品进站上车。铁路公安人员和国务院铁路主管部门规定的铁路职工，有权对旅客携带的物品进行运输安全检查。实施运输安全检查的铁路职工应当佩戴执勤标志。

危险品的品名由国务院铁路主管部门规定并公布。

第四十九条 对损毁、移动铁路信号装置及其他行车设施或者在铁路线路上放置障碍物的，铁路职工有权制止，可以扭送公安机关处理。

第五十条 禁止偷乘货车、攀附行进中的列车或者击打列车。对偷乘货车、攀附行进中的列车或者击打列车的，铁路职工有权制止。

第五十一条 禁止在铁路线路上行走、坐卧。对在铁路线路上行走、坐卧的，铁路职工有权制止。

第五十二条 禁止在铁路线路两侧二十米以内或者铁路防护林地内放牧。对在铁路线路两侧二十米以内或者铁路防护林地内放牧的，铁路职工有权制止。

第五十三条 对聚众拦截列车或者聚众冲击铁路行车调度机构的，铁路职工有权制止；不听制止的，公安人员现场负责人有权命令解散；拒不解散的，公安人员现场负责人有权依照国家有关规定决定采取必要手段强行驱散，并对拒不服从的人员强行带离现场或者予以拘留。

第五十四条 对哄抢铁路运输物资的，铁路职工有权制止，可以扭送公安机关处理；现场公安人员可以予以拘留。

第五十五条 在列车内，寻衅滋事，扰乱公共秩序，危害旅客人身、财产安全的，铁路职工有权制止，铁路公安人员可以予以拘留。

第五十六条 在车站和旅客列车内，发生法律规定需要检疫的传染病时，由铁路卫生检疫机构进行检疫；根据铁路卫生检疫机构的请求，地方卫生检疫机构应予协助。

货物运输的检疫，依照国家规定办理。

第五十七条 发生铁路交通事故，铁路运输企业应当依照国务院和国务院有关主管部门关于事故调查处理的规定办理，并及时恢复正常行车，任何单位和个人不得阻碍铁路线路开通和列车运行。

第五十八条 因铁路行车事故及其他铁路运营事故造成人身伤亡的，铁路运输企业应当承担赔偿责任；如果人身伤亡是因不可抗力或者由于受害人自身的原因造成的，铁路运输企业不承担赔偿责任。

违章通过平交道口或者人行过道，或者在铁路线路上行走、坐卧造成的人身伤亡，属于受害人自身的原因造成的人身伤亡。

第五十九条 国家铁路的重要桥梁和隧道，由中国人民武装警察部队负责守卫。

第五章　法律责任

第六十条 违反本法规定，携带危险品进站上车或者以非危险品品名托运危险品，导致发生重大事故的，依照刑法有关规定追究刑事责任。企业事业单位、国家机关、社会团体犯本款罪的，处以罚金，对其主管人员和直接责任人员依法追究刑事责任。

携带炸药、雷管或者非法携带枪支子弹、管制刀具进站上车的，比照刑法第一百六十三条的规定追究刑事责任。

第六十一条 故意损毁、移动铁路行车信号装置或者在铁路线路上放置足以使列车倾覆的障碍物的，依照刑法有关规定追究刑事责任。

第六十二条 盗窃铁路线路上行车设施的零件、部件或者铁路线路上的器材，危及行车安全，尚未造成严重后果的，依照刑法第一百零八条破坏交通设施罪的规定追究刑事责任；造成严重后果的，依照刑法第一百一十条破坏交通设施罪的规定追究刑事责任。

第六十三条　聚众拦截列车不听制止的，对首要分子和骨干分子依照刑法第一百五十九条的规定追究刑事责任。

聚众冲击铁路行车调度机构不听制止的，对首要分子和骨干分子依照刑法第一百五十八条的规定追究刑事责任。

第六十四条　聚众哄抢铁路运输物资的，对首要分子和骨干分子依照刑法有关规定追究刑事责任。

铁路职工与其他人员勾结犯前款罪的，从重处罚。

第六十五条　在列车内，抢劫旅客财物，伤害旅客的，依照刑法有关规定从重处罚。

在列车内，寻衅滋事，侮辱妇女，情节恶劣的，依照刑法有关规定追究刑事责任；敲诈勒索旅客财物的，依照刑法有关规定追究刑事责任。

第六十六条　倒卖旅客车票数额较大的，依照刑法第一百一十七条的规定追究刑事责任。以倒卖旅客车票为常业的，倒卖数额巨大的或者倒卖集团的首要分子，依照刑法第一百一十八条的规定追究刑事责任。铁路职工倒卖旅客车票或者与其他人员勾结倒卖旅客车票的，依照刑法第一百一十九条的规定追究刑事责任。

第六十七条　违反本法规定，尚不够刑事处罚，应当给予治安管理处罚的，依照治安管理处罚法的规定处罚。

第六十八条　擅自在铁路线路上铺设平交道口、人行过道的，由铁路公安机关或者地方公安机关责令限期拆除，可以并处罚款。

第六十九条　铁路运输企业违反本法规定，多收运费、票款或者旅客、货物运输杂费的，必须将多收的费用退还付款人，无法退还的上缴国库。将多收的费用据为己有或者侵吞私分的，依照刑法有关规定追究刑事责任。

第七十条　铁路职工利用职务之便走私的，或者与其他人员勾结走私的，依照刑法有关规定追究刑事责任。

第七十一条　铁路职工玩忽职守、违反规章制度造成铁路运营事故的，滥用职权、利用办理运输业务之便谋取私利的，给予行政处分；情节严重、构成犯罪的，依照刑法有关规定追究刑事责任。

第六章　附则

第七十二条　本法所称国家铁路运输企业是指铁路局和铁路分局。

第七十三条　国务院根据本法制定实施条例。

第七十四条　本法自1991年5月1日起施行。

参考文献

[1] 隋东旭，袁绍东，李斌. 高速铁路法律法规. 北京：北京交通大学出版社，2019.
[2] 金科，兰云飞，耿书波. 城市轨道交通法律法规. 北京：北京交通大学出版社，2017.